Filosofia política

SÉRIE ESTUDOS DE FILOSOFIA

2ª edição revista e atualizada

Filosofia política

Antônio Charles Santiago Almeida

Rua Clara Vendramin, 58 . Mossunguê
CEP 81200-170 . Curitiba . PR . Brasil
Fone: (41) 2106-4170
www.intersaberes.com
editora@intersaberes.com

Conselho editorial
Dr. Alexandre Coutinho Pagliarini
Dr.ª Elena Godoy
Dr. Neri dos Santos
M.ª Maria Lúcia Prado Sabatella

Editora-chefe
Lindsay Azambuja

Gerente editorial
Ariadne Nunes Wenger

Assistente editorial
Daniela Viroli Pereira Pinto

Revisão de texto
Tiago Krelling Marinaska

Edição de texto
Millefoglie Serviços de Edição
Tiago Krelling Marinaska

Capa
Denis Kaio Tanaami(*design*)
Sílvio Gabriel Spannenberg (adaptação)
Everett Collection/Shutterstock (imagem)

Projeto gráfico
Bruno Palma e Silva
Muzi pear studio/Shutterstock (imagem)

Diagramação
Carolina Perazzoli

Designer responsável
Charles L. da Silva

Iconografia
Regina Claudia Cruz Prestes

Dados Internacionais de Catalogação na Publicação (CIP)
(Câmara Brasileira do Livro, SP, Brasil)

Almeida, Antônio Charles Santiago
 Filosofia política / Antônio Charles Santiago Almeida. -- 2. ed.
-- Curitiba : Editora Intersaberes, 2023. -- (Série estudos de filosofia)

 Bibliografia.
 ISBN 978-85-227-0379-1

 1. Ciência política - Filosofia 2. Filosofia política I. Título. II. Série.

22-140617   CDD-320.01

Índices para catálogo sistemático:
1. Ciência política : Filosofia 320.01

Cibele Maria Dias - Bibliotecária - CRB-8/9427

1ª edição, 2023.
2ª edição, rev. e atual., 2023.

Foi feito o depósito legal.

Informamos que é de inteira responsabilidade do autor a emissão de conceitos.

Nenhuma parte desta publicação poderá ser reproduzida por qualquer meio ou forma sem a prévia autorização da Editora InterSaberes.

A violação dos direitos autorais é crime estabelecido na Lei n. 9.610/1998 e punido pelo art. 184 do Código Penal.

sumário

apresentação, xiii
como aproveitar ao máximo este livro, xxi

1 História e política: reflexões filosóficas no espaço grego antigo, 26

1.1 Considerações filosóficas para a compreensão conceitual e histórica da política, 29

1.2 Mitologia e filosofia: formas distintas de compreensão do mundo, 33

1.3 Virtude: um debate político, 37

1.4 Da comunidade ao espaço público organizado: reflexões fundamentadas em Platão e Aristóteles, 45

2 Religião e modernidade, 78
2.1 Religião cristã: gênese de uma filosofia medieval, 80
2.2 Patrística: pais da fé, 81
2.3 Escolástica, 91
2.4 Martinho Lutero: excertos de política, 96

3 Política moderna e contratualismo filosófico, 110
3.1 Maquiavel: o pensador maldito, 112
3.2 Considerações sobre o Estado: perspectivas contratualistas, 121
3.3 Da perspectiva liberal ao contrato democrático, 131

4 Marxismo: filosofia e política, 148
4.1 Marx, um jovem hegeliano, 150
4.2 Esquerda e direita no século XX, 166

5 Teoria política, 180
5.1 Teoria política, 182
5.2 Teoria do direito, 187
5.3 Política e poder, 193
5.4 Críticas da filosofia política, 196
5.5 Políticas e desafios brasileiros, 200
5.6 As Escolas do Recife, 202

Filosofia e política, 228

6.1 Aproximações e distanciamentos políticos na construção tipológica de homem com base em Ortega y Gasset, 230

6.2 Aproximações filosóficas, 231

6.3 Ortega y Gasset: configurações e conceitos na filosofia política, 244

considerações finais, 271
referências, 275
bibliografia comentada, 289
respostas, 311
sobre o autor, 319

Aos alunos que dedicarão tempo à leitura, à resolução de problemas e ao processo de construção e desconstrução do conhecimento, pois isso é, sem sombra de dúvida, uma porta para o existir.

Registro aqui meus agradecimentos ao Colegiado de Filosofia da Universidade Estadual do Paraná (Unespar), *campus* de União da Vitória, cujos integrantes são meus companheiros de trabalho, em especial o professor Thiago David Stadler.

Ao professor Luiz Fernando Lopes, pelo convite para a realização de um trabalho dessa natureza e por sua confiança.

À minha família, que esperou com paciência a conclusão deste trabalho e, por isso, perdeu um pouco das férias que havíamos programado passar no litoral da Bahia.

apresentação

Caro(a) leitor(a), esta obra não pretende ser um manual de filosofia política, o que não desmerece o trabalho; pelo contrário, cria uma expectativa para que você, como estudioso de filosofia, decida arriscar-se em outras leituras dedicadas ao tema da política[1]. Aqui, abordamos períodos históricos nos quais se inscrevem

---

[1] As ideias apresentadas nos Capítulos 1, 2 e 6 foram trabalhadas de maneira exaustiva em tese de doutorado em Educação, pela Universidade Federal do Paraná (UFPR), defendida no mês de março de 2015, na mesma universidade. Nessa tese, debatemos sobre o conceito de emancipação política à luz dos autores José Ortega y Gasset e Theodor Adorno. Desse modo, cumpre esclarecer que no corpo da tese tais ideias são discutidas no campo da educação e, na obra em curso, foram desenvolvidas no âmbito da filosofia política.

autores que certamente lhe ajudarão a refletir sobre o caráter da política, mais precisamente da filosofia política.

Sendo assim, propusemos uma análise estrutural de texto, cujo objetivo foi o reconhecimento dos passos argumentativos dos autores do pensamento político em determinados períodos históricos, a fim de expor de maneira ampla o que é denominado *filosofia política*.

Este trabalho é dividido em seis capítulos. Para o debate do tema principal da obra, apresentamos no Capítulo 1 a filosofia e seu nascimento no espaço grego antigo, para a configuração do que se pode denominar arcabouço político-filosófico. Não pretendemos, com isso, promover um debate acerca do nascimento da filosofia, mas delimitar seu surgimento com base nas discussões de conhecimento e virtude, considerando sua confluência para o que se compreende como *filosofia política*.

Essa localização histórica também é oportuna para se pensar o homem como agente do conhecimento, ou seja, aquele que, desencantado com as explicações religiosas, passou a buscar respostas com base no mundo sensível e a se aventurar na busca pela compreensão da realidade que lhe é apresentada. A ruptura com os mitos[2] no período grego antigo têm na tragédia de Édipo um aporte teórico no que se refere à possibilidade de se desvencilhar da ideia de destino, ou seja, de responder racionalmente a problemas circunstanciais sem a interferência direta dos deuses na realidade e com base em seus próprios interesses. Por isso, a peça teatral de Sófocles nos servirá de pano de fundo para

---

2 *Mito* no sentido de "mitologia grega", período que antecede o pensamento filosófico. Todavia, fora desse ambiente, é possível fazer outras leituras do termo: sua relação com o conhecimento, independentemente da hierarquização utilizada para abordar esse universo, bem como seu vínculo com a filosofia grega. Joseph Campbell, autor de *O poder do mito*, elabora um estudo significativo sobre o conceito e a sua importância para a produção dos saberes.

pensar o homem como sujeito que é senhor de si e responsável por seus próprios caminhos – por assim dizer, um agente político.

Ainda no terreno filosófico da Grécia, promovemos um debate a respeito do ensino da virtude fundamentado em duas escolas, a socrática e a sofista, o qual será útil justamente para contextualizar a discussão de política. Buscamos, com isso, ativar a discussão acerca do ensino da virtude e de sua prática no interior do Estado para detectar mais exatamente as raízes da política. Esse empreendimento é, antes de tudo, desafiador, problemático e inquietante, pois a questão ainda parece não ter sido resolvida, mesmo que parcialmente – é possível efetivar o ensino da virtude?

Ainda no Capítulo 1, com base no debate sobre virtude, direcionamos nossa abordagem para a noção de natureza e a função do Estado. Não pretendemos propor uma genealogia do conceito de Estado, mas potencializar uma leitura de autores como Platão (428a.C.-348 a.C.) e Aristóteles (384 a.C.-322 a.C.) no campo da filosofia política, com o fito de esboçar uma teoria filosófica de política por meio desses dois grandes autores. Por fim, apresentamos sucintamente provocações para uma fuga da tradição eurocêntrica, na qual a filosofia teria um nascedouro. Nesse sentido, propomos outras possibilidades: o saber filosófico é uma conquista da humanidade, e não simplesmente um saber datado e demarcado, fruto de um milagre.

No Capítulo 2, apresentamos breves notas sobre o nascimento do cristianismo, seu desenvolvimento e sua consolidação com base em duas grandes escolas, a patrística e a escolástica. Por conseguinte, tratamos de dois expoentes desses movimentos: Santo Agostinho (354-430) e São Tomás de Aquino (1225-1274). Na sequência, fazemos algumas ponderações sobre o pensamento político de Lutero (1483-1546). Destacamos neste capítulo a importância da religiosidade na modernidade, ou seja, demonstramos de que modo, na sociedade moderna, a racionalidade impôs ao pensamento religioso a pecha de obscurantismo, sobretudo em Augusto Comte e ante os ideais do positivismo.

No Capítulo 3, adentramos nas discussões sobre modernidade à luz de autores como Maquiavel (1469-1527), Hobbes (1588-1679) e Rousseau (1712-1778). Nosso objetivo é esclarecer em que consiste a denominada *filosofia política moderna* e, nos contextos hobbesiano e rousseauniano, o que é a dita *filosofia contratualista*. Nossa construção argumentativa considera, entre outros pontos, um Estado em construção que se desdobra no Estado contemporâneo; no decorrer do capítulo, explicitamos que essa estrutura teve início com os gregos, ainda que a autoria da criação dessa estrutura não possa ser legada a essa civilização – pelo contrário, ela faz parte dessa construção histórica. Dessa maneira, em nossa discussão sobre a natureza do Estado, intentamos estabelecer uma ligação entre a filosofia política de Maquiavel e a teoria contratualista de Thomas Hobbes.

Hobbes, o autor de *Leviatã*, projeta um Estado artificial, porém, com capacidade para estruturar a vida coletiva, ou seja, para ordenar o estado de natureza a fim de que a vida seja viável e possível. O Leviatã, configuração metafórica do Estado hobbesiano, aproxima-se, do ponto de vista conceitual, do que há de mais moderno no que corresponde ao Estado como organização jurídica e de regulação contratual da vida e da propriedade privada.

Ainda no Capítulo 3, contrariando a tese hobbesiana, expomos parte das reflexões rousseaunianas a respeito do Estado, à luz da chamada *natureza política* – em outros termos, o Estado como agente que suprime a condição de natureza ao ofertar proteção e cuidado ao homem. Na sequência, propomos uma reflexão sobre a condição humana em oposição à natureza humana à luz da filósofa Hannah Arendt (1906-1975). Por fim, fazemos uma indicação de leitura sobre cidadania.

No Capítulo 4, promovemos uma análise da filosofia marxiana e de seu desdobramento, conhecido como *marxismo*. Fazemos, nesse ponto, uma contextualização histórica do pensamento de Karl Marx, bem como de sua passagem pela esquerda hegeliana e posterior ruptura com esse movimento. Num primeiro momento, tratamos sobre o "filósofo" Marx para, logo em seguida, caracterizar o "político" Marx. Depois de fundamentarmos as duas "fases" desse pensador alemão, sintetizamos os principais conceitos do marxismo para o esclarecimento desse expediente político-filosófico.

No Capítulo 4, realizamos um rápido e conceitual debate entre o que se considera de direita e de esquerda no século XX. Esse debate está alicerçado no texto de Norberto Bobbio (1909-2004), *Direita e esquerda: razões e significações de uma distinção política*, um clássico para a compreensão desse debate que atravessa o século XX e reverbera no século XXI.

No Capítulo 5, propomos, com base em Maurice Duverger (1917-2014), uma abordagem político-filosófica dos regimes políticos. Nesse tópico, tratamos da função do regime político como organizador da vida política, uma tese que é defendida pelo cientista político francês. Na sequência, discutimos a teoria do direito puro com base no jurista Hans Kelsen (1881-1973) e distinguimos de modo breve as escolas filosóficas do direito, a saber, jusnaturalismo, juspositivismo e pós-positivismo.

Ainda no Capítulo 5, depois de apresentarmos a classificação do que denominamos *política e poder*, promovemos um debate sobre os desafios políticos do cenário brasileiro. Essa discussão provocadora, articulada com imparcialidade, consiste em um convite para que o(a) leitor(a) possa adentrar em uma análise sobre o Brasil presente e debater sobre a relação da polarização política. Tomamos como referência nesse debate as Escolas do Recife, sobretudo a primeira delas, liderada por Tobias Barreto e Sílvio Romero. Dessa escola derivou a discussão sobre uma identidade brasileira à luz de Gilberto Freyre, continuador desse movimento literário.

Por fim, no Capítulo 6, introduzimos o pensamento do filósofo político Ortega y Gasset e, com base nele, estabelecemos relações com outros autores que, de uma maneira ou de outra, flertaram com a filosofia política. Concluindo o capítulo, estudamos o pensamento habermasiano no contexto da Escola de Frankfurt.

Desse modo, esta obra materializa um trabalho que seleciona e, em determinados momentos, privilegia autores para a compreensão desse longo discurso que é a filosofia política. Trata-se de um livro que direciona a curiosidade ao debate e a novos desbravamentos! Por isso, fazemos a você o convite: adentremos na filosofia política e, assim como Édipo, deixemo-nos perder numa aventura em que se tem, de certo, a escuridão, mas na qual as luzes serão encontradas; em algum momento, elas vão se desvelar com o nosso esforço e nossa busca.

como aproveitar ao máximo este livro

Empregamos nesta obra recursos que visam enriquecer seu aprendizado, facilitar a compreensão dos conteúdos e tornar a leitura mais dinâmica. Conheça a seguir cada uma dessas ferramentas e saiba como elas estão distribuídas no decorrer deste livro para bem aproveitá-las.

Introdução do capítulo

Logo na abertura do capítulo, informamos os temas de estudo e os objetivos de aprendizagem que serão nele abrangidos, fazendo considerações preliminares sobre as temáticas em foco.

Síntese

Ao final de cada capítulo, relacionamos as principais informações nele abordadas a fim de que você avalie as conclusões a que chegou, confirmando-as ou redefinindo-as.

Indicações culturais

Para ampliar seu repertório, indicamos conteúdos de diferentes naturezas que ensejam a reflexão sobre os assuntos estudados e contribuem para seu processo de aprendizagem.

Atividades de autoavaliação

Apresentamos estas questões objetivas para que você verifique o grau de assimilação dos conceitos examinados, motivando-se a progredir em seus estudos.

Atividades de aprendizagem

Aqui apresentamos questões que aproximam conhecimentos teóricos e práticos a fim de que você analise criticamente determinado assunto.

Bibliografia comentada

Nesta seção, comentamos algumas obras de referência para o estudo dos temas examinados ao longo do livro.

1
História e política: reflexões filosóficas no espaço grego antigo

Neste capítulo, comporemos um panorama histórico do surgimento da filosofia para, com base em sua relação com o mito, esboçarmos um itinerário da filosofia política. Para tanto, analisaremos de forma sucinta o surgimento da filosofia, a ruptura com os mitos e os objetos de investigação nos quais essa área do conhecimento se concentra. Para uma melhor definição de filosofia política, revisitaremos a tragédia *Édipo Rei*, peça teatral de Sófocles. Nosso objetivo é apresentar a figura do homem de um novo tempo, que, mesmo cumprindo seu destino, desafia os deuses e se aventura numa empreitada singular, que é construir, sem as divindades, seu próprio caminho.

Ainda, após breve incursão pela tragédia edipiana, abordaremos as escolas socrática e sofista para fundamentar o seguinte debate: "É possível ensinar a virtude?". Essa discussão, ainda que bastante tensa, é basilar para o entendimento da política e, mais precisamente, da filosofia política em dado momento histórico.

Por fim, explanaremos a respeito da conceituação de Estado; alertamos, porém, que a discussão propriamente dita desse tema será realizada em outro capítulo desta obra. Por ora, faremos apenas uma introdução, sobretudo para tratar de dois autores da filosofia política, Platão e Aristóteles. Não temos a pretensão de revelar verdades; pelo contrário, nossa intenção é discutir sobre o surgimento do pensamento político e inserir em nosso debate o que parece fulcral, ou seja, o que é *filosofia política*, e estabelecer os limites desse pensamento político. Por essa razão, esperamos que você, leitor(a), ultrapasse os limites desse debate, aventurando-se em outras leituras que certamente serão de grande valia para a sua formação. Por fim, considere que o capítulo, de certa maneira, privilegia geograficamente alguns autores, sobretudo, relacionados ao surgimento da filosofia. Contudo, tenha em mente que esse é somente um entendimento entre tantos outros, todos de importância semelhante. Por isso, ao final desta discussão, deixaremos referências que se distanciam das discussões que aqui serão expostas. E não desanime. Assim como fez Édipo, não se agarre ao que está pronto; avance, mesmo não sabendo, no momento, para onde, mas avance.

1.1
Considerações filosóficas para a compreensão conceitual e histórica da política

Você sabia que a filosofia nasceu do espanto? De acordo com Aristóteles (1978), em sua obra *Metafísica*, a filosofia começou justamente do espanto, da curiosidade e da necessidade de compreender o desconhecido. Com o passar do tempo, essa ciência deu ensejo à superação dos mitos, ou seja, dirigiu-se à razão por meio da epistemologia[1]. Por esse motivo, com o advento do pensamento filosófico, mais precisamente com a sistematização do pensar, a filosofia, em uma perspectiva metodológica, tornou-se o instrumento de eficácia da cultura grega para a compreensão e o desvelamento de objetos que se apresentavam como problema, isto é, que necessitavam de explicações e respostas.

Por certo, você já ouviu dizer que a filosofia não produz respostas; ao contrário, elabora perguntas e reflexões. Não é bem assim: a filosofia nasceu com o objetivo de responder a questionamentos, bem como de desmistificar verdades produzidas como respostas por meio do senso comum e da mitologia.

Também é provável que você se lembre das figuras dos primeiros filósofos da Antiguidade, especialmente na Grécia, bem como de suas discussões. Conhecidos como *filósofos pré-socráticos*, esses pensadores buscavam respostas por meio de uma observação sensível, isto é, não entendiam que os mitos seriam suficientes para explicar o mundo. Reale e Antiseri, na obra *História da filosofia* (1990a, p. 29), comentam sobre o denominado *período pré-socrático* da seguinte maneira: "o pensador ao qual a tradição atribui o começo da filosofia grega é Tales, que viveu em Mileto, na Jônia [...] foi o iniciador da filosofia da *physis*, pois foi o

---

[1] *Epistemologia*, na esfera filosófica, significa "teoria do conhecimento".

primeiro a afirmar a existência de um princípio originário único, causa de todas as coisas que existem". Essa época se caracteriza principalmente pela necessidade de compreensão do mundo com base no próprio mundo. De acordo com Tales de Mileto (623-548 a.C.), primeiro filósofo do período pré-socrático, conforme expresso pelos historiadores Reale e Antiseri (1990a), a água² seria o fundamento de todas as coisas.

Esse período proporcionou grandes invenções e descobertas nos campos da física, da química e da filosofia. Para o filósofo alemão Friedrich Nietzsche (1844-1900), foi uma época de grande maturidade filosófica, na qual a investigação era livre e desprendida de valores, pois buscava o firme fundamento das coisas sensíveis – como explicamos anteriormente: o conhecimento do mundo pelo próprio mundo.

Decerto, a filosofia rompeu com os mitos e assumiu a racionalidade como uma das formas de compreender a dinâmica do mundo. No entanto, cumpre assinalar que a razão não é a única maneira de compreensão do mundo, tampouco se trata da melhor forma. Não nos estenderemos nisso agora; apenas destacamos o estilo em que se concebeu a filosofia e como esta rompeu com os mitos. Neste momento, portanto, o que estamos fazendo é elencar as possibilidades de compreensão do mundo de uma época em que esse campo do conhecimento ainda não havia se consolidado para, posteriormente, explicitar o desdobramento dessa dinâmica – a filosofia na área da política.

Temos de advertir para o fato de que alguns autores, segundo seu entendimento e sua pesquisa, afirmam que a filosofia não é de origem grega, mas africana, sobretudo em razão dos registros de que dispomos

---

2   Para Luce (1994, p. 20-21), "ele pensou na água como fonte de vida (o sêmen é fluído) e necessária à continuidade dela, na água solidificando-se em gelo e volatizando-se em vapor, na água que cerca as massas de terra, na água descendo do céu e jorrando do solo. Finalmente, chegou à ousada generalização de que 'tudo é água'".

dos saberes produzidos no mundo egípcio antigo. Outros defendem que não é possível outorgar a nenhuma civilização ou lugar geográfico a gênese dos saberes filosóficos, posto que a filosofia é uma atividade humana racional pensada sobre si e sobre o mundo, prática de toda a humanidade.

O certo é que essa discussão tem se agigantado. No século XVIII, o filósofo Immanuel Kant (1724-1804), no que se refere à origem da contenda, diz que, "o mesmo vale também da tão louvada sabedoria egípcia, que, em comparação com a filosofia grega, não passou de um jogo de crianças" (1992, p. 44, grifo do original). Nietzsche, seguindo o raciocínio de Kant, faz a seguinte afirmação sobre o tema: "se foram tão longe, é precisamente porque souberam retomar a lança, no local em que outro povo a abandonou, para arremessá-la mais longe" (2008, p. 20). A assertiva nos remete ao debate: a filosofia é genuinamente grega? De acordo com o filósofo alemão, conforme o excerto, os gregos só sistematizaram, ou seja, construíram caminhos para essa forma de pensamento. Desse ajuizamento, vale considerar o que diz o filósofo sul-africano Mogobe Ramose (2011) sobre a possível origem grega da filosofia: "reivindicar que só há uma filosofia 'universal' sem cultura, sexo, religião, história e cor, é afirmar que a particularidade é um ponto de partida válido para a filosofia. Esta reivindicação não é explicitamente reconhecida com frequência pelos protagonistas da 'universalidade' da filosofia" (Ramose, 2011, p. 11).

Admitimos, obviamente, a existência de outros saberes para além do mundo grego, especialmente no que se refere aos saberes filosóficos. Todavia, para a compreensão da ruptura entre mito e filosofia, fazemos uso aqui da famosa tragédia *Édipo Rei*, de Sófocles. Em determinado ponto do texto, o leitor (ou espectador) acompanha o lamento do protagonista: "Foi Apolo o autor de meus males [...]. Mas fui eu quem vazou os meus olhos!" (Sófocles, 2008, p. 88). Nessa tragédia grega, a fala de Édipo remete para o homem, isto é, o sujeito que é filho de seu tempo, prisioneiro de uma circunstância temporal, mas que é livre para fazer escolhas e abrir ou retomar caminhos.

O ato de "vazar os olhos" representa, entre outras leituras possíveis, a ruptura com o destino, com o determinado, ou, ampliando, um marco político; em outras palavras, contra os deuses ergueu-se, na pessoa de Édipo, o homem de um novo tempo, qual seja, o da filosofia. Com o advento desse tempo filosófico, isto é, do homem como agente político, a filosofia ultrapassou os limites do mito e ganhou novos contornos. Nesse contexto, a questão capital aqui é o dilema que circunscrevia o momento histórico: o homem como objeto principal da investigação ou, ainda, o homem como agente político, que passou a prescindir dos elementos naturais[3] como fonte primeira de reflexão sobre a realidade.

Em síntese, os pré-socráticos inauguraram um modelo de compreensão do mundo o qual se opunha aos mitos. Nessa dinâmica, primeiramente os elementos naturais foram concebidos como fundamentos da origem do universo. Mais tarde, como ilustra a tragédia de Édipo, o homem como senhor de seu próprio destino, abandonando os deuses e se lançando como timoneiro de suas circunstâncias, passou a ser alvo da reflexão dos pensadores da época.

---

3   A questão é justamente a substituição do problema filosófico, isto é, com os filósofos pré-socráticos, iniciou-se a busca pela origem do mundo; expresso de outro modo, a preocupação voltou-se à explicação do surgimento da vida. Por essa razão, os filósofos pré-socráticos são chamados, com muita frequência, de *cosmológicos* ou *filósofos da natureza*. Nesse contexto, a consolidação da tragédia representou um deslocamento investigativo, em que o foco foi dirigido para o homem e sua relação com o mundo. De acordo com Guthrie (1995, p. 10), "os pré-socráticos, pode-se perfeitamente dizer, estiveram preocupados com a natureza da realidade e sua relação com fenômenos sensíveis".

Depois dos filósofos pré-socráticos e do advento da tragédia na Grécia Antiga, a filosofia grega se estruturou na pessoa de Platão, especialmente no Livro VII de *A república* (Platão, 1999a), em que se conclui o debate entre a filosofia e os mitos. No citado livro, consta a seguinte narrativa: Existia uma caverna na qual se encontravam homens acorrentados. Desde seu nascimento, esses indivíduos conheciam as coisas por meio de projeções sombrias que adentravam por meio de brechas da caverna. Assim, a visão que os prisioneiros tinham era distorcida, ou seja, uma falsa perspectiva da realidade. Contudo, um homem conseguiu se libertar e ultrapassar os limites da caverna e, para sua surpresa, a realidade era totalmente diferente das sombras que eram projetadas no interior da caverna.

O mito apresentado enfatiza a ideia de conhecimento. Não se trata de uma teoria do conhecimento, mas de uma alegoria em que são contrapostas duas formas de compreensão da realidade: uma aparente, ilusória e distorcida; outra sólida e verdadeira.

Platão estabelece, por meio desse texto, uma discussão com relação ao que ele chama de *dois mundos*, isto é, o mundo verdadeiro, que corresponde ao mundo da filosofia, e o mundo ilusório, que representa o lugar das opiniões, das falsas verdades. Salientamos, nesse ponto, que o filósofo grego inaugurou um procedimento filosófico para a compreensão das verdades em si mesmas. É notória a contribuição desse pensamento para a filosofia política, principalmente no espaço grego antigo.

1.2
Mitologia e filosofia: formas distintas de compreensão do mundo

Como explicamos anteriormente, a filosofia rompeu com os mitos e se empenhou na busca pela verdade. Isso é o que se afirma nos livros de história e, sobretudo, nos de história da filosofia. No entanto, é difícil conceber que o mito tenha sido descartado como num passe de mágica, e as pessoas simplesmente tenham abandonado os mitos e tenham se agarrado à filosofia. Então, como pensar essa relação de fratura entre mito e filosofia?

Tomemos o avanço das grandes navegações como exemplo: com a ampliação do comércio e, principalmente, o desenvolvimento das cidades resultantes desse evento, nasceram inúmeros questionamentos com relação às explicações de origem religiosa e mitológica sobre a realidade. No entanto, essa ação de ruptura não se deu de maneira abrupta, pelo contrário, aconteceu de forma gradativa. Assim também ocorreu no contexto da Grécia Antiga: para o desenvolvimento de conteúdos da filosofia, os filósofos da Antiguidade Clássica recorriam a narrativas mitológicas. Vale lembrar a definição de *mito* estabelecida na obra *Vocabulário técnico e crítico da filosofia*, de André Lalande (1999): uma espécie de narração fabulosa, que, contém narrativas populares de caráter simbólico.

Platão, filósofo do período clássico, proferiu inúmeras narrativas de mitos para facilitar a compreensão de seus diálogos. Obras como *A república* (Platão, 1999a), *As leis* (Platão, 1999b) e *Protágoras* (Platão, 2007) são repletas de mitos, ou, nas palavras de André Lalande (1999), "narrativas fabulosas". Destacamos *Protágoras*, que contém um mito sugestivo para a reflexão sobre a dimensão política da filosofia. Apresentaremos uma elaboração do mito exposto no citado texto, para evidenciar a importância da narrativa do mito para a elucidação da filosofia[4].

No princípio, conforme Protágoras, quando só existiam os deuses, as divindades resolveram criar a raça humana e outros seres vivos e o

---

4 Essa elaboração consiste em uma narração superficial, na qual se asseguraram questões capitais do mito constante na obra platônica.

fizeram misturando os elementos da natureza. Após a criação desses seres, as divindades responsabilizaram os irmãos Prometeu e Epimeteu para capacitá-los com faculdades específicas para melhor adaptação aos seus hábitats e maior aptidão para a sobrevivência. Epimeteu então repartiu os atributos para cada espécie e capacitou as criaturas da seguinte maneira: às que não possuíam rapidez, Epimeteu concedeu força; às mais fracas, assegurou rapidez; às miúdas, deu asas.

Dessa maneira, todas as espécies foram contempladas de acordo com suas próprias necessidades ou receberam o equivalente para sobreviver em meio às demais criaturas. Ademais, foram concedidas qualidades para suportar as adversidades da natureza, ou seja, Epimeteu as revestiu com pelos, couros, cascos e garras. Na sequência, forneceu-lhes alimentos, como pastagens, frutos, raízes e, para certo número de espécies, outros animais. De tal modo, houve, por parte de Epimeteu, um esbanjamento na distribuição dos atributos conferidos aos animais irracionais. Quando Prometeu foi fiscalizar o trabalho do irmão, percebeu que dentre as criaturas havia a raça humana, que se encontrava desprotegida e não equipada diante dos demais animais e das adversidades da natureza.

Prometeu percebeu a falta de senso de seu irmão em desprestigiar a raça humana e, chegando o dia de dar as espécies à luz, tomou, de forma desesperada, uma decisão: roubar de Hefaístos e Atena o fogo e a sabedoria nas artes práticas para entregá-los aos homens. E assim o fez, assegurando aos seres humanos a arte da sobrevivência entre os demais animais, bem como o uso de habilidades para se proteger das adversidades naturais.

Os homens começaram a formar famílias e comunidades e, dessa dinâmica, resultaram brigas e injustiças, pois lhes faltava a arte da política. Por isso, Zeus, preocupado com os homens, mais precisamente com a extinção destes, chamou Hermes para que o ajudasse na missão de salvaguardá-los uns dos outros e para que distribuísse entre eles os sensos de justiça e de pudor.

Por não saber como realizar tamanha empreitada, Hermes indagou se tais virtudes deveriam ser concedidas aos seres humanos tais como foram as das artes, levando em consideração que essa distribuição foi feita de um modo que um homem que tivesse sido agraciado com o dom da medicina poderia cuidar de muitas pessoas, assim como foi feito no caso de vários outros ofícios.

A pergunta de Hermes incita a diferentes interpretações. Não é o caso de discuti-las aqui, mas de explorar um fator aventado na questão proferida pelo deus: a **representação**. Isso significa que não era necessário que todos fossem detentores da arte política, do senso de justiça e de pudor, mas apenas os representantes políticos do povo.

A intervenção de Zeus nessa questão pode ser considerada magnífica para a ilustração teórica de *Protágoras* (Platão, 2007, p. 268): "a todos, e que todos tenham deles um quinhão" – essa foi a resposta da divindade, pois não seria possível que as cidades fossem formadas se apenas alguns poucos tivessem uma porção de justiça e pudor.

Eis que diante do mito que expusemos, podemos pensar sobre os seguintes pontos: qual é a importância do mito? Qual é sua função? Ele ainda se fazia necessário, depois do advento da filosofia? Essa questão é simples de se resolver, mesmo que pareça o contrário. O mito se esvazia da função de explicação para se tornar uma fundamentação, isto é, clarificação, exemplificação e facilitação do conhecimento. Nesse contexto, é importante que você atente para os conceitos, isto é, ao atestarmos que o mito perdeu a função de explicação, afirmamos, conceitualmente, que não é papel do mito explicar ou responder a perguntas, pois essa atribuição passou a ser da filosofia ou, mais precisamente, da **epistemologia**.

A função do mito e da clarificação com base em narrativas populares, segundo Lalande (1999), é facilitar a compreensão, isto é, servir de instrumento pedagógico. Dito isso, salientamos que mito e filosofia estão imbricados, sobretudo na Antiguidade Clássica, na construção do saber, uma vez que existe, no expediente filosófico, uma relação profunda entre os conceitos citados, especialmente no que se refere à compreensão e à explicação do problema filosófico. É fato que o uso dos mitos como explicação da realidade, aqui pensado como expediente pedagógico, não é exclusividade do povo grego; pelo contrário, vários povos recorreram a esse recurso para difundir suas sabenças, cabendo destacar, entre outros, os povos egípcio e hebreu.

Feita a introdução às formas de se compreender a realidade, convém fundamentar o que se denomina *filosofia política*. Entretanto, antes de fornecermos uma definição rigorosa, buscaremos, com base em uma compreensão histórica, ainda que fragmentada, estabelecer os caminhos que foram determinantes para a configuração de uma filosofia propriamente política. Partindo desse entendimento, faremos uma rápida apresentação do debate circunscrito a duas escolas da Grécia Antiga: a socrática e a sofista, relacionadas ao ensino da virtude.

1.3
Virtude: um debate político

Virtude, eis uma palavra que provoca incômodos no cenário político. Contudo, do ponto de vista da filosofia política, o termo é certamente um convite para refletirmos sobre a dimensão das relações humanas no âmbito político-filosófico. No espaço grego antigo, o debate era travado entre duas escolas: a socrática e a sofista. Para Platão, expoente do primeiro grupo, o ensino da virtude é uma tarefa inglória, pois esse valor nasce com o sujeito, ou seja, é intrínseco à sua natureza. Por essa razão, Sócrates disse: "É impossível que o povo seja filósofo" (Platão, 1999a, p. 203).

De acordo com Platão (1999a), com base na afirmação socrática, não é o desejo que faz o filósofo, mas sua natureza. Isso significa que de nada adiantam o desejo, o ensino e o esforço para esse fim, caso não seja de natureza a condição de ser filósofo. Podemos argumentar aqui que filósofo é o homem de virtude, ou seja, que nasce com esse fim, não necessariamente o aristocrata, mas o homem que surge com a alma de ouro. Em Platão (1999a) encontramos a tripartição da alma: alma de ouro, o filósofo; alma de prata, o guerreiro; e alma de bronze, o trabalhador. A realização da cidade ocorre quando o sujeito não só aceita sua natureza, mas quando é também estimulado, por meio da educação, para a aceitação e a realização dessa sua condição de alma. A educação funciona como o estabelecimento da alma ao seu devido lugar, ou seja, é possível que se encontre uma alma de ouro no meio do povo, e somente o educador pode, ao identificar o erro, recolocá-la no seu lugar de pertencimento – de acordo com sua natureza.

No Livro VI de *A república* (Platão, 1999a, p. 194), afirma Sócrates: "então, ao que parece, uma alma covarde e inferior não terá nenhuma relação com a verdadeira filosofia". Sabe-se que Platão era um aristocrata e defendia os ideais da aristocracia; por isso, para o filósofo grego, o povo não pode e não dispõe de virtude e não há como aprendê-la, por mais que se esforce ou que venha a desejá-la.

Nesse sentido, ainda segundo Platão (1999a, p. 229), "se tudo isso é verdadeiro, temos de concluir o seguinte: a educação não é o que alguns proclamam que é, porquanto pretendem introduzi-la na alma onde ela não está, como quem tentasse dar vistas aos olhos cegos". Em outros termos, seria, de acordo com Platão (1999a), querer que um cego enxergue, ou seja, somente se pode ser virtuoso de nascença, e não por "construção".

Entretanto, afirmar que o indivíduo é não virtuoso, segundo Platão (1999a), não significa que seja mau-caráter; significa apenas que o sujeito não é filósofo e não pode sê-lo, razão por que é e sempre será um não filósofo, um não aristocrata. O não virtuoso é justamente o homem que, determinado por sua condição de natureza, não consegue enxergar além do mundo visível, ou seja, além daquilo que lhe é próprio. Essa questão pode ser pensada com base na Alegoria da caverna. O homem que se liberta, faz o caminho abrupto e consegue enxergar o sol pode ser entendido como o professor/o político, aquele cuja função é levar a verdade aos acorrentados – libertá-los das correntes, uma vez que esses prisioneiros não são capazes dessa empreitada, não conseguem sozinhos fazer seu próprio caminho, abandonar as correntes e ir em direção à luz.

É pavorosa a descrição feita no Livro VII de *A república* (Platão, 1999a), pois o homem que deixa a caverna faz um percurso penoso, trava conflitos consigo mesmo e, finalmente, depois de uma longa caminhada, depara-se com o verdadeiro e desvela sua missão – emancipar os acorrentados. Contudo, o retorno desse homem à caverna pode lhe trazer problemas, pois os homens acorrentados (isto é, o povo) não aceitarão de bom grado a verdade dos fatos e, por isso, desejarão matá-lo. Por essa razão, o professor/o político, mestre que se desprende das correntes, é o virtuoso.

Logo, Platão advoga a impossibilidade do ensino da virtude. É por isso que, no referido mito, somente um indivíduo se desprende da caverna, e não todos os homens, pois o homem virtuoso é justamente o que consegue ultrapassar os limites do mundo sensível e descobrir o que há além dele, ou seja, desprende-se das correntes e ultrapassa os limites da caverna. A virtude é, portanto, algo intrínseco à natureza. Por isso, no diálogo platônico *Protágoras*, Platão (2007, p. 265) faz a seguinte advertência:

também na vida privada, nossos cidadãos mais excelentes e mais sábios são incapazes de transmitir virtudes de que são portadores aos outros. Considera o caso de Péricles, o pai destes jovens aqui. Concedeu-lhes uma excepcional educação em tudo aquilo que mestres são capazes de ensinar, mas com referência àquilo em que ele próprio revela-se realmente sábio, nem o instrui pessoalmente nem os confia a um outro instrutor.

Em suma, de acordo com Platão (2007), a virtude é impossível de ser ensinada, mas pode ser despertada nos corações dos que dela dispõem. Esse despertar é suscitado por uma pedagogia socrática, isto é, por um procedimento metodológico denominado *maiêutica*, por meio do qual o professor desperta no aluno[5] todo o conhecimento que se encontra nele adormecido. Isso é feito mediante um conjunto de perguntas bem-elaboradas que se refaz com as respostas e se traduz em novas perguntas.

Numa via oposta, encontra-se, ainda em *Protágoras* (Platão, 2007), a defesa do ensino da virtude empreendida pelos pensadores da escola sofista: por meio da educação, é possível tornar o homem um sujeito melhor e mais prudente no que toca a sua condição social e política. Nas palavras de Protágoras (Platão, 2007, p. 263):

---

5 Em *Mênon* (Platão, 1978), há um diálogo curto, mas bastante expressivo, sobre a virtude, a ética e a política. A passagem que nos interessa é o diálogo de Sócrates com Mênon a respeito da virtude. De repente, Sócrates conversa com o escravo de Mênon e encontra nele conhecimento da matemática, mais precisamente, da geometria, graças ao uso da pedagogia maiêutica. Sobre essa cena, Jaeger (2001, p. 709) registra: "Sócrates explica-o a Mênon, fazendo com que o escravo dele, um homem novo sem qualquer cultura, embora não desprovido de talento, descubra por si próprio, na presença do seu senhor e mediante as perguntas apropriadas, a regra do quadrado da hipotenusa, à luz de uma figura toscamente desenhada. Esta experiência pedagógica constitui o momento mais brilhante do diálogo".

o que eu ensino é ter bom discernimento e bem deliberar seja nos assuntos privados, mostrando como administrar com excelência os negócios domésticos, seja nos assuntos do Estado, mostrando como pode exercer máxima influência nos negócios públicos, tanto através do discurso quanto através da ação.

Esse texto foi escrito por Platão, contudo o pensador expõe a filosofia sofista de Protágoras. Trata-se de um texto emblemático, pois apresenta uma discussão entre duas filosofias que divergem entre si, mas que, amiúde, respeitam e asseguram o pensamento contrário. *Protágoras* é simbólico por diversas razões: primeiro, ainda que Platão seja um forte adversário dos sofistas, a passagem aqui citada serve de base para a compreensão da teoria filosófica de Protágoras; segundo, mesmo com o uso da ironia socrática, há um equilíbrio no diálogo, capaz de assegurar a divergência nos posicionamentos, mas sem a caracterização de um vencedor; pelo contrário, tem-se um debate em que o leitor é convidado a tomar posição sobre a possibilidade de se ensinar ou não a arte da virtude.

No diálogo, Sócrates faz uma solicitação capciosa e um tanto irônica a Protágoras: "assim, se puderes nos fornecer uma demonstração mais explícita de que é possível ensinar a virtude, não reveles má vontade nesse sentido" (Platão, 2007, p. 265). Vale acrescentarmos que a solicitação socrática ocorre depois de um longo discurso proferido por Sócrates, com exemplos que afirmam a impossibilidade de se ensinar a virtude nessa mesma obra.

Retomemos o mito de Prometeu, o qual expusemos sinteticamente quando estabelecemos a relação entre mito e filosofia. Pois bem: a narrativa no texto platônico é usada por Protágoras quando se estabelece o debate com Sócrates sobre a possibilidade do ensino da virtude. Levando em conta esse mito, Protágoras faz a seguinte defesa: todos os homens receberam de Zeus o senso de justiça e de pudor, ou seja, todos são capazes de aprender a virtude, pois essa é sua condição de natureza. Protágoras compreende que a justiça e o pudor são formas específicas da virtude. Portanto, para ele, essas qualidades foram concedidas pelos deuses à toda a humanidade e tais bênçãos são convertidas em virtudes. Numa interpretação mais contemporânea, podemos indicar o filósofo André Comte-Sponville (2009), na obra *Pequeno tratado das grandes virtudes*, que qualifica justiça e pudor como qualidades da virtude.

Retomando a defesa de Protágoras, o pensador afirma, por meio do referido mito, que a virtude não pode ser atributo apenas de um público específico (a aristocracia), mas sim de todos os indivíduos. Os homens podem até não agir conforme a virtude, mas esta é uma condição de natureza concedida pelo Pai dos Deuses à raça humana. Do contrário, de acordo com Zeus, caso o homem não fosse possuidor da virtude, não haveria como garantir a sobrevivência das cidades.

Assim, de acordo com Protágoras, cabe ao professor desenvolver em seus alunos a capacidade da arte política e da vida feliz de cada sujeito na sua relação circunstancial e cotidiana. Essa posição caracteriza a pedagogia sofista[6], que, entre muitas atribuições, deve reativar nos corações humanos a arte de viver em comunidade de forma justa e feliz – em outros termos, de forma virtuosa.

Ao que tudo indica, esse debate não se esgota. A discussão entre a pedagogia socrática e a sofística alimenta grandes inquietações, pois, de posse da tese de cada debatedor, Sócrates e Protágoras, o leitor tende a se perder em meio às argumentações e não fecha a questão, mas faz concessões diante de cada ponto de vista exposto e esmiuçado por ambos os debatedores.

Entretanto, vale ressaltarmos que a pedagogia sofística não pode ser desprezada em razão das críticas advindas de um contexto aristocrático; pelo contrário, devemos levar em consideração a produção teórica dos sofistas especialmente no que concerne à democratização do saber e à ampliação do debate sobre educação e política. Dessa maneira, para uma análise equilibrada e justa de ambas as metodologias pedagógicas, maiêutica e sofística, faz-se premente reconhecer esse caráter, pois a

---

6 Os sofistas costumeiramente são descritos, em livros que tratam do período da Antiguidade, como promotores de uma educação sem conteúdo. No entanto, essa é uma visão que não coaduna com a realidade, especialmente quando diz respeito à geração de Protágoras e Diógenes, isto é, a primeira geração de filósofos. Esses pensadores inauguraram a pedagogia, ou seja, viabilizaram o nascimento e o desenvolvimento da prática pedagógica. Por essa razão, o comentário que fizemos refere-se à democratização do saber, pois a filosofia, no terreno grego antigo, era restrita aos aristocratas, e somente com a prática sofista é que houve o que podemos denominar *democratização do saber*. Dessa maneira, o sentido de pedagogia sofista deve ser pensada para além do sentido pejorativo, semelhante ao que postula Jaeger (2001, p. 335): "inicia-se no tempo de Sófocles um movimento espiritual de incalculável importância para a posteridade. [...] É a origem da Educação no sentido estrito da palavra: a *Paideia*. Foi com os sofistas que esta palavra, que no séc. IV e durante o helenismo e o império haveria de ampliar cada vez mais a sua importância e a amplitude do seu significado, pela primeira vez foi referida à mais alta *arete* humana".

desqualificação dos sofistas em nada contribui para a compreensão dessa alternativa pedagógica de se fazer educação. Nas palavras de Protágoras (Platão, 2007, p. 275):

> aí tens Sócrates, mediante o mito e o argumento, a demonstração de que a virtude é possível de ser ensinada, que os atenienses partilham dessa opinião e nada há surpreendente no fato de maus filhos nascerem de bons pais, e bons filhos nascerem de maus pais, posto que mesmo os filhos de Policlisto, companheiros de Páralo e Xantipo aqui presentes, não são comparáveis ao seu pai, o mesmo ocorrendo em outras famílias de artistas. No caso destes dois, não é justo deles se queixar ainda. Para eles resta a esperança, visto que são jovens.

De acordo com essa assertiva, para que a virtude aconteça, é preciso que se estabeleça um procedimento metodológico e pedagógico de desenvolvimento e de incentivo a ela – essa deve ser a tarefa de cada professor ante seus alunos. Em que pese o debate, com base na discussão das escolas socrática e sofista, é possível aventarmos a seguinte questão: em que medida se pode ou não ensinar a virtude? Há dois caminhos: primeiro, por uma pedagogia socrática; segundo, por uma pedagogia sofista.

As considerações apresentadas são um extrato da gênese do pensamento filosófico grego e, de certa maneira, do pensamento político. Quando discutimos a relação entre o mito e a filosofia, buscamos, sobretudo, construir uma alternativa política de compreensão da realidade à luz de um debate sobre escolas gregas. Por isso, em uma perspectiva metodológica, há um momento em que os deuses determinam a realidade, interferindo diretamente na vida política dos indivíduos, e, com o nascimento da filosofia, outro momento em que o indivíduo se torna agente do conhecimento, compreendendo o mundo por meio de seu contingente, no qual responde aos desafios impostos pela sociedade.

1.4
Da comunidade ao espaço público organizado: reflexões fundamentadas em Platão e Aristóteles

Depois de algumas provocações acerca da virtude, trataremos agora da concepção de Estado no período grego antigo. Advertimos que o debate é bastante extenso quando a questão envolve o nascimento, a natureza e o conceito dessa estrutura social. Todavia, essa discussão conceitual de Estado será retomada em outras ocasiões e aprofundada com outros autores. Neste ponto do texto, apontaremos questões que envolvem a filosofia política, estritamente relacionadas a sua origem, isto é, as suas primeiras reflexões. Além disso, aprofundaremos o tema com base nos pensadores Platão e Aristóteles, malgrado estejamos cientes de que existem outros autores para além do mundo grego que, em uma medida ou outra, apresentaram propostas singulares e significativas. Todavia, considerando a proposta da obra, restringiremos essa abordagem aos autores mencionados.

Alguns autores do pensamento político afirmam que o Estado nasceu com os antigos gregos, sobretudo com Aristóteles, quando ele se refere à vida em sociedade e, mais especificamente, quando defende a promoção da vida humana e vida feliz no espaço público, que é a cidade. Para Bobbio (2012), existem correntes que tratam da descontinuidade e da continuidade do Estado. Para os que defendem a segunda, o estudioso declara: "antes de tudo a constatação de que um tratado de política como o de Aristóteles, dedicado à análise da cidade grega, não perdeu nada de sua eficácia descritiva e explicativa frente aos ordenamentos políticos que se sucederam desde então" (Bobbio, 2012, p. 70).

Na apresentação do Estado como continuidade, Bobbio (2012) fornece vários exemplos para demonstrar que existe uma ligação na história que pontua a origem do Estado; em outras palavras, o autor fala de um começo e de um desenvolvimento da consolidação do Estado como está desenhado hoje. A assertiva aponta para a importância do filósofo Aristóteles, que empreendeu em solo grego antigo tal concepção de Estado como ordenamento da vida coletiva. Essa é uma de tantas outras formas de pensar o Estado com base em seu nascimento, natureza e função, isto é, considerar que o Estado é uma construção histórica e que, na Antiguidade grega, seu registro remonta, principalmente, à filosofia platônico-aristotélica.

François Châtelet (1925-1985), filósofo e historiador político, faz um recorte das ideias políticas e assinala de forma categórica que Drácon e Sólon foram grandes legisladores que contribuíram para a ordenação da vida social, pois arbitraram contra o crime e estabeleceram punições para todos os que atentassem contra as vidas particular e coletiva. No entanto, essa ação desses dois governadores não coaduna, ainda segundo Châtelet (2000), com o que se pode denominar *Estado*. A ação deles até pode, em algum grau, ser associada à *cidade*; contudo, é necessário ter em mente que a noção de *Estado* é bem mais ampla do que a pura e simples ordenação da vida em sociedade. Então, deriva dessa perspectiva a tese da descontinuidade do Estado, que, nesse caso, consiste em um elemento constituído na sociedade moderna, pois, com relação ao passado, podemos falar de um ordenamento político[7], mas nunca da edificação do Estado propriamente dito.

---

7   De acordo com Bobbio (2012, p. 69), para se compreender a relação entre continuidade e descontinuidade de forma plena, é preciso estabelecer critérios, e não verdades, ou seja, o que se requer é um procedimento metodológico para que se possa pensar conceitualmente o Estado.

Quando afirmamos que o Grécia clássica, sobretudo no século IV a.C., é um espaço de organização e de aproximação do que se denomina *cidade*, fazemo-lo justamente porque nesse momento histórico deu-se a construção de um elemento que se tornou capital para toda a humanidade: a lei[8]. Conforme Châtelet (2000, p. 14):

> em meados do século IV a.C, quando o historiador Heródoto quer explicar a vitória da Grécia sobre os Bárbaros, quando das duas guerras médicas, ele põe em evidência a superioridade dos cidadãos combatentes, que não têm outro senhor além da Lei e que comandam a si mesmos, em comparação com os guerreiros do Império Persa, que obedecem a um homem e não tem outras motivações além do interesse e do temor.

Essa assertiva remete ao caráter da lei como instrumento de ordenação da vida pessoal e coletiva. De acordo com Châtelet (2000), a lei tem um papel fundamental na cultura grega, bem como na formação das cidades. Contudo, sua influência na constituição da cidade depende de os indivíduos a conhecerem e, principalmente, a reconhecerem como legítima. Tal legitimidade refere-se justamente à superioridade diante dos homens, ou seja, ante as instituições. Essa é uma discussão capital na ciência weberiana: dominação, legitimidade, burocracia e Estado.

---

8 Châtelet esboça o caráter da lei nesse momento histórico, o século IV a.C. De acordo com esse autor, "a Lei como princípio de organização política e social concebida como texto elaborado por um ou mais homens guiados pela reflexão, aceita pelos que serão objeto de sua aplicação, alvo de um respeito que não exclui modificações minuciosamente controladas: essa é provavelmente a invenção política mais notória da Grécia clássica; é ela que empresta a sua alma à cidade, quer seja democrática, oligárquica ou monárquica" (Châtelet, 2000, p. 14, grifo do original).

1.4.1 Platão: idealismo e política

Platão (427 a.C.-347 a.C.) foi um aristocrata ateniense. Por parte do pai, descendeu de um dos antigos reis de Atenas; do lado materno, tem sua ascedência no estadista Sólon. Segundo os historiadores Giovanni Reale e Dario Antiseri, na obra *História da filosofia* (1990a), o contato de Platão com Sócrates, de quem viria a se tornar discípulo, se deu quando o primeiro completava 20 anos de idade. Antes desse encontro, ainda de acordo com os referidos historiadores, Platão foi inicialmente discípulo de Crático, seguidor de Heráclito: "Platão travou primeiro contato direto com a vida política em 404/403 a.c, quando a aristocracia assumiu o poder e dois parentes seus, Cármides e Crítias, tiveram importante participação no governo oligárquico" (Reale; Antiseri, 1990a, p. 125). Essa experiência foi, conforme esses autores, amarga para Platão, uma vez que aquele governo foi caracterizado pelo uso de métodos violentos e falaciosos, os quais foram executados, mormente, por indivíduos em quem Platão depositava confiança e esperança política.

É sabido que Platão participou da vida política, mas não logrou êxito e foi preso em razão de sua posição político-filosófica. É notório que o pensador tentou implementar uma constituição política com base na filosofia e, em razão disso, foi preso em Siracusa e posteriormente expulso da região. Essa experiência fez o filósofo ateniense se desanimar com a vida política e se dedicar com afinco ao projeto pedagógico que veio a chamar de *Academia*. Esse empreendimento, segundo o historiador e filósofo John Victor Luce (1994), é pedagógico, mas também pode ser considerado político, pois "se não pudesse ingressar na vida política, [Platão] transmitiria suas ideias aos seus discípulos" (Luce, 1994, p. 97).

Essa assertiva aponta para o caráter político da educação, isto é, Platão reconhece, conforme Luce (1994), essa dimensão educacional e se empenha na construção permanente de uma instituição de ensino.

O desejo do filósofo era formar o espírito de um novo tipo de estadista, capaz não só de compreender a política, mas de transformá-la em razão da vida pública. Durante os 20 anos seguintes, depois de ser expulso de Siracusa, ainda de acordo com o historiador citado, Platão se dedicou ao projeto da Academia, bem como à escrita de seus diálogos, entre os quais se encontra o seu texto mais famoso, *A república*.

Entretanto, a ânsia por projetar uma constituição política, pautada na filosofia, permanecia latente Platão. Por isso, o filósofo foi convidado por Díon, com quem tinha estreitas relações de amizade e afeto, a retornar para Siracusa para influenciar o governante, na qualidade de conselheiro de sucessor, a fim de constituir uma legislação de caráter político-filosófico. Platão, mesmo desencantado com a política e descrente dessa missão, aceitou o convite, mas novamente não logrou êxito e voltou para Atenas, onde retomou suas atividades pedagógicas na Academia.

Esse período da história da vida de Platão é importante para compreendermos o projeto de política no sentido filosófico que ele constrói, ou seja, projeto que fora intentado em Siracusa, quando o pensador atinava para uma constituição política com procedimentos filosóficos. Para alguns autores de história da filosofia, como Luce (1994), o filósofo buscava formar seu "filósofo-rei", sujeito teorizado nos Livros VI e VII da obra *A república*.

Texto bastante conhecido, *A república* é lida principalmente em razão da famosa e aqui já comentada "Alegoria da caverna", apresentada no Livro VII. Na referida obra, a discussão filosófica é perpassada por diversas temáticas, das quais pretendemos discutir a educação e a política. Nos primeiros livros dessa obra (I, II e III), está delineada o que podemos chamar de *teoria da justiça*. Não pretendemos nos alongar nessa discussão, mas apenas fazer algumas considerações para especificar os caminhos da filosofia política de Platão.

No Livro I, é exposto o tenso debate entre Sócrates e Trasímaco, um sofista que reflete o caráter realista da justiça, ou seja, que a define com base na arena política do seu tempo – como sinônimo de quem detém o poder e de quem pode mandar. Por isso, segundo Trasímaco, nas palavras de Platão (1999a, p. 20):

> e cada governo faz as leis para seu próprio proveito: a democracia, leis democráticas; a tirania, leis tirânicas; e as outras a mesma coisa; estabelecidas estas leis, declaram justo, para os governados, o seu próprio interesse, e castigam quem o transgride como o violador da lei, culpando de injustiça.

Somente no Livro II, encontra-se uma melhor fundamentação da justiça: depois de refutar o argumento de Trasímaco, Sócrates passa a discutir, para além da justiça, o poder, isto é, quem deve exercer o poder e determinar a justiça, definindo-a em termos públicos.

Esse caminho traçado por Sócrates direciona-se justamente à constituição da figura do filósofo-rei. Contudo, esse novo debate é estabelecido quando Glauco solicita uma definição das origens de justiça com base na natureza. Segundo Glauco, nas palavras de Platão (1999a, p. 43): "os homens afirmam que é bom cometer a injustiça e mal sofrê-la, mas que há mais mal em sofrê-la do que bem em cometê-la". Essa assertiva remete a uma compreensão da justiça como algo determinado, imposto, assinalando que não existe nenhum bem em praticá-la; pelo contrário, se não existisse uma determinação para praticá-la, certamente, diz Glauco, os homens praticariam a injustiça, pois desta se retira prazer ou benefício.

Como já explicamos, não pretendemos nos aprofundar nesse debate, mas apenas trazê-lo à tona para uma melhor compreensão da filosofia política de Platão e para evidenciar a relação entre justiça e política. Nesse sentido, é conveniente estabelecermos os passos de Sócrates para a assunção da justiça como elemento da vida política. Por isso, segundo

Sócrates (Platão, 1999a, p. 53), no diálogo platônico: "logo, numa cidade, a justiça é mais visível e mais fácil de ser examinada. Assim, se quiserdes, começaremos por procurar a natureza da justiça nas cidades; em seguida, procuraremos no indivíduo, para descobrirmos a semelhança da grande justiça com a pequena".

Para Sócrates, a única diferença entre a justiça do indivíduo e a justiça da vida política reside no tamanho: uma é grande – a justiça da cidade –, e a outra, pequena – a justiça do indivíduo. Por isso, o filósofo propõe compreender a justiça na cidade para, posteriormente, compreender a justiça para o indivíduo.

A defesa de Sócrates é motivada pela relação dinâmica entre cidade e indivíduo, pois não pode existir uma ruptura entre ambos, apenas uma ligação na qual a justiça deve ser o princípio da vida feliz, sendo assim desde o indivíduo até a cidade como realização da vida pública. Dessa maneira, a discussão da justiça acontece com vistas à formalização de quem pode não só praticá-la – os indivíduos –, mas também comandá-la – o filósofo-rei.

Da explanação de Sócrates na obra *A república* (1999a), depreende-se que a justiça deve ser observada numa relação dialética entre indivíduo e cidade. Com base nessa discussão, no Livro I, Sócrates refuta Trasímaco, pois não se trata de fazer da justiça um instrumento de poder, sobretudo, de quem exerce o mando. Já em sua discussão com Glauco, no Livro II, Sócrates explica que a justiça não é uma imposição política, tampouco um elemento externo à natureza, mas algo que se encontra na cidade e no indivíduo e, por isso, sua prática é necessária e promotora de organização da vida pública.

Nos três primeiros livros de *A república*, a fundamentação da justiça, do ponto de vista do conceito e de sua função, serve justamente para definir o que se denomina *cidade* – em outros termos, a organização da cidade como efetivação da vida pública. Nesse contexto, citamos Luce (1994): em sua opinião, Platão imbrica educação e política, isto é, faz da educação uma formação para a política. Cumpre assinalarmos que essa discussão deve ser tomada em sentido estrito, pois a Academia deveria formar o estadista, o filósofo-rei, aquele que deve legislar, ordenar a vida pública e assegurar a felicidade dos indivíduos da *polis*.

Esse debate é centrado justamente no Livro VII de *A república*, quando o homem que sai da caverna tem como tarefa a libertação dos acorrentados. Não se trata de um retorno agradável, diz Sócrates (Platão, 1999a), mas é preciso fazê-lo, pois a felicidade da cidade deve ser a felicidade dos indivíduos e, por isso, todos precisam participar da vida pública e gozar dessa felicidade. Essa realização existencial acontece quando, por meio da educação, os homens compreendem sua tarefa no mundo, ou seja, sua tipologia[9]. Cada alma faz o que lhe é próprio de natureza, isto é, cabe aos que têm alma de ouro governar, pois esses indivíduos são os filósofos. Os guardiões – a alma de prata – devem proteger a cidade. A alma de bronze, por sua vez, é constituída pelos trabalhadores, aos quais compete o serviço técnico e especializado.

Essa discussão tipológica não deve ser tomada como discussão de classes sociais[10], pois o debate à época não tratava da defesa do governo dos aristocratas, mas sim da proposição de uma forma de governo que contemplasse a harmonia da cidade, bem como a verdadeira realização existencial: o bem. Por isso, o projeto político da Academia era formar o homem para exercer a sua condição de sujeito na *polis*.

---

9   Alguns autores associam a tipologia das almas às classes sociais, mas essa categoria não existia na época e, por isso, para uma melhor compreensão da discussão platônica, é mais prudente usar o termo *tipologias de homens*.

10 *Classe social* é uma categoria marxista, expressão que Karl Marx constitui no texto *Crítica da filosofia do direito de Hegel: Introdução*. Por isso, classe social é um conceito moderno e não pode ser associado ao pensamento platônico.

Por essa razão é que se costuma qualificar esse projeto como *ideal*, ou seja, a filosofia política de Platão, esboçada na obra *A república* (1999a), é, nas palavras de Sócrates, um projeto ideal de cidade. É por isso que, quando se faz referência a essa obra, a discussão de política é tomada, segundo Châtelet (2000), no sentido utópico. No entanto, cabem considerações, pois *A república* é, para Platão, muito maior do que um projeto irrealizável.

No fim de sua vida, Platão deixou inacabada uma obra denominada *As leis* (1999b). Nesse texto, o autor discorreu sobre um caráter diferenciado da política, isto é, distanciou-se em certa medida da discussão apresentada em *A república*. Basta afirmarmos que Platão não usa de seu personagem capital, Sócrates, para evitar uma compreensão idealizada da política. Em *As leis*, é possível perceber a discussão do segundo Estado, isto é, depois de *A república*, primeiro Estado (ou seja, Estado ideal), a política é passada pelo crivo da lei, da constituição – uma espécie de regulação da vida coletiva. Por isso, de acordo com Platão, a lei, o caráter de salvação da cidade, deve ser senhora desta, do povo e dos governantes, caso contrário a submissão da lei ao governo significaria a ruína da cidade. Por isso, o objetivo dessa obra é justamente averiguar qual é a melhor constituição – lei – para uma cidade justa.

Todavia, ainda que a construção de *As leis* expresse, no entendimento platônico, um caminho possível de se fazer política sem a dimensão ideal apresentada em *A república*, há um conjunto de fatores que fragilizam o caráter de um realismo político. No Livro III da citada obra (Platão, 1999b), Platão faz uso do mito para narrar a destruição do mundo e, consequentemente, a criação de uma nova cidade. De acordo com o pensador, houve, no passado, um grande dilúvio no qual o Estado fora destruído, restando somente pessoas que viviam nas planícies, ou seja, pastores[11] que, afastados do Estado, sobreviveram e foram, com o passar do tempo, encarregados de construir a nova cidade.

Pois bem, a figura dos pastores, em *As leis*, denota uma posição idealizada. Quem são os pastores? Platão os apresenta como homens simples que, entre outros aspectos, estavam dissociados da ganância, do vício e da corrupção que habitavam a cidade; eram homens que não dispunham de técnicas ou habilidades. Eis a primeira questão: aqui é latente o caráter ideal da nova cidade, isto é, homens simples que se aventurarão na construção de um novo modelo de política para edificação da sociedade, a legislação[12] da cidade. A segunda questão pode ser pensada com base em uma nova ação política, de acordo com Platão (1999b, p. 139): "ora, a comunidade que não conhece jamais nem a riqueza nem a pobreza é geralmente aquela na qual se desenvolvem as personalidades mais nobres, pois aí não há espaço para o crescimento da insolência e da injustiça, das rivalidades e dos ciúmes".

Eis a proposta platônica de cidade: os homens desprovidos de sentimentos relacionados à riqueza e à pobreza é que construirão a nova cidade,

---

11 De acordo com Platão (1999b, p. 136): "o ateniense – que aqueles que nessa ocasião escaparam à destruição devem ter sido principalmente pastores dos montes, pequenas centelhas da espécie humana preservadas nos cimos das montanhas".

12 Não pretendemos adentrar nesse debate, mas vale mencioná-lo – a legislação é uma descoberta ou uma construção? Esse é sem dúvida um problema filosófico, pois a questão não fica esclarecida no interior da obra platônica: na descoberta, os deuses dão aos homens a lei como instrumento de ordenação da vida coletiva. Na construção, por meio da experiência e da liberdade diante do desconhecimento das necessidades e dos vícios, os homens seriam capazes de compor o elemento capital da nova cidade, a legislação. É sabido que a discussão acerca de *As leis* é permeada pela presença dos deuses que ajudarão os homens na construção da cidade e na ordenança de novas técnicas para a sobrevivência e perpetuação da espécie humana.

ou melhor, serão os legisladores dessa terra denominada *Magnésia*[13]. Tais homens, personalidades desprovidas de qualquer sentimento material, estabelecerão no cotidiano os ideais de uma sociedade política pautada na justiça e na boa gestão do bem público, ou seja, seguirão as justas leis. O núcleo da obra *As leis* ultrapassa os limites aqui apresentados; e o mito é, de acordo com Platão, o ponto de partida para se pensar as constituições e examinar qual é a melhor e mais justa para a edificação do novo Estado.

Quando afirmamos que *As leis* é semelhante à obra *A república* (idealista), não pretendemos ignorar o caráter de praticidade da obra, isto é, o caráter de formalização de um projeto político. O que pretendemos é justamente refutar a ideia de que existem dois autores, que seriam: primeiro, um Platão entusiasmado com a política e que, por isso, pensa a figura do filósofo-rei, capaz de governar sobre as leis, isto é, não se trata de um tirano, mas de um sábio que se encontra acima das leis, ou seja, que as cria; o segundo, um Platão amadurecido, desencantado com a política e que, por isso, postula a construção de leis capazes de não só ordenar a vida pública, mas também conduzir os indivíduos no caminho da justiça.

Propomos a leitura que assume um único Platão, o filósofo das ideias, mas que faz um desenho de sociedade, a república, e que percebe, nesse momento, os obstáculos que se impõe à realização desse projeto, o qual, porém, é possível num outro tempo, isto é, depois de um processo de melhoramento das instituições, bem como da formação de todos os indivíduos. Por isso, ao final do Livro IX de *A república* (Platão, 1999a, p. 319), Sócrates faz a seguinte advertência: "talvez haja um modelo no céu para quem quiser contemplá-lo e, a partir dele, regular o governo

---

13 A cidade construída na ilha de Creta – o Estado possível de acordo com Platão (1999b).

da sua alma. Aliás, não importa que essa cidade exista ou tenha de existir um dia: é somente às suas leis, e de nenhuma outra, que o sábio fundamentará sua conduta".

Por isso, em uma abordagem semelhante à da obra *A república*, *As leis* dispõe de um caráter idealista, apostando nos homens justos, os pastores. Ainda que o núcleo da obra ultrapasse os limites do mito apresentado no Livro III de *As leis*, a discussão sobre legislação é uma tentativa de construir o segundo Estado, o qual tenha como base uma legislação justa com capacidade de tornar os homens justos. Nesse contexto, há uma substituição de poder político. Em outras palavras, na primeira obra, *A república*, o poder é do filósofo-rei; na segunda, *As leis*, o poder é da lei, da legislação. Por essa razão é que não se pode retirar do itinerário platônico o caráter filosófico do "idealismo". Com isso, repetimos, não se trata da proposição de uma utopia, mas de uma hipótese política para a efetivação de uma cidade, cuja finalidade é, justamente, a realização existencial da vida humana.

1.4.2 *A república* e *As leis*: considerações políticas

Nas seções anteriores, apresentamos brevemente o projeto político de *A república* e, posteriormente, a proposta de *As leis*. As considerações feitas aqui direcionam nossa atenção para o que denominamos "fraturar Platão". Não podemos concluir que, em *A república*, exista um idealismo ingênuo e que, em *As leis,* haja um Platão amadurecido. Essa fratura é equivocada e não corresponde à realidade da filosofia política do referido pensador. É óbvio que existe uma discussão idealizada no primeiro texto, mas há um projeto político que começa com a discussão da justiça, desenvolve-se com a formação da cidade e se fecha com a formação do estadista, o filósofo-rei (perceba que a palavra *idealizada* não deve ser tomada em sentido pejorativo, mas como hipótese política).

Sendo assim, seria equivocado qualificar o Platão de *As leis* como um sujeito amadurecido e que, a duras penas, conseguiu perceber que existe um abismo entre a idealidade da obra *A república* e a realidade política de seu tempo, especialmente porque o filósofo chamou a formação do segundo Estado, em detrimento do primeiro Estado, de *cidade ideal* (Platão, 1999b).

Não é correto afirmar que, em *As leis*, existe um melhoramento teórico no sentido de compreender a realidade em si mesma ou, ainda, uma compreensão definida e realista da cidade; pelo contrário, o que se pode asseverar é que nesse itinerário platônico existem dois modelos de sociedade. Isso não implica uma cisão política entre as obras mencionadas. No caso, trata-se de duas formas de ver o mundo e que são, em algum momento, correspondentes quando se trata da hipótese política, ordenação da cidade. Vale lembrarmos que, ao final do Livro IX de *A república* (Platão, 1999a), o autor admite que se refere a uma cidade que pode não existir na realidade, mas que existe na cabeça do indivíduo; ou seja, do ponto de vista teórico, há uma espécie de hipótese política que pode, em algum momento, se efetivar.

É possível distinguir as duas obras por meio da caracterização do homem em cada uma delas: o homem *real* é apresentado na obra *As leis*, e o homem que *deve ser* é apresentado na obra *A república*. Por isso, a filosofia política de Platão, por meio de um ideário pedagógico, é configurada como possibilidade de tornar o homem que é o sujeito real no homem que *deve ser*. Em outros termos, o segundo Estado é o que existe, mas o Estado primeiro é o que pode ser – Estado idealizado, Estado que se espera efetivar.

Importante!

> Cidade ideal: modelo reproduzido pelo filósofo-rei.
>
> Tipologia de homem: alma de ouro (filósofo-rei); alma de prata (guardião); alma de ferro (trabalhador).
>
> *A república* versus *As leis*: perspectivas para se pensar a formação do Estado.

1.4.3 Aristóteles: filosofia e política para a cidade

"Perguntaram a Aristóteles que vantagem ele tirava da filosofia; a resposta foi: 'a de fazer sem que me ordenem o que alguns fazem por medo das leis'" (Diógenes Laércio, 2006, p. 134).

    Aristóteles (384 a.C.-322 a.C.) nasceu em Estagira, na Macedônia Oriental. Esse filósofo era de família rica e, aos 17 anos, segundo Luce (1994), foi para Atenas estudar na Academia, onde passou 20 anos estudando como discípulo de Platão. Antes de versarmos sobre a compreensão política desse autor, mais precisamente sua filosofia política, convém esclarecermos alguns fatos históricos, entre os quais se destaca o período em que Aristóteles assumiu o papel de preceptor de Alexandre da Macedônia. Para os historiadores Reale e Antiseri (1990a), em 343/342 a.C., Aristóteles gozava de grande prestígio, pois Felipe da Macedônia convidou-o a assumir, na corte, a responsabilidade de formar Alexandre, que, no futuro próximo, se tornaria Alexandre, o Grande.

    Esse período pode ter sido o de ruptura com o pensamento platônico, pois foi quando Aristóteles se desligou da Academia de Platão e promoveu o desenvolvimento de sua teoria político-filosófica na corte macedônica. Posteriormente, Aristóteles voltou para Atenas e fundou sua escola, o Liceu. Nesse lugar, do mesmo modo que ocorria na escola de Platão (a Academia), buscava-se a formação do sujeito, pois a educação tinha papel preponderante para a constituição da cidade. Diógenes Laércio (2006, p. 133), na obra *Vidas e doutrinas dos filósofos ilustres*, apresenta a seguinte narrativa sobre o filósofo macedônico: "perguntaram-lhe se havia muita diferença entre uma pessoa educada e outra sem educação; a resposta foi: 'tanto quanto os vivos diferem dos mortos'. Ele costumava afirmar que a educação é um ornamento na prosperidade e um refúgio na adversidade". Essa assertiva reflete o papel da educação no asseguramento da cidade, isto é, o papel que esta deve desempenhar para formalizar a realização existencial dos indivíduos nesse espaço.

Na filosofia política aristotélica a cidade é o espaço de realização da vida humana. Essa era também a filosofia política de Platão; contudo, a contribuição do pensamento aristotélico é de natureza mais diretiva. Aristóteles foi muito mais incisivo e chegou a definir a política como um elemento natural, ou seja, a política como parte constitutiva da natureza.

Para Châtelet (2000), filósofo e historiador político, Aristóteles é o que melhor define a cidade. A observação do autor francês tem relação com o espaço grego antigo, pois, para esse estudioso, Aristóteles define a cidade como o espaço da realização humana a pensa como realização da vida política, pois essa é a condição de ser homem. Nas palavras de Châtelet (2000, p. 14, grifo do original):

> quando, no início de *A Política* (Livro I, 2:, 1252 a 24-1253 a 37), Aristóteles quer definir *cidade*, ele opõe as duas outras formas de agrupamento animal: a família, que reúne os indivíduos do mesmo sangue, e a aldeia, que agrupa os vizinhos em função do interesse. Nesses dois casos, o objetivo é a sobrevivência. A Cidade, por seu turno, tem como fim o *eu Zeîn*, o que significa: *"viver como convém que um homem viva"*.

Aristóteles figura, no pensamento político, como o filósofo que pensa o conceito de cidade, isto é, desenvolve reflexões sobre a vida coletiva e defende que existe, na universalidade, um **ser político**. Essa questão perdurou até meados da era moderna. Na obra *A política* (Aristóteles, 2002), esse ser político carece do outro ser, também político, para realizar-se e ser feliz na cidade e, por isso, seria da natureza do homem a busca pela felicidade por meio da relação com os outros homens inseridos na vida coletiva. Dito de outra maneira, o homem é um ser político e, graças a essa característica, é de sua natureza a realização existencial como agente coletivo. Isso significa que a cidade deve proporcionar os bens necessários para essa felicidade, ou seja, para essa realização humana e existencial no espaço público.

Richard Bodéüs (2007, p. 14), pesquisador da filosofia política de Aristóteles, define a política aristotélica da seguinte maneira: "a política é definitivamente a maneira pela qual os indivíduos reunidos na cidade pretendem dar sentido à sua existência". Essa definição remete ao modo de vida autêntica em que cada homem deve realizar-se como sujeito, pois do contrário não será homem.

Pois bem, no sentido aristotélico, a cidade é o lugar de destaque para a realização da pessoa humana, já que é uma organização natural e deve dar sentido à existência dos indivíduos, sobretudo, com relação ao modo de vida na consecução da felicidade.

A discussão sobre a cidade como elemento natural é apresentada no livro *A política*. Essa obra é organizada em oito livros. Na primeira parte do Livro I, Aristóteles (2002, p. 24) define o Estado, aqui denominado *cidade*, da seguinte maneira:

> assim, o Estado procede sempre da natureza, tal como as primeiras associações, cujo fim último é aquele; porque a natureza de uma coisa é precisamente o seu fim, e aquilo que cada um dos seres é, quando alcançou o seu completo desenvolvimento, diz-se que é a sua própria natureza, quer se trate de um homem, de um cavalo ou de uma família.

O Estado é, nessa perspectiva aristotélica, um elemento natural materializado pela existência da natureza, no qual o Estado tem sua origem, mas não como algo externo ou criado simplesmente por ela. Verifica-se, pois, uma relação de imbricação entre natureza e Estado, a qual é, também, uma relação última de causa e efeito, em que um depende do outro para se realizar. Por isso, escreveu Aristóteles (2002, p. 24): "daqui se conclui que o Estado é um facto natural, que o homem é um ser naturalmente sociável, e que aquele que vive fora da sociedade devido à sua própria constituição e não por causalidade é, por certo, ou um ser degradado ou um ser superior à espécie humana".

Essa compreensão filosófica de política constitui-se como fim último da realização do homem como ser existencial. No escrito aristotélico, a realização existencial se efetiva por meio da **felicidade**. No entanto, antes de retomarmos essa discussão, é fundamental considerarmos a visão do homem como um **ser naturalmente político**. Primeiro, há a natureza, espaço ordenado; depois, o homem, animal social; em seguida, o Estado, organização natural que evolui do homem para a família, depois para a comunidade e, por fim, para o Estado – organização do espaço que se torna público. Finalmente, há a política, ação humana de ordenação dessa vida em sociedade. Vale destacar aqui que existe uma circularidade entre esses conceitos, os quais, interligados, compõem a teoria político-filosófica de Aristóteles. É justamente nessa circularidade que ocorre a felicidade, isto é, a realização da vida existencial como vida política.

Neste momento, concentremo-nos na questão da felicidade. Para realizar de maneira satisfatória a discussão desse termo, convém conceituarmos *felicidade* com base na compreensão de Richard Bodéüs (2007, p. 14): "o que permite que o filósofo passe a procurar um gênero de atividade que seja racionalmente o fim último da existência humana".

Por conseguinte, *felicidade* é, no entendimento aristotélico, a realização da vida existencial, ou seja, como projeto final – como fim último.

É evidente que o projeto de cidade, no sentido aristotélico, é restritivo, limitado à *polis* grega. Temos de assinalar, esse projeto, entre outras especificidades, não considera todos os indivíduos como cidadãos; crê ser pertinente, para o bom desenvolvimento da cidade, a figura do escravo; e limita o papel da mulher na esfera pública.

A primeira contribuição aristotélica para se pensar a política é, no expediente filosófico, a formação educacional do sujeito; a segunda, constituição do homem como sujeito político; a terceira, instituição da felicidade como resultado final da vida humana, isto é, como condição de realização da vida humana.

Para Jaeger (2001), o grau de desenvolvimento de um povo é condicionado por uma prática de educação, pois, por meio desta, a humanidade conserva e transmite seu legado social, político e cultural. Essa educação, formação do sujeito, é, segundo Aristóteles (2002), uma condição capital para o exercício do poder público. Sendo assim, por meio da educação, é possível que os indivíduos compreendam a cidade no sentido estrito, ou seja, como lugar de realização da vida existencial.

É razoável concluir, então, que a educação deve ser desenvolvida pelo Estado, sendo responsabilidade dessa estrutura e não simplesmente do cidadão. Essa educação deve primar pela formação da virtude, pois, diferentemente de Platão, Aristóteles não defende que a virtude é algo inato; pelo contrário, é algo que se aprende, se desenvolve; por isso, o melhor caminho para a prática da virtude seria, justamente, a educação.

Nessa esteira, um sujeito virtuoso promove, automaticamente, uma cidade virtuosa. Então, de que maneira, segundo Aristóteles (2002), o homem, animal político, pode se tornar um ser virtuoso? É possível formar o sujeito para agir em conformidade com a cidade e, consequentemente, com o bem maior, a felicidade? Essas são questões que continuarão a nos inquietar e nos orientarão neste livro, especialmente na continuidade deste capítulo.

Para Aristóteles (2002), o homem é um animal político. Essa definição foi, até o período medieval, a tônica da política, ou seja, quase sempre os teóricos da política partiram dessa premissa para pensar a política e sua relação no cotidiano dos indivíduos. E o que significa *animal político*? Existe uma natureza humana política? Segundo Aristóteles, homem nenhum pode viver isolado, pois é de sua natureza relacionar-se com o outro, viver com o outro; do contrário, esse sujeito é qualquer outra coisa, exceto homem.

Por fim, detalhamos a contribuição aristotélica para a filosofia política relacionada à felicidade como realização da vida humana. Nos termos aristotélicos, felicidade é: "fusão perfeita de bens de três espécies: dos bens da alma, que qualifica de primeiros por sua importância; em segundo lugar dos bens do corpo – a saúde, a força, a beleza e similares; em terceiro lugar os bens externos – a riqueza, a nobreza de nascimento" (Diógenes Laércio, 2006, p. 102). Salientamos que, nessa assertiva, a felicidade é pensada como fruto da união de três espécies: conhecimento, saúde e riqueza. Entretanto, Diógenes aponta que, segundo Aristóteles, o conhecimento é a primeira condição para a felicidade. No pensamento aristotélico, felicidade é conhecer, agir com racionalidade, viver moderadamente. A segunda condição é a saúde e a vitalidade. A terceira, a riqueza. Por conseguinte, depreende-se que a educação tem o potencial de contribuir para o asseguramento da felicidade. Afinal, a educação pode ser instrumento para se aprender a: agir racionalmente, ou seja, fazer uso da razão; cuidar do corpo, protegê-lo; aplicar saberes sobre a economia e busca da prosperidade. Nesse sentido, a educação tem papel preponderante na filosofia política de Aristóteles, pois, por meio dela, o homem torna-se virtuoso e, consequentemente, um sujeito feliz.

1.4.4 Considerações esparsas sobre *A política*

Nesta seção, nosso intento é demonstrar as críticas promovidas contra as formas de governo contemporâneas de Aristóteles, bem como sua proposição de um novo Estado. Entretanto, antes de adentrarmos nessa exposição, recorremos às reflexões de Bodéüs (2007). Segundo esse autor, é possível dividir *A política* em três blocos: o primeiro corresponde aos Livros I a III; o segundo, aos Livros IV a VI; e o terceiro, aos Livros VII e VIII. Essa divisão é, segundo o estudioso, metodológica e serve para expressar o conteúdo da discussão política. Não cabe aqui discutir cada um desses blocos, mas faremos considerações pontuais sobre o núcleo da obra.

Nesse sentido, em consonância com as ideias de Bodéüs (2007), versaremos sobre as formas de governo apresentadas no segundo bloco, classificadas por Aristóteles como monarquia, aristocracia e *politia*[14]. Segundo o filósofo, a degeneração dessas formas de governo resultam em tirania, oligarquia e democracia. Para uma melhor compreensão dessa corrupção das formas de governo, convém citar Bobbio (2000, p. 56), que descreve uma boa e uma má forma de governo nos seguintes termos: "As formas boas são aquelas em que os governantes visam ao interesse comum; más são aquelas em que os governantes têm em vista ao interesse próprio".

De forma simples, se o poder do Estado pertence a uma única pessoa, configura-se uma monarquia – que, segundo Aristóteles, é uma boa forma de governo. Entretanto, se, porventura, essa monarquia faz uso do poder em seu benefício ou de seu grupo político, há uma degeneração dessa forma de governo, pois o poder não é exercido para o bem comum e, com isso, torna-se tirania. Processo semelhante ocorre

---

14 Do latim "república".

com a aristocracia: se o poder deixa de ser exercido em nome do bem comum, o regime se degenera e torna-se uma oligarquia. Também na *politia*, quando o poder atende aos interesses dos pobres e não aos de todos os indivíduos, passa-se a uma democracia.

Nesse contexto, a obra aristotélica faz um diagnóstico crítico de seu tempo e apresenta, como resultado teórico, formas de governo capazes de promover a felicidade dos indivíduos – em outros termos, capazes de garantir que a cidade seja o lugar da realização existencial dos indivíduos. Por isso, Aristóteles teoriza, segundo Bobbio (2000), que é possível articular as formas degeneradas oligarquia e democracia e constituir uma boa forma de governo, porque são tipos de governo que operam com base na relação entre ricos e pobres (Bobbio, 2000). Por isso, ainda conforme o entendimento do estudioso italiano sobre o raciocínio de Aristóteles, por meio da supressão da relação de classes é possível assegurar a harmonia social e, consequentemente, a realização da cidade como espaço político (Bobbio, 2000).

Assim concluímos a abordagem sobre esse autor no que diz respeito a seu ponto de vista da política, e chamamos atenção para o fato de que a filosofia política de Aristóteles é centrada em duas questões: primeira, no filósofo da cidade, que corresponde à discussão sobre o homem como animal político; segunda, na análise da política, na qual o filósofo postula que é possível haver, por meio da educação, uma cidade justa, o que significaria que seria viável promover a felicidade de todos os indivíduos, independentemente de sua condição de cidadão ou não cidadão. Por isso, com relação a essa segunda afirmação, Aristóteles faz críticas a formas degeneradas de governo que, entre outros problemas, inviabilizam o projeto, com relação à cidade, de realização da existência humana.

Considerações importantes sobre os textos aristotélicos

Para o historiador Julián Marías (2004), na obra *História da filosofia*, os escritos de Aristóteles se dividem em dois grupos: livros exotéricos, destinados ao grande público; e livros esotéricos, mais específicos e destinados aos alunos do Liceu. Ainda de acordo com Marías (2004), pensamento aristotélico abrange ciências teóricas, ciências práticas e ciências poéticas. A política se encontra no grupo das ciências práticas.

Formas de governo, segundo Aristóteles (2002):

Ideais	Degeneradas
Monarquia	Tirania
Aristocracia	Oligarquia
Politia	Democracia

Síntese

Neste capítulo, relacionamos brevemente filosofia e mito, para especificar certos procedimentos filosóficos e destacar sua importância na construção de saberes. Posteriormente, tratamos dos filósofos ditos *pré-socráticos* para com isso apresentar as primeiras investigações filosóficas, bem como os passos de construção de um pensamento político no contexto da Grécia Antiga. Por meio da tragédia de Édipo, peça teatral de Sófocles, propusemos uma reflexão sobre a ação do homem que é, conforme consta na peça sofocliana, desligada dos deuses. Resgatamos, assim, o debate acerca das duas escolas filosóficas do período grego antigo: a socrática e a sofista. Promovemos esse resgate com o intuito de tratar da possibilidade do ensino da virtude, pois, por meio desse debate, pudemos clarificar como era travado, nessa época, o debate político.

Por fim, discorremos sobre o pensamento político de dois autores da filosofia política: Platão e Aristóteles. Do primeiro, apresentamos as obras *A república* e *As leis*. Realizamos um recorte com o objetivo de estabelecer relações entre os dois textos e destacamos o que se considera capital no pensamento político de Platão, a saber, a formalização do espaço público. Do segundo, Aristóteles, comentamos a obra *A política*, destacando a cidade como promotora da felicidade. Chamamos a atenção para alguns conceitos usados nessa obra e, ainda, pontuamos as formas de governo e sua degeneração.

Nesse sentido, podemos considerar que este capítulo tem um caráter introdutório ao pensamento político, pois aqui buscamos localizar o nascimento da política à luz da filosofia, para posteriormente adentrarmos no campo mesmo da filosofia política, principalmente com base nos pensamentos de Platão e Aristóteles.

Debate

A Lei n. 10.639, de 9 de janeiro de 2003, atualizada pela Lei n. 11.645, de 10 de março de 2008 (que alteram a Lei de Diretrizes e Bases da Educação Nacional), obriga, nos currículos das ciências humanas, o ensino de História das matrizes africanas e indígenas, marco importante para a reflexão sobre vozes silenciadas ao longo da tradição histórica e filosófica, oriundas de um racismo epistêmico.

É sabido que segundo a tradição eurocêntrica, no que concerne ao surgimento da filosofia, os gregos construíram o saber filosófico. Entretanto, é possível localizar outros debates, ouvir outras vozes, a saber, considerar que os povos africanos, antes mesmo do povo grego, já tencionavam temáticas atribuídas erroneamente aos gregos, discussão orquestrada por Théophile Obenga, Molefi Kete Asante, Cheikh Anta Diop e George James, este último é autor da polêmica obra *O legado roubado: a filosofia grega é o roubo da filosofia egípcia*.

O filósofo e professor Renato Nogueira trabalha com o conceito de **afroperspectividade**. Entre outros empreendimentos, o estudioso busca construir um caminho de descolonização. Por isso, de acordo com o citado pensador, o mais acertado nesse debate é trabalhar com a ideia de **pluriversalidade**: não há certidão de nascimento para o saber filosófico e que, por isso, todas as perspectivas devem ser válidas, excluindo, assim, a existência de um único ponto de vista: o do milagre grego.

Nesse contexto, a discussão sobre o ensino de filosofia pode, desvencilhando-se dessa configuração tradicional nominada *racismo epistêmico*, projetar uma compreensão que possibilite a reflexão sobre territórios e fronteiras. Ainda, pode, numa perspectiva de *humanidades*, ou ciências humanas, fomentar a produção dos saberes colaborativos em diferentes tempos, tendo em vista a noção de política e sua função de ordenadora da vida pública.

Obviamente, é importante considerar o raciocínio geográfico, mas observando as multirreferências da humanidade para, nesse universo, pensar para além do tradicionalmente aceito: uma certidão de nascimento para filosofia, bem como para a política. Nesses termos, vale o aconselhamento do professor Renato Noguera: precisamos desconstruir o pensamento filosófico, refazer os passos do conceito e conferir cores aos saberes colaborativos. Nas palavras do citado autor, esse esforço "tem como alvo o abandono das disputas e controles dos bens materiais e imateriais, visando uma cooperação e construção compartilhada dos poderes" (Noguera, 2012, p. 69).

Por óbvio existe uma cultura, uma forma de ver o mundo, constituída historicamente, uma espécie de visão dominante, compreendida como colonialista. Por isso, o correto, em termos éticos, é a descolonização do pensamento e de discursos monolíticos. Não se trata de desconsiderar o que foi construído historicamente, mas pensar além do que é imposto, consagrado. Não é uma tarefa fácil, já que existe uma cultura dominante, isto é, a formalização de saberes concebidos como capitais simbólicos de cultura. Nesse universo, o pensamento colonizador, em uma hierarquização eurocêntrica e procedimentos ideológicos, esboça dicotomias classificatórias.

Como descolonizar o pensamento cultural hegemônico? O fato de, no contexto brasileiro, haver uma Lei de Diretrizes e Bases da Educação Nacional que reclama a inserção de discussões que abranjam a cultura africana, afro-brasileira e indígena em componentes curriculares é um sinal de descolonização. Ainda que incipiente, ele acena para outra realidade, qual seja, a de descontruir a figura do "índio", imagem que o europeu, a partir de si, desenhou para os povos originários; ressignificar a imagem da África, compreender suas narrativas, entrever em seus mitos e belezas; vencer, em temos práticos, os absurdos que a história, com seus ícones, legou à África, contrariando, por exemplo, a visão de Hegel (1982, p. 279-280):

> Não tem interesse histórico próprio, senão o de que os homens vivem ali na barbárie e na selvageria, sem fornecer nenhum elemento à civilização. Por mais que retrocedamos na história, acharemos que a África está sempre fechada no contato com o resto do mundo, é um Eldorado recolhido em si mesmo, é o país criança, envolvido na escuridão da noite.

Descolonização é construção, começar de novo e sempre recomeçar. A lógica é outra, como a do cavaleiro andante de La Mancha, que se aventura em mundos que não são visíveis, confrontando os contornos da racionalidade instrumental, mais do que isso, fazendo pouco caso da verdade única, o mundo como querem que vejamos: cartesiano, distópico. Por isso, o ensino de filosofia precisa fazer um caminho auspicioso no tratamento dos saberes: a pluriversalidade. Nessa confluência de saberes, a política, no sentido filosófico, será um carreiro para a vida pública:

> Nós sugerimos que a Filosofia, assim como os outros saberes, deve ser pensada como pluriversal ao invés de universal. Por pluriversal entendemos, considerando os estudos de Mignolo (2000) e de Ramose (2001), os conjuntos de possibilidade de socialização transmoderna e de práticas descolonizadoras das relações de poder, capazes de romper com as diversas modalidades de hierarquias baseadas em critérios étnico-raciais, de gênero, geográficos, sexual em favor de outros mundos dentro do mundo. (Laudino; Noguera, 2013, p. 81)

Indicações culturais

FEYERABEND, P. **Contra o método**. Tradução de Cezar Augusto Mortari. São Paulo: Ed. da Unesp, 2003.

Na abertura deste capítulo, apresentamos como parte do surgimento da filosofia o nascimento da epistemologia, sobretudo com relação ao filósofo Platão (1999a) e sua teoria entre os dois mundos, o imperfeito e o perfeito. Sobre esse assunto, uma interessante indicação é o texto de Paul Feyerabend, *Contra o método*. Este é, certamente, uma aposta anárquica ante o engessamento de um único modelo epistemológico, isto é, uma forma de compreender o mundo, a razão instrumental. Por isso, a leitura política dessa obra possibilita uma comparação entre métodos epistemológicos no que se refere às formas de se apreender o objeto e, especialmente, o objeto político.

> JAMES, G. G. M. **Legado roubado**: a filosofia grega é a filosofia egípcia roubada. São Paulo: Ananse, 2022

O autor aborda a geopolítica e explica como os gregos edificaram o que ficou tradicionalmente conhecido como *história da filosofia* – de acordo com o autor, apropriando-se de questões da humanidade como se fossem do mundo grego. Para sustentar sua afirmação de que a filosofia grega é uma reprodução de conhecimentos anteriormente construídos, James faz um diagnóstico preciso de fatos históricos para dissecar o que, segundo ele, é um legado roubado, retirado dos mistérios e saberes dos povos egípcios.

Atividades de autoavaliação

1. Assinale a alternativa correta. Para tanto, considere a relação que existe entre mito e filosofia:
    a) O mito é constituído sempre por uma história fantástica, como uma fábula, e guarda relação com a filosofia pelo fato de esta também ser constituída por crenças populares.
    b) Tal qual o mito, a filosofia busca explicar a realidade. No entanto, esta última não utiliza deuses e entidades fantásticas para tal fim, mas somente a própria razão humana como forma de compreensão.
    c) Nada se pode afirmar a respeito da relação entre filosofia e mito, pois não há relação entre os dois elementos.

d) A filosofia visa compreender as coisas que se passam no mundo real, ao passo que os mitos se inscrevem no mundo sobrenatural.

e) Os filósofos sempre buscam razões míticas para fundamentar seus pensamentos acerca da realidade.

2. Considerando as diferenças entre as escolas socrática e sofista, assinale V (verdadeiro) e F (falso):

( ) A escola sofista define *virtude* como algo inato e de exclusividade de uma classe, aquela composta pelos que podem pagar.

( ) A escola socrática tem como expoente o filósofo Protágoras.

( ) Sócrates é, na escola sofista, o maior dos filósofos.

( ) Protágoras é o expoente da escola sofista.

( ) Com base no filósofo Protágoras, a escola dos sofistas postula que o ensino da virtude é possível.

Agora, assinale a alternativa que apresenta a sequência correta de preenchimento dos parênteses, de cima para baixo:

a) F, F, V, V, F.

b) V, F, F, V, F.

c) F, V, V, V, F.

d) F, F, F, V, V.

e) F, V, F, V, V.

3. De acordo com os conhecimentos de que você dispõe sobre o filósofo Platão, bem como com base nas discussões apresentadas neste capítulo, marque a alternativa **incorreta**:

a) Ele é considerado o filósofo das ideias.

b) Defende, na obra *A política*, o homem como animal político.

c) Define, no Livro VI de *A república*, a figura do filósofo-rei.

d) É autor de *As leis* e o fundador da Academia.

e) É autor de *A república* e foi profundamente influenciado pela filosofia de Sócrates.

4. Marque V (verdadeiro) ou F (falso) nas afirmativas a seguir. Para responder a essa questão, considere a filosofia política de Aristóteles apresentada na obra *A política* e o modo como esse autor dialogou com a filosofia de seu mestre, Platão:

   ( ) Aristóteles é um defensor da democracia, o melhor dos regimes.
   ( ) O Estagirita corrobora com o pensamento platônico no que se refere ao mundo das ideias; ou seja, de modo semelhante a Platão, faz a defesa dessa teoria.
   ( ) Na obra *A política*, defende que a cidade é uma construção natural.
   ( ) Aristóteles, preceptor de Platão, assevera que o homem é um animal político.
   ( ) Para ele, a felicidade não é para todos os indivíduos, mas somente para os aristocratas

   Agora, assinale a alternativa que apresenta a sequência correta de preenchimento dos parênteses, de cima para baixo:
   a) F, F, V, V, F.
   b) F, F, F, V, F.
   c) F, V, F, V, F.
   d) F, F, F, V, V.
   e) V, V, F, V, V.

5. Assinale, de acordo com o pensamento aristotélico apresentado na obra *A política*, a alternativa correta:
   a) Monarquia é uma forma de governo degenerada.
   b) Aristocracia é uma forma de governo degenerada.
   c) *Politia* é uma forma ideal de governo.

d) Democracia é uma forma ideal de governo.
e) Oligarquia é uma forma ideal de governo.

Atividades de aprendizagem

Questões para reflexão

1. Como é possível, segundo Protágoras, efetivar o ensino da virtude?

2. Estabeleça uma relação mínima entre as obras *A república* e *As leis*, de Platão, levando em consideração o papel do filósofo-rei e da legislação. Ainda, demonstre, sobretudo em *A república*, como se constitui a noção de *território*. É importante que essa análise inclua relações entre o que se considerava cidade no mundo antigo e cidade no mundo moderno.

3. Defina, segundo Aristóteles, *felicidade*. Para tanto, considere, para além do expediente aristotélico, outras compreensões do que se denomina *felicidade*.

4. Faça uma pesquisa e exponha, em forma de texto dissertativo, os saberes filosóficos para além do mundo grego.

Atividade aplicada: prática

1. Assista ao filme *Sócrates*, dirigido por Roberto Rossellini (1971), e faça um resumo sobre o modo como esse filósofo é apresentado na produção. Na sequência, relacione o filme à obra de Platão *Apologia de Sócrates,* respondendo à seguinte questão: o filme retrata, ainda que parcialmente, a obra platônica? Ou ela destoa completamente da produção filosófico do pensador grego?

SÓCRATES. Direção: Roberto Rossellini. Itália/França/Espanha, 1971. 114 min.

2. Pesquise sobre afroperspectividade e se posicione suscintamente sobre o debate relacionado ao surgimento da filosofia, especialmente entre filosofia grega e filosofia egípcia.

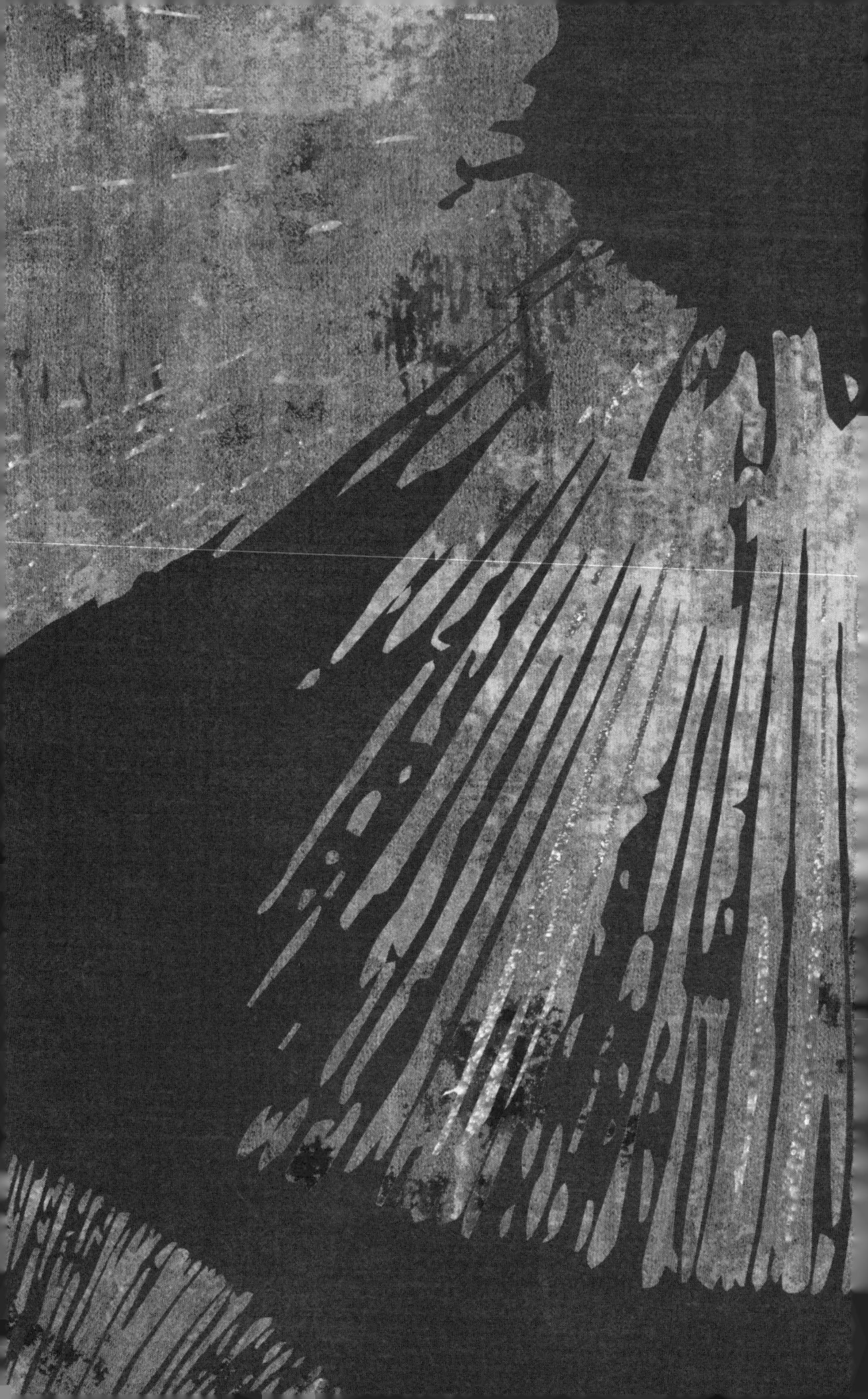

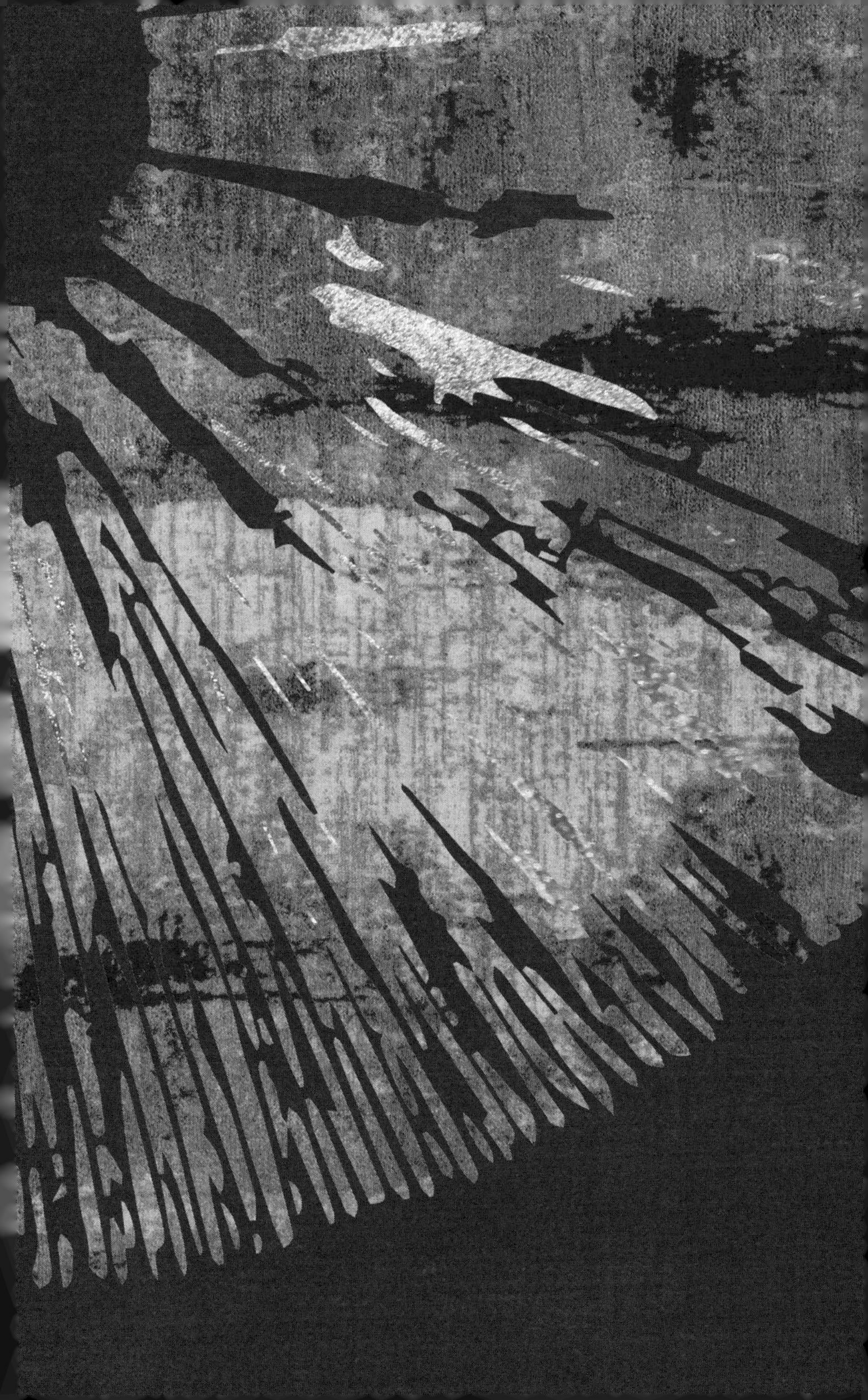

2 Religião e modernidade

Neste capítulo, discutiremos sobre religião e modernidade. Para tanto, apresentaremos breves considerações sobre Santo Agostinho e São Tomás de Aquino. Na sequência, faremos uma breve introdução ao pensamento de Martinho Lutero e teceremos considerações específicas do ponto de vista político, mais precisamente, da filosofia política no que toca à dimensão histórica do que se denomina *período medieval*.

2.1
Religião cristã: gênese de uma filosofia medieval

Historicamente, o período que se denomina *Idade Média* foi retratado de uma maneira preconceituosa, sendo taxada por certo tempo como "uma longa noite de mil anos". Já para alguns teólogos, numa perspectiva romântica, esse foi um tempo em que homem e natureza estavam interligados, isto é, uma época na qual a natureza era, de fato, constitutiva da vida humana. Nosso objetivo aqui não é adentrar nessa questão, mas lhe mostrar que existem outras discussões para além dessas visões históricas, especialmente do ponto de vista da filosofia e, mais precisamente, da filosofia política.

Étienne Gilson (2007) relata o surgimento da religião cristã e destaca a influência da cultura grega (filosofia) nesse evento: "o momento é decisivo, pois; helenismo e cristianismo acham-se, desde então, em contato" (Gilson, 2007, p. XVIII).

A assertiva de Gilson se inscreve na discussão a respeito dos evangelhos cristãos. O autor chama atenção para o fato de que os três primeiros evangelhos não dispõem de qualquer elemento filosófico, pelo contrário, tratam da boa-nova, de uma vida de salvação. No entanto, no Evangelho de João, esse elemento se faz presente. Nas palavras de Gilson (2007, p. XVII-XVIII): "no princípio era o Verbo; ele estava com Deus, tudo foi feito por ele; nele estava a vida, e a vida era a luz dos homens". O autor faz referência ao citado texto religioso quando, no primeiro capítulo do livro *A filosofia na Idade Média*, utiliza a palavra grega *logos* (verbo, razão). Para Gilson, foi com João, evangelista de Cristo, que o helenismo e o cristianismo entraram em contato. O estudioso aponta também a contribuição de São Paulo para a unidade entre religião e filosofia, especialmente em suas epístolas.

Moreschini e Norelli (2014) corroboram com Gilson ao afirmarem que a literatura cristã teve início com as epístolas de Paulo. Essa junção de helenismo e cristianismo aconteceu quando a religião se apropriou da filosofia, isto é, do conteúdo filosófico, para a formalização de uma religião nascente, nesse caso, o cristianismo.

Na perspectiva do evangelista João, o *logos*, buscado pelos filósofos, era a encarnação divina que se fez verbo, se fez carne. Deus, nessa perspectiva, é apresentado justamente como o "Ser" absoluto, isto é, o *logos* que se buscava desde os filósofos da Grécia Antiga até a época de João. Nesse sentido, o conteúdo da filosofia foi absorvido e remodelado para a então emergente religião e, por isso, helenismo e cristianismo se fundiram, conforme Gilson (2007, p. 19), no que tange à especulação teológica e filosófica, no sentido de essa nova religião "afirmar que, a título de Logos, Cristo é Deus, que tudo foi feito nele e por ele, que ele é a vida e a luz dos homens, era como chamar de antemão, além da teologia do verbo, a metafísica das ideias divinas e a noética da iluminação".

A filosofia medieval derivou, pois, dessa apropriação. No entanto, segundo Gilson (2007), essa dinâmica não foi completamente pacífica; em verdade, foi em meio a embates entre a filosofia, denominada *pagã*, e o ajuntamento de filósofos convertidos e não filósofos que nasceu e se desenvolveu o cristianismo (tema que trataremos com base em duas grandes escolas, ou, numa interpretação mais política, em dois grandes movimentos: a **patrística** e a **escolástica**).

2.2
Patrística: pais da fé

É sabido que a patrística (séc I-séc.VII), em seu surgimento, fez uso da filosofia como instrumento de clarificação da fé. Contudo, esse não era o objetivo capital dessa escola, pois a fé não carece de filosofia – pelo contrário, ela deve bastar a si mesma. Reale e Antiseri (1990a, p. 427) relatam que Tertuliano havia causado uma fratura entre filosofia e teologia. Mais precisamente, na obra *Testemunho da alma*, o pensador cartaginês faz a seguinte observação: "para se chegar a Deus, basta uma alma simples. Mas não me refiro àquela alma que se formou na Academia e no Pórtico da Grécia e agora dá os seus arrotos culturais" (Reale; Antiseri, 1990a, p. 427).

Essa assertiva aponta para um movimento dentro da patrística que não aceitava o uso da filosofia como justificação da fé, pois, segundo essa corrente filosófica, Deus se fez homem e, de forma simples, habitou entre os pobres, anunciou a boa-nova para os cativos e se revelou entre os mais humildes. Nesse sentido, não é preciso filosofia para se chegar a Deus, pelo contrário, nas palavras de Tertuliano, segundo Reale e Antiseri (1990a, p. 427), é preciso "uma alma simples que não tem outra coisa, se não Deus".

Tertuliano, como grande parte dos pais da Igreja, era africano. Vale lembrar, nesse ponto, o debate esboçado no primeiro capítulo deste livro a respeito da importância dos povos africanos na construção dos saberes malgrado sofram de um silenciamento racista. Malgrado pouco se saiba sobre a vida e as obras de Tertuliano, autores como Reale e Antiseri (1990a) e Moreschini e Norelli (2014) registram seus feitos, especialmente na elaboração da temática da Santíssima Trindade. Em razão da conversão de filósofos e não filósofos, a Igreja, por meio dos primeiros padres, precisava acomodar os espíritos inquietos, isto é, fornecer respostas que pudessem, em algum momento, satisfazer a inquietação resultante de um procedimento filosófico. Por isso, segundo Gilson (2007), nas figuras de João Evangelista e Paulo, a filosofia se esmerou no corpo teológico e se consolidou como instrumento de justificação da fé.

Antes, porém, de nos aprofundarmos nessa discussão, vale discutirmos o caráter político do cristianismo nascente. Com a morte de Jesus, formaram-se comunidades cristãs que, entre outras iniciativas, realizavam batismos, ordenavam sacerdotes e pregavam a palavra de Cristo. Repare que, no Novo Testamento, no Livro de Atos dos Apóstolos (Bíblia, 2002, 2: 46), está expresso que todos os dias os homens se reuniam, partiam o pão e celebravam o Senhor. Isso evidencia que a formação da primeira comunidade consiste em uma ação política; afinal, a construção do cristianismo envolveu a comunhão, a aceitação de não cristãos (de diferentes), a partilha dos bens e a distribuição das atividades nas primeiras comunidades cristãs. Desse modo, o cristianismo teve, em sua gênese, uma compreensão política não só da vida pública, mas de uma vida pública que se pautava na distribuição dos bens, na consolidação da igualdade entre os homens e na divisão social do trabalho.

Voltemos agora à escola dos padres da Igreja, os patrísticos. Com o passar dos anos, as comunidades cristãs cresceram, desenvolveram-se, ampliaram seus horizontes e se firmaram na figura do cristianismo. Essa religião, em seu início, foi perseguida, marginalizada e condenada publicamente. Muitos seguidores foram mortos em razão das pregações da boa-nova e dos relatos de um Cristo ressuscitado.

Mesmo havendo perseguição, condenação e morte, os novos apóstolos de Cristo resistiram, pois suas crenças também eram fundamentadas em um discurso político, de construção de um novo mundo. É fato que, nesse primeiro momento, a boa-nova representava um novo mundo, mas não um mundo material, terreno; pelo contrário, tratava de um mundo por vir, celeste, a despeito de muitas pessoas acreditarem que a boa-nova abordava um mundo terreno[1].

---

1 Por exemplo, Judas, o traidor de Cristo, como é apresentado nos evangelhos cristãos, acreditava que a boa-nova relacionava-se ao tempo em que ele vivia.

Anos mais tarde, a Igreja ganhou novos contornos, tornando-se a religião oficial do Império Romano, que havia até então perseguido o cristianismo de forma ferrenha. Após esse evento, as demais manifestações religiosas passaram a ser proibidas, transformação que atingiu seu auge na época do imperador Constantino. Por isso, o cristianismo definiu-se como a instituição religiosa do império no século IV d.C.

Passando a ser instituição do império, sob processos de expansão e desenvolvimento, a fé cristã passou por uma espécie de organização. Em paralelo, era preciso que o cristianismo respondesse a algumas inquietações relacionadas à criação do mundo por Deus, ao pecado original, à ressurreição de Cristo, ao Juízo Final e a outras temáticas introduzidas pelos pais da Igreja. Nesse contexto, a organização edificou dogmas cuja veracidade deveria ser justificada ou, ainda, comprovada. A esse respeito, Julián Marías (2004, p. 118) comenta:

> o cristianismo se vê portanto obrigado, em primeiro lugar, a uma formulação intelectual dos dogmas, e em segundo lugar a uma discussão racional com seus inimigos heréticos ou pagãos. Essa é a origem da especulação patrística, cujo propósito, repito, não é filosófico, e que só com restrições pode ser considerada filosofia.

Houve um longo e intenso debate entre os patrísticos gregos e latinos com relação ao uso de conteúdos filosóficos na sustentação da fé. Foi nesse contexto de justificação dos dogmas cristãos ou, ainda, de discussões racionais sobre determinados temas da cristandade que se destacou Agostinho de Hipona, comumente chamado de Santo Agostinho.

2.2.1 Agostinho

Agostinho de Hipona (354 d.C.-430 d.C.) pensador africano, era um pagão, um homem do mundo que só na idade adulta tomou contato com o cristianismo (*contato* aqui significa sua entrada e permanência na religião cristã). Ele teve duas influências no seio familiar: a do pai, um pagão convicto que, segundo Marías (2004), somente à beira da morte tornou-se cristão, e a da mãe, cristã declarada que, ainda conforme o citado autor, tornou-se santa posteriormente, ou seja, foi canonizada pela Igreja Católica como Santa Mônica. Além de conselhos, ela dedicava ao filho orações constantes por sua conversão. Agostinho (1999, p. 124), na obra *As confissões*, referindo-se à sua mãe, escreveu: "não foi, portanto, com imoderado júbilo que seu coração estremeceu, ao ouvir que em grande parte me tinha convertido, graça que ela todos os dias vos pedia com lágrimas".

Sobre esse filósofo, interessa-nos destacar sua relação com o pesamento de Platão. Já mencionamos que a Igreja, instituição do Império Romano, precisava fundamentar suas verdades, pois se constituía na religião oficial daquela civilização, ultrapassando os limites das primeiras comunidades cristãs. Nesse contexto, sistematizou-se a relação entre helenismo e cristianismo, mais precisamente, entre razão e fé – entre outras transformações –, com base na construção filosófica de Santo Agostinho. A teoria de Platão que retrata dois mundos – isto é, um mundo visível e um não visível, em que o segundo é, de acordo com o filósofo, o das Ideias – foi muito útil, do ponto de vista teórico, para que Agostinho desenvolvesse sua compreensão de cristianismo com base também nesses dois mundos, *céu* e *terra*. Nessa perspectiva, o mundo considerado verdadeiro não é visível; existe, mas somente alguns homens chegarão a ele. O mundo visível, sensível, é o mundo do erro. Repare que, na obra *As confissões*, Agostinho relata sua caminhada nesse último mundo, que, segundo ele, era de erro, pecado e distanciamento de Deus, lugar das ilusões que, em Platão, se denomina *mundo sensível*.

As confissões é uma espécie de autobiografia. A obra, Na obra, ele relata seu tempo de jovem ímpio, sua ligação com os maniqueus e o posterior rompimento com esse grupo cristão, até sua conversão ao catolicismo, com a subsequente ascensão na Igreja como bispo. Entre esses dados biográficos, ele tematiza problemas filosóficos, como liberdade e livre-arbítrio, bem como recoloca problemas como a existência do mal, a noção de pecado, a criação do tempo e, consequentemente, do mundo. Contudo, em nossa abordagem, enfatizamos o neoplatonismo desenvolvido pelo autor, ou seja destacamos a influência de Platão na construção desse pensamento teológico e político do religioso de Hipona, principalmente no que diz respeito aos mundos, ou seja, ao céu e à terra.

Por essa razão, com base na discussão arrolada, podemos afirmar que a política na terra é inspirada pelo céu. Nesse contexto, as considerações de filosofia política têm início quando Agostinho entende que existem dois mundos: o terreno e o celeste – o pensador, homem do mundo terreno, mundo do pecado, mas que, depois das leituras de São Paulo, apóstolo de Cristo, converteu-se e, ainda que continuasse vivendo no mundo material, não fazia mais parte dele. Por isso, de acordo com esse filósofo, para que a vida seja feliz, é necessário buscar, no mundo do céu, inspiração – numa leitura platônica, a contemplação das ideias.

Perceba que Agostinho direciona o homem a um encontro com Deus, que solucionaria os problemas existenciais, as angústias cotidianas e as inquietações filosóficas. Em outras palavras, em Deus existe a acomodação, o descanso e a compreensão que nem mesmo o mais sábio dos filósofos pode ofertar. Agostinho demarca a oposição entre buscar a verdade por meio da filosofia e buscá-la por meio de Deus, conforme registram Reale e Antiseri (1990a, p. 432):

> uma coisa é vislumbrar a pátria da paz do cume de um monte cercado pelo bosque, não encontrar o caminho que leva a ela e cansar-se inutilmente por lugares impraticáveis, cercados e infestados por desertores fugitivos [...]; outra coisa, porém, é encontrar-se no bom caminho, tornado seguro pela solicitude do imperador celeste, livre

dos assassinos que desertaram da milícia celeste, os quais o evitam como se fosse um suplício.

O pensador admite haver pontos de contato entre filosofia e cristianismo; contudo, essa relação é, conforme Agostinho, de dependência, na qual a filosofia atua como instrumento de fortificação da fé. Do contrário, de nada adianta a filosofia, pois é em Cristo que reside a verdade; nessa esteira, ela é um dos caminhos para se chegar à verdade, que é o Ungido. Caso a filosofia tome outro caminho, não chegará à verdade; pelo contrário, ficará, ainda de acordo com o pensamento do filósofo de Hipona, perdida, vagando sem rumo.

Isso não significa que Agostinho desconsiderava a razão. Pelo contrário, é preciso de razão para se compreender, entre outros textos, os livros sagrados (a Bíblia). Contudo, a razão não basta; sozinha, essa faculdade é sem sentido e, por isso, carece de fé, pois essa confiança é, entre outras virtudes, a luz que incide sobre a razão, uma vez que a fé é, justamente, a iluminação. Portanto, Santo Agostinho foi crucial para a edificação do cristianismo, especialmente no que diz respeito à sistematização de uma religião que tem bases na racionalidade. Aqui, nosso interesse é discutir o que há de político nesse discurso.

Pois bem, pensemos em duas cidades descritas por Agostinho na obra *A cidade de Deus*: uma divina e outra terrena. A primeira, a de Deus, é onde o homem encontra sua realização, ou seja, onde ele se realiza como pessoa, uma vez que se volta para o Ser Supremo. No entanto, não se trata de morrer e subir ao céu, mas sim de viver como o Apóstolo Paulo: viver no mundo, mas não ser desse mundo.

Assinalamos haver um caráter político nessa ideia, na construção de uma vida virtuosa, uma vida com Deus. Nessa construção teórica, que Agostinho menciona uma realização pessoal, de uma vida feliz. O pensador, como filósofo do mundo, sujeito que havia enveredado nos prazeres mundanos, faz uma distinção entre o prazer que se consegue no mundo e o que se consegue em Deus. Agostinho, na obra *As confissões*, apresenta-se como testemunha viva dessa distinção entre os prazeres divinos e terrenos, pois essa obra faz, justamente, uma releitura de sua mudança de vida, isto é, sua conversão ao cristianismo.

Para esse autor existe, assim como para Platão, um modelo de cidade – a cidade divina –, a qual é base para a construção da cidade terrena. A cidade de Deus é, noutros termos, o mundo do espírito, isto é, o lugar em que o homem se desprende de si mesmo e encontra Deus, vive com e para Ele, sendo uma espécie de cidadão de Deus.

A cidade de Deus foi concebida em resposta aos cristãos e, especialmente, aos pagãos que condenavam o cristianismo, ou melhor, aos que diziam que o Deus cristão era um Deus fraco, pois não esteve com Roma quando, em 410, os visigodos invadiram a região. Cristãos e pagãos alardeavam que os deuses do povo romano, em sinal de castigo, deixaram que Roma fosse invadida, pois o império havia substituído sua antiga religião em nome dessa nova religião, o cristianismo. Foi nesse contexto que Agostinho, bispo cristão, escreveu essa obra.

A cidade de Deus e a dos homens estão unidas, isto é, estão no mesmo plano terrestre; porém existe uma diferença entre os homens que são da cidade de Deus e os que são da cidade dos homens. Nas palavras de Agostinho (2010, p. 165), "dois amores fundaram, pois, duas cidades, a saber: o amor-próprio, levado ao desprezo a Deus, a terrena; o amor a Deus, levado ao desprezo de si próprio, a celestial". Conforme o filósofo, o desprezo de si mesmo é a condição para viver na cidade de Deus, pois por meio do desprezo de si é que se chega ao Senhor, uma vez que, como declarara o Apóstolo São Paulo, deve-se viver no mundo terreno, mas não ser desse mundo. Ainda com relação à cidade de Deus, a ideia é de que ela começa na terra, mas que tem uma direção celeste e, ainda, uma correspondência com outro mundo, o do céu.

A cidade dos homens, por sua vez, é a cidade do pecado, na qual o sujeito busca o amor-próprio, despreza Deus e vive exclusivamente na dimensão terrena. A vida se encerra com a morte, isto é, não existe algo para além dessa realidade existencial. Essa descrição é bastante clara quando, na obra *As confissões*, o autor revela como era sua vida, ou seja, sua concepção de mundo, de prazer e de existência. Sendo assim, podemos perceber que ambas as cidades estão imbricadas, coexistindo, mas com uma diferença: a cidade de Deus é para além da dimensão terrena, ela garante os céus. Para uma melhor compreensão dessa tipologia de homem, isto é, do cidadão de Deus e do cidadão do mundo, convém citarmos Agostinho (2010, p. 413): "o povo é o conjunto de seres racionais associados pela concorde comunidade de objetos amados".

Reiteramos, as duas cidades estão imiscuídas – nelas existe o povo, que é o conjunto de homens que desprezam a si e buscam a Deus, em convivência com os homens que desprezam a Deus e buscam o amor-próprio. De acordo com a assertiva apresentada, trata-se do conjunto de seres racionais que vivem a função de objetos amados. O que pretendia Agostinho quando o filósofo postulou que existem duas cidades imbricadas, isto é, cidade celeste e cidade terrena? É razoável admitir que o objetivo do pensador era instituir o amor como condição capital para a formação das cidades, ou seja, a cidade dos homens é formada graças a esse amor que se encerra em si mesmo, e a cidade de Deus, pelo amor para com o Pai, o soberano, o eterno. Em outras palavras, a cidade celeste começa na terra, sobretudo, quando o amor não se encerra no sujeito, homem no mundo, mas se estende para Deus, isto é, quando esse amor compreende as duas cidades, não só a cidade terrena, mas também a cidade celeste que acontece na terra e se estende, depois da morte do homem, para o céu. Em outras palavras, o amor é a condição fundante da vida social. É possível, pois, fazer uma leitura romantizada e até utópica, haja vista que fé e amor se intercruzam na edificação de uma cidade justa: a antecipação dos céus na terra, pois, o amor a Deus se converte no amor ao próximo, numa concepção de política mais ampla.

Como a discussão que nos interessa no itinerário agostiniano é a política como realização humana, ao refletirmos sobre o pensador de Hipona, principalmente na obra *A cidade de Deus*, nosso enfoque dirige-se ao discurso político, isto é, à compreensão das cidades, a terrena e a celeste. Já informamos que, segundo Agostinho (2010), a cidade nasce dos amores; isso significa que os homens estão unidos por aquilo que são capazes de amar. Nessa linha de raciocínio, para o filósofo citado, o amor pode ultrapassar os limites da vida terrena; nesse entendimento, a vida não se encerra no plano terreno, mas se estende ao outro mundo, um mundo que a filosofia, sobretudo platônica, já havia denominado *mundo das ideias*. No entanto, essa vida celeste carece, na cidade terrena, do uso da razão para dominar suas paixões, controlar seus impulsos e viver para Deus. Essa razão, ainda no mundo terreno, deve produzir a paz, o amor e a caridade – condições indispensáveis para a vida em comunidade: o amor compartilhado, isto é, a comunidade que se une pelo amor, a vida social.

Eis aí, nesse plano terrestre, uma construção política de organização coletiva da vida pública. A vida do peregrino de Deus começa na terra, desenvolve-se nessa cidade terrena, mas tem um fim que ultrapassa a dimensão temporal, a vida celeste. Assim, o cidadão do mundo e o cidadão de Deus são responsáveis pela vida em comunidade, ou seja, pela organização da vida pública. Como já declaramos, as duas cidades estão unidas: os cidadãos, seja de Deus, seja do mundo, estão numa mesma dimensão e temporalidade, isto é, estão vivendo num mundo terreno e, por isso, buscam a paz temporal. Entretanto, de acordo com Agostinho

(2010), a paz temporal não significa felicidade, e sim desenvolvimento existencial. A realização advém da felicidade, mas esta só provém de Deus. Nesse sentido, conforme Gilson (2007, p. 197), "considerada em seu fim, a Cidade de Deus, deve levar os homens a essa felicidade que todos buscam e que a Cidade terrestre é incapaz de lhes dar".

Em seu sentido político, a proposta agostiniana visa à realização da vida por meio do encontro do homem com Deus, que pode promover a felicidade verdadeira. Segundo Agostinho, não se trata de uma ilusão de felicidade ou de uma felicidade passageira, mas de algo que pode preencher a existência humana, algo que os filósofos buscaram e não encontraram, pois procuraram no lugar errado, isto é, longe de Deus. Em suma, a filosofia política de do filósofo de Hipona se concentra na realização do homem como um peregrino de Deus.

2.3
Escolástica

Já mencionamos a necessidade que a Igreja Católica detectou em seus primórdios de se apropriar do conteúdo filosófico para a fortificação da fé, principalmente em razão da demanda de acomodar o entendimento de filósofos e não filósofos convertidos à fé cristã. Como explicamos na seção anterior, na época de Santo Agostinho, houve uma ampla sistematização do conteúdo filosófico e, especialmente no período denominado *patrística*, uma releitura do platonismo com vistas à aproximação entre helenismo e cristianismo.

Com Platão, a Igreja não poderia responder aos corações inquietos que careciam de respostas, bem como aos ataques dos pagãos. Por isso, a patrística começou a perder espaço no cenário político da época. Dessa maneira, era urgente uma renovação interna da instituição, ou seja, a reconstrução e sistematização do pensamento teológico do cristianismo.

Foi justamente nesse contexto que surgiu o movimento denominado *escolástica* (séc. IX-séc. XIV). Convém ressaltar que essa mudança não rompeu de todo com o pensamento platônico ante a introdução do pensamento aristotélico; platonismo e aristotelismo conviviam no processo de consolidação da fé cristã.

Com a patrística, portanto, criou-se uma associação entre helenismo e cristianismo, na qual a filosofia auxiliava a teologia no âmbito da fé cristã. Ainda nesse momento, a sistematização teológica era devedora da filosofia, isto é, a importância da primeira se fazia em razão da segunda. Basta lembrarmos que, com o evangelho de João, houve a ampliação da ideia de que helenismo e cristianismo estavam imbricados, pois Deus era o *logos* que se fez carne. Nesse sentido, percebe-se que, na patrística, em grande medida, a teologia era refém da filosofia.

Entretanto, com a escolástica, nova escola da Igreja, a filosofia se tornou refém da teologia. Talvez seja exagerada essa expressão, mas ocorre que, nesse momento, a filosofia platônica foi aprofundada e, em alguma medida, superada pela introdução do pensamento aristotélico. A tônica desse movimento era a conciliação entre fé e razão. No entanto, essa conciliação se deu com o predomínio da teologia, passando esta a ser o fundamento da filosofia.

Sendo objeto precípuo de nossa explanação a concepção política, convém analisar como esta se delineava no período escolástico. Para isso, tratamos, ainda que brevemente, de Tomás de Aquino. Outros pensadores importantes dessa escola são Alberto Magno, Guilherme de Ockham, Pedro Abelardo e João Duns Escoto. Contudo, neste ponto do texto, concentraremos nossa análise no teólogo italiano e em pontos de relevo em seu pensamento.

2.3.1 Tomás de Aquino

Tomás de Aquino (1225-1274) foi um dos nomes de destaque do pensamento escolástico e, de certa maneira, um dos responsáveis pela introdução do pensamento aristotélico no cristianismo, ao lado de Agostinho. Com relação ao pensamento político, isto é, à condição do homem como um ser político e social, Tomás de Aquino seguiu a concepção aristotélica de pensar o homem como um animal político. Segundo o Aquinate (conjunto de obras de Aquino), existem leis naturais – políticas – que as leis humanas devem seguir, uma espécie de aceno para formulação da **razão prática**. Nesse contexto, a lei natural é uma espécie de lei moral, ou seja, dada por Deus aos homens para alcançar seu fim último, a felicidade no espaço público.

Dessa noção de lei natural deriva uma compreensão de natureza política, qual seja, existe na natureza humana uma inclinação para o bem, pois essa lei moral é uma espécie de dádiva divina, uma vez que Deus as concedeu ao homem: todos devem praticar o bem, evitar o mal, fazer o que é justo e viver em comunhão. Assim, as leis humanas devem se orientar por essas leis naturais; do contrário não é possível efetivar a justiça, a felicidade e, acima de tudo, a realização da existência humana na esfera pública. Aqui residem as bases do jusnaturalismo, escola filosófica do direito.

Numa interpretação da filosofia política de Tomás de Aquino, os historiadores Reale e Antiseri (1990a, p. 568) asseveram: "se a derivação da lei natural é essencial para a lei humana, então é evidente que, quando uma lei humana contradiz a lei natural, nesse caso ela não existe como lei. Esta é a razão pela qual a lei deve ser justa", universal e válida em todo tempo e lugar.

Logo, assim como Aristóteles, Tomás de Aquino entende existir uma natureza que é política. Sendo assim, os homens precisariam ouvir e seguir essa natureza, pois, conforme o filósofo italiano, a natureza representa o que é divino, isto é, a criação humana, a perfeição. Por isso, de acordo com Reale e Antiseri (1990a), se a lei humana não concorda com a lei da natureza, não pode se configurar como lei, mas como corrupção da lei. Nesse sentido, a política centra-se no bem comum.

Em Tomás de Aquino, portanto, a proposta de política é a realização da pessoa humana na esfera pública, isto é, a felicidade – algo já defendido por Aristóteles. Dessa maneira, a cidade é feita para o indivíduo, e não o contrário; com isso, o fim da política é a realização do homem no mundo, o que pressupõe uma vida de moralidade, uma vida que deve ser guiada por Deus e para Ele.

Em síntese, a política é uma condição de natureza humana interligada à natureza divina. Mediante essa relação é possível assegurar a felicidade do homem na terra. Isso, no entanto, não significa que a administração da política seja dever da Igreja – pelo contrário, de acordo com Tomás de Aquino, essa atribuição é do Estado. O chefe do Estado, por sua vez, precisa aprimorar três condições básicas: vida em abundância aos sujeitados do Estado, permanência dessa vida e, sempre que possível, seu constante melhoramento. Nas palavras do teólogo, "Quanto mais não será de louvar pelos homens e de premiar por Deus, aquele que faz todo o país gozar de paz, coíbe as violências, observa a justiça e dispõe, com suas leis e condenações, como devam portar-se os homens? (Tomás de Aquino, 1995, p. 149-150).

Entretanto, é preciso que a Igreja atue para assegurar a política, pois esta é divina, de natureza, e carece, em algum momento, da gestão religiosa. Para Tomás de Aquino, a conclusão de que a política é de natureza, conforme defendeu Aristóteles, torna necessária a participação da Igreja, instituição divina, na formação política; expresso de outro modo, essa instituição precisa fazer parte do Estado, já que este tem de acolher a fé.

Já mencionamos aqui que Tomás de Aquino é um aristotélico e, por isso, no que concerne à política, exalta o ideal de cidade desenhado pelo filósofo estagirita. No que diz respeito à análise das formas de governo e dos regimes políticos feitas pelo pensador macedônio, Tomás de Aquino fez o mesmo percurso filosófico. Além disso, assim como Aristóteles, Aquino acredita que a monarquia é, sem dúvida alguma, o melhor regime político, mas admite que sua respectiva degeneração representa o pior sistema de todos, a tirania. Enfatizamos que, pelo fato de esse regime político se caracterizar pela concentração do poder nas mãos de um só homem, há uma espécie de interpretação na qual Deus, um ser único, governa o mundo, assim como deveria ocorrer com a monarquia. Portanto, existe uma perfeição divina na organização e no governo do mundo que deve, ou deveria ocorrer, segundo Tomás de Aquino, por meio da monarquia – o governo justo de um só homem. Há quem diga que a discussão sobre a monarquia foi articulada em homenagem ao rei de Chipre à época, cujos favores o filósofo italiano buscava. No entanto, sobretudo em *A monarquia* (Tomás de Aquino, 1989), do ponto de vista teórico sobre a forma ideal de governo, Tomás de Aquino faz menção a uma forma mista de governo.

Essa forma mista seria uma espécie de soma das outras formas de governo. Explicamos: existe a noção de homem como animal político, mas que pode se desvirtuar e se corromper. Por isso, é muito mais difícil que exista corrupção num governo misto, pois não se trata de um sistema de um único soberano, mas de um ajuntamento de pessoas. Para Cavalheiri (2006, p. 75), estudioso do pensamento do Aquinate: "Por onde, essa forma de governo é a melhor, quando combinada: monarquia, por ser só um chefe; aristocracia, por muitos governarem conforme exige a virtude; democracia, isto é, governo do povo, por, deste, poderem ser eleitos os chefes e ao mesmo pertencer a eleição deles".

Dessa maneira, para além da releitura aristotélica, a contribuição de Tomás de Aquino faz-se em razão da compreensão, do ponto de vista político, da noção de lei natural, ordenamento da razão. Essa lei natural, espécie de guia, sobrepõe-se à lei humana e, consequentemente, zela pelo bem comum: uma espécie de lei moral. Entenda-se aqui *bem comum* como a realização da pessoa humana na esfera pública, a prática coletiva do bem como fim último: a felicidade de todos.

Entretanto, mesmo sendo Tomás de Aquino um aristotélico, não podemos negar o papel da Igreja no expediente do teólogo, pois esse estudioso pensa de dentro da instituição, fazendo uma defesa da teologia e buscando uma relação de proximidade entre esta e a filosofia. Por isso, a compreensão da lei natural pressupõe compreender a lei eterna, isto é, uma hierarquização em que a lei divina, em sua condição de superioridade, orquestra, racionalmente, a lei natural e humana: Deus como o ordenador da vida política.

2.4
Martinho Lutero: excertos de política

Nesta seção, faremos breves considerações sobre o pensamento de Martinho Lutero (1483-1546) e ponderações acerca de sua obra *Sobre a autoridade secular*. O teólogo alemão, seguidor inveterado de Agostinho, diferentemente deste, constitui, na obra citada, uma tipologia de homem que se denominou *homem-lobo* e *homem-ovelha*: os lobos são os homens que dispõem de liberdade; as ovelhas, os que não dispõem dela. Nesse quesito o pensador alemão discorda veementemente de Agostinho no que diz respeito à noção de livre-arbítrio, já que o monge entendia que nem todos os homens são livres.

Sobre a autoridade secular foi publicada depois da proibição da tradução do Novo Testamento que Lutero havia elaborado. Em razão dessa interdição, o monge escreveu essa obra com o intuito de chamar atenção para o papel do príncipe e para esclarecer que o poder era dessa figura, e não do chefe da Igreja. Para reforçar essa ideia, o religioso fez uso do texto de São Paulo (Bíblia. Romanos, 2013, 13: 1), apóstolo de Cristo, para afirmar que toda autoridade emana de Deus, e não da Igreja, e que se o príncipe tem poder, é porque Deus lhe confiou esse poder, e não a Igreja. Por essa razão, segundo Lutero (1995), o príncipe deve seguir a Deus, e não à instituição religiosa. Esse é o primeiro grande problema político do referido escrito. O segundo corresponde ao papel do príncipe ante a vontade de Deus, que deve ser proteger as ovelhas, pois elas não podem fazer uso da espada.

Assinalamos aqui um ponto de caráter político: as ovelhas fazem a vontade de Deus e, por isso, carecem de proteção. Por serem devotas de Deus, não são livres; pelo contrário, são servas do Senhor Jesus Cristo. Para esclarecer essa questão, Lutero recorre aos evangelistas para clarificar sua tese, citando Lucas (Bíblia. 2013, p. 27-31), que afirma que se alguém toma a túnica de uma das ovelhas, é dever da ovelha entregar as sandálias. Repare que não existe e não deve existir resistência, isto é, o uso da força, pois esse é um direito da autoridade, do príncipe. Lutero menciona, ainda, a ação de Pedro, discípulo de Cristo, de usar a espada e cortar a orelha de um soldado romano que havia prendido Jesus. Segundo Lutero (1995), a passagem bíblica evidencia que somente a autoridade constituída tem o poder de fazer uso da espada, ou seja, da força. Esse excerto reitera que só o Estado constituído pode fazer uso da força e da violência.

O Estado é centralizado na figura de um soberano, que prescinde de uma figura jurídica, entendida, sobretudo, nos moldes weberianos. Todavia, a figura da autoridade secular tem o monopólio legal da violência; noutros termos há, nesse entendimento, uma sinalização para compreensão do Estado à luz de uma teoria sociológica.

Essa é uma passagem emblemática e põe em evidência o poder temporal do príncipe.

Lutero dificilmente poderia reconhecer de forma mais explícita que toda autoridade política emana de Deus. O texto ao qual sempre se refere, e que ele considera a passagem mais importante de toda a Bíblia a propósito da obrigação política, é a injunção de São Paulo (no início do capítulo XIII da Epístola aos romanos) para que nos sujeitemos às mais altas potestades, e tratemos os poderes existentes como provindos de Deus. (Skinner, 1996, p. 297)

A concepção política de Lutero (1995), do ponto de vista filosófico, se materializa quando o autor transfere o poder das mãos da Igreja para as mãos do príncipe. Principia aí a polêmica referente à função do Estado moderno, pois é do príncipe o direito de fazer uso da força para assegurar a paz, a liberdade e o desenvolvimento do espaço público. Reiteramos que não existe liberdade para todos os indivíduos, mas somente para os lobos, ou seja, homens que se encontram desprendidos da autoridade de Deus e que, por não temerem a Deus, são livres para praticar o que bem desejarem, não reconhecer contratos ou autoridades, flertar com a criminalidade. Nesse sentido, o cristão, ovelha do Senhor, não é livre, pois vive sob a luz do Evangelho, em função do mundo espiritual, e precisa dos cuidados do poder secular. Não se deve pensar no poder do príncipe como divino, mas aspecto de outorga divina, submetido aos princípios da justiça.

Do ponto de vista filosófico, o texto ora analisado antecipa um debate sobre ciência política, pois a sociedade é compreendida com base em duas realidades, a religiosa e a civil. Segundo Lutero (1995), não se edifica a paz com a construção de igrejas, mas com o uso legal e legítimo do poder, que deriva de Deus. Essa ideia aparece novamente em Maquiavel (1978). Entretanto, os autores da ciência política pouco reconhecem que, em Lutero, já havia uma discussão política, a qual se aplica ao Estado moderno.

Em linhas gerais, Lutero teve grande importância para a modernidade, sobretudo com os ideais da Reforma. Ademais, a obra *Sobre a autoridade secular*, mesmo inscrita no universo do cristianismo de seu tempo, propõe um debate singular, do ponto de vista político: a antecipação de categorias que permitem pensar, conceitualmente, a constituição do Estado moderno.

Síntese

Neste capítulo, apresentamos brevemente a noção de cristianismo e sua transformação em religião oficial do Império Romano. Em seguida, tratamos de dois momentos dessa nova religião, a patrística e a escolástica, com base em dois autores, Agostinho e Tomás de Aquino. Por meio de um debate fundamentado na questão política, destacamos pontos do pensamento político dos dois teólogos. Na sequência, propusemos reflexões acerca do pensamento de Martinho Lutero e sua compreensão política por meio da obra *Sobre a autoridade secular*, cujo objetivo fora, entre outras iniciativas, sinalizar para um cisma político no ambiente teológico-filosófico da época.

Sugerimos que você faça uma leitura minuciosa dessa obra de Lutero, pois ela, embora pouco conhecida, especialmente no pensamento político-filosófico, sinaliza para uma compreensão política de Estado, liberdade e poder. Observe que, por meio da tipologia de homem – homem-ovelha e homem-lobo –, esse autor chama a atenção para a necessidade do uso da força (poder) para assegurar a paz no espaço público, pois quem não está de certa maneira ligado à instituição religiosa precisa de um mecanismo de controle, uma vez que as ações da Igreja para com os fiéis pressupõem uma moralidade que os governa, isto é, que os controla. Os homens-lobos são livres, não estão ligados a uma moralidade e, por isso, carecem de controle, que deve ser do Estado (autoridade), o qual deve agir com força e, quando necessário, violência para a garantia do controle.

Debate

É de conhecimento público que, com o advento do Iluminismo, compreendido como o "tempo das luzes", defendia-se o fim da religiosidade em detrimento da racionalidade, do espírito científico – nos termos weberianos –, do desencantamento do mundo. O projeto de modernidade era, entre outros aspectos, o desvelamento dos mistérios e, consequentemente, o surgimento de uma civilização ancorada na razão. Era, pois, promessa de desenho de futuro, tornando-o palpável, visível e racional.

Augusto Comte, pensador francês, em seu trabalho *Curso de filosofia positiva* (1983), pretendia conceber uma ciência da sociedade; contudo, o estudioso constituiu uma filosofia da história, já que, em seu expediente teórico, faltava-lhe, para construção de uma ciência social, precisão conceitual no objeto e método científicos. Importa, para o debate em curso, trazer à tona o que se denomina, no primeiro capítulo da obra de Comte, a *lei dos três estágios*. De acordo com o entendimento do pensador positivista, a sociedade passa sempre por três estágios: teológico; metafísico; positivista. Nesse arranjo, o estágio religioso é aquele em que os eventos da realidade são vistos da perspectiva dos dogmas ou, ainda, quando existe uma teologia que produz e explica conhecimento. Nesse âmbito, não existe, na interpretação de Augusto Comte, conteúdo verdadeiro, mas, antes disso, uma revelação divinizada. No estágio metafísico, os filósofos rompem com a religião, mas não se desprendem do caráter religioso e, por isso, o conteúdo é, de certa maneira, parcial. No estágio positivista, o conhecimento é verdadeiro, pois ele é dissociado da teologia e da metafísica e se faz por meio da ciência, da ciência positivista, que tem por objetivo compreender, explicar e transformar o mundo.

Entretanto, a compreensão comtiana é, em certa medida, o reflexo de um tempo em que a religião era combatida em razão de seu alinhamento com o Estado e, sobretudo, de seu papel como produtora de verdades absolutas. Todavia, o universo religioso é muito maior do que simplesmente a religião, especialmente quando a discussão de manifestações religiosas, aqui concebida como fenômeno social, ultrapassa os limites da religião e se estende pelas diversas formas que o homem historicamente utilizou para se relacionar com o mistério, com o encantamento, em suma, com o sagrado.

Desde os primórdios, esse vínculo entre o humano e o divino pode ser observado no modo como o ser humano soluciona seus problemas cotidianos. A função da racionalidade, a seu turno, é ocupar esse espaço, ou seja, oferecer possíveis respostas para problemas da humanidade e, de forma especial, desvendar os mistérios do mundo e, assim, *grosso modo*, auxiliar o indivíduo em suas dimensões humana e existencial com vista a uma vida autêntica, plena e finita.

Todavia, esse projeto de racionalidade orquestrado pelo Iluminismo foi, em um primeiro momento, muito bem-sucedido, especialmente com relação às discussões centradas no combate à religião e às suas formas de operar no universo público. Contudo, no que tange ao desencantamento do mundo e, de modo capital, no desvelamento dos mistérios e suas reais explicações para as angústias existências e cotidianas, a empreitada iluminista fora comprometida, ou seja, com o passar do tempo, as pessoas perceberam que a racionalidade não poderia, em termos existenciais, traduzir as angústias cotidianas imbricadas com o transcendente numa perspectiva quase metafísica; em outras palavras, a ciência se mostrou inoperante ante os problemas e as angústias existências, sobretudo com a flagrante incapacidade das abordagens científicas de lidar com o desconhecido, a morte e, ainda, com as ideias de sagrado, transcendente e metafísica.

Nesse sentido, as manifestações religiosas não deixaram de existir no século XVII e XVIII: elas renasceram e assumiram expressões que iam muito além da religião instituída, perpetuando sua influência no modo como homem se relaciona com sua realidade, com o mundo e, para além desse mundo físico, com o mundo transcendente.

Desse modo, a religiosidade como fenômeno social, compreensão que transcende a religião, sempre esteve ligada ao cotidiano do homem, pois, como explicamos anteriormente, a racionalidade nem sempre possibilitou a solução das inquietações humanas; por isso, a presença do sagrado como manifestação e explicação metafísicas esteve e está, em certa medida, imbricada com a vida existencial do ser humano, principalmente nas formas de relacionamento com o desconhecido, sobremaneira com a morte e com temas específicos como alma, mundo etc.

Por essa razão, o caráter da religiosidade, mais precisamente do universo religioso fenomênico, garante sua presença no mundo moderno, pois, seja nos aspectos de pensamentos, ações e da vida propriamente dita do ser humano, elementos de religiosidade, transpassados pela cultura, dividem espaços com os símbolos das ciências.

Aliás, salientamos que, de acordo com a Base Nacional Comum Curricular (BNCC), o Ensino Religioso é uma área do conhecimento. O objetivo desse campo na educação brasileira é, entre outros, propiciar a cultura de paz e de direitos humanos com base em conhecimentos religiosos, culturais e estéticos e, primando pelo respeito às manifestações religiosas percebidas na realidade dos educandos, exercitar o direito à liberdade e à pluralidade de ideias. Nesse contexto, a BNCC acerta quando, por meio do ensino religioso, busca politicamente enfrentar preconceitos que historicamente estão enraizados na sociedade brasileira. Não se trata de ensino das religiões, tampouco de proselitismo, mas, à luz de um diálogo com as ciências humanas, de resgate da importância das manifestações religiosas e de sua presença na modernidade, evitando, sobretudo, discursos preconceituosos especialmente direcionados a religiões de matriz africana, tão incompreendidas por certos segmentos sociais. É justamente nesse contexto que, na contemporaneidade, mesmo com os processos de racionalização, há lugar para diferenças, pluralidades, religiosidades e não religiosidades.

Atividades de autoavaliação

1. Com relação à filosofia medieval, é correto afirmar que a expressão *uma longa noite de mil anos* representa
   a) o triunfo da filosofia no período medieval.
   b) de maneira crítica, o período que caracteriza trevas, isto é, falta de luzes, sobretudo no sentido científico.
   c) do ponto de vista filosófico, o desenvolvimento de ciências ocultas.
   d) do ponto de vista religioso, o triunfo do cristianismo.
   e) uma era de total dormência do pensamento filosófico-científico.

2. Analise as afirmações a seguir:
   I) De acordo com os padres da Igreja, que fundaram a patrística, o *logos*, buscado pelos filósofos gregos, era a encarnação divina que se fez verbo, se fez carne.
   II) No século IV, o conteúdo da filosofia grega foi absorvido e remodelado para fundamentar o cristianismo, religião que, à época, estabeleceu suas bases no helenismo filosófico.
   III) A filosofia medieval surgiu da junção de religião e filosofia, ou, numa leitura filosófica, da apropriação do helenismo pelo cristianismo.

   Sobre essas afirmativas, é correto afirmar que:
   a) I é falsa.
   b) II é falsa.
   c) III é falsa.
   d) apenas II e III são verdadeiras.
   e) todas são verdadeiras.

3. Sobre a patrística – corrente filosófica dos pais da Igreja – e a escolástica – abordagem teológica caracterizada pela assimilação da filosofia aristotélica e a união entre fé e razão –, assinale com V as afirmativas verdadeiras e com F as falsas:

( ) A patrística, em seu primeiro momento, fez uso da filosofia como instrumento de clarificação da fé, ou seja, para comprovar a teologia católica.

( ) A patrística rejeitava o uso da filosofia como justificação da fé, pois, segundo esse movimento, Deus se fez homem e, de forma simples, habitou entre os pobres, anunciou a boa-nova para os cativos e se revelou entre os mais humildes sem carecer de filosofia para explicar essa realidade.

( ) Tomás de Aquino, santo católico, é o criador do movimento que se denomina *patrística*.

( ) Agostinho, santo católico, é considerado um expoente da patrística.

( ) Tomás de Aquino, autor de *As confissões*, é o expoente do movimento conhecido como *escolástica*.

Agora, assinale a alternativa que apresenta a sequência correta de preenchimento dos parênteses, de cima para baixo:
a) V, F, F, V, F.
b) V, V, F, V, F.
c) F, V, F, V, F.
d) F, F, F, V, V.
e) V, V, F, F, V.

4. No que toca à fundamentação filosófica de Santo Agostinho, considere as afirmativas a seguir:
   I) Platão concebe em sua teoria dois mundos, um mundo visível e outro não visível, sendo este último o correto. Essa ideia funciona, do ponto de vista teórico, como fundamento para que Agostinho desenvolva sua compreensão de cristianismo com base, também, em dois mundos: céu e terra.
   II) Existe uma proximidade entre filosofia e cristianismo. Contudo, essa relação é, conforme Agostinho, de dependência: a filosofia deve funcionar como instrumento de fortificação da fé.
   III) Segundo Agostinho, a razão não basta a si mesma; sozinha, ela é sem sentido e, por isso, carece de fé, pois esta é, entre outras virtudes, a luz que incide sobre a razão, sendo a iluminação para a compreensão.
   IV) A cidade de Deus e a cidade dos homens estão unidas, isto é, no mesmo plano terrestre. No entanto, existe uma diferença entre os homens que são da cidade de Deus e os homens que são da cidade dos homens, afirma Agostinho.

   Agora, assinale a alternativa que apresenta todas as proposições corretas:
   a) I e IV.
   b) I, II e III.
   c) II, III e IV.
   d) II e III.
   e) I, II, III e IV.

5. Acerca da filosofia política de Tomás de Aquino, assinale a alternativa **incorreta**:

   a) Existem leis naturais – leis políticas – às quais as leis humanas devem se submeter; do contrário, haverá a corrupção da lei.

   b) A lei natural é uma espécie de lei moral, ou seja, uma lei dada por Deus para viabilizar o fim último do homem, a saber, a felicidade.

   c) Não existem leis naturais, mas, simplesmente, leis morais, que são automaticamente leis divinas.

   d) Existe uma natureza política. Por isso, os homens precisam ouvir essa natureza, ou seja, devem segui-la, pois ela representa o que é divino, isto é, a criação humana, a perfeição.

   e) A cidade é feita para o indivíduo, e não o contrário; desse modo, o fim da política é a realização do homem no mundo, a qual pressupõe uma vida de moralidade, isto é, que deve ser guiada por Deus.

Atividades de aprendizagem

Questões para reflexão

1. Produza um texto estabelecendo relações entre patrística e escolástica. Para tanto, com relação à filosofia política, considere os pontos centrais dos pensamentos de Agostinho e de Tomás de Aquino.

2. Especifique as tipologias de homens delineada por Lutero em *Sobre a autoridade secular*.

3. Explique, em um texto dissertativo, a lei dos três estágios de Comte. Para tanto, considere o papel na religiosidade na modernidade, para além do cientificismo do filósofo francês.

Atividade aplicada: prática

1. Assista ao filme *Lutero*, dirigido por Eric Till (2003), e realize a leitura do livro *Sobre a autoridade secular*, de autoria do teólogo alemão. Considerando essas duas produções, verifique se existe, no filme, alguma passagem que retrate a discussão sobre a autoridade e a liberdade. Com base nessa observação, produza um texto a respeito das relações entre a produção cinematográfica e o exemplar escrito.

   LUTERO. Direção: Eric Till. EUA: MGM, 2003. 124 min.

2. Faça uma pesquisa sobre a relação entre o sagrado e o profano e disserte, com base no pluralismo religioso, sobre a importância dos símbolos na constituição da cultura política.

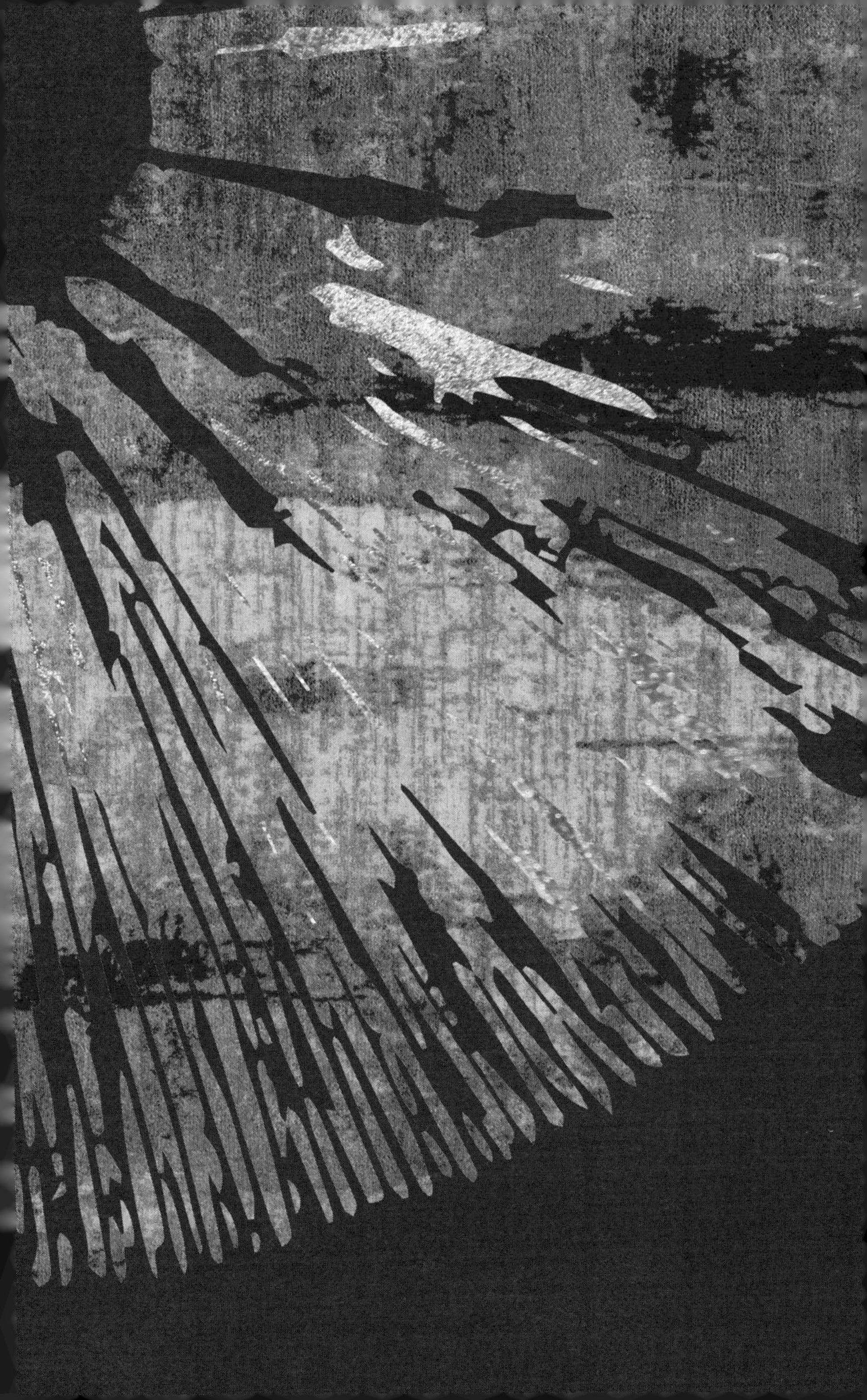

3
Política moderna e contratualismo filosófico

Neste capítulo, discutiremos sobre a filosofia política no contexto denominado *filosofia política moderna*, circunscrevendo a abordagem aos pensamentos de Maquiavel e dos filósofos contratualistas Thomas Hobbes e Jean-Jacques Rousseau.

A escolha dos pensadores que aqui comentaremos foi orientada pela necessidade de assegurar a abordagem das temáticas *modernidade e contratualismo*. Por certo, existem outros pensadores de grande envergadura que refletiram sobre os tópicos citados; contudo, os autores mencionados viabilizam a formalização de um bom debate em filosofia política moderna e a compreensão do denominado *contratualismo filosófico*.

Com base nos autores citados, apresentaremos o conceito de Estado e, em seguida, faremos algumas considerações sobre como a filosofia política era pensada no período moderno, com o objetivo de clarear conceitos próprios de Hobbes e Rousseau e estabelecer conexões entre eles, para que você possa consolidar uma compreensão histórica e filosófica da política com base nesse expediente teórico.

3.1
Maquiavel (1469-1527): o pensador maldito

Nicolau Maquiavel (1469-1527), filósofo italiano taxado de *maldito*, foi, sem dúvida alguma, um ambicioso da política romana. Nascido na cidade italiana de Florença, era filho de pais pobres. Todavia, mesmo advindo de família humilde, conseguiu estabelecer relações com os poderosos de sua época e, aos 29 anos de idade, já participava da vida política da cidade, exercendo cargo de secretário da segunda chancelaria. Em 1513, o pensador escreveu sua famosa obra *O príncipe*, que, apesar de não ser o texto mais importante do autor, certamente é o mais famoso.

Em Maquiavel, especialmente na referida obra, a política é desassociada da natureza e não mais constitui uma imposição divina[1]. De acordo com esse pensador, a política deveria assumir um novo *status*,

---

[1] Referência ao poder religioso dentro da política e à forma como os religiosos ditavam, em nome de Deus, o procedimento político.

passando a ser vista como uma atividade puramente humana que se constrói na vida coletiva.

Entretanto, não se trata de empreendimento simples, pois, para Maquiavel, não basta saber se a política é natural ou divina; o problema se estende à ação e à função do que se denomina *política* nos escritos do florentino. Não sendo estritamente uma condição de natureza, como concebida por Aristóteles (2002), ou de caráter divino, como desenharam os teólogos medievais, a ação política consiste, de acordo com Maquiavel (2000), na **organização do espaço coletivo**.

Você deve estar se perguntando se organizar o espaço público não era exatamente o objetivo da política, seja na Antiguidade Clássica, seja na Idade Média. A resposta é "sim", mas a questão a se considerar é justamente a ação política, isto é, os caminhos tomados para essa organização, uma vez que, para a tradição aristotélica, há uma natureza que ordena a vida política, ao passo que, para os teólogos patrísticos e escolásticos, com base na leitura platônico-aristotélica, há uma força divina que não só ordena a política, mas, antes de tudo, cria as condições para que essa ação seja organizada, promovendo, assim, uma reprodução, na Terra, do mundo celeste.

Na modernidade, especialmente em Maquiavel, essa organização foi articulada por meio da disputa, do conflito e, acima de tudo, de um jogo político. Nesse contexto, a concepção de política começou a mudar, isto é, a política não era simplesmente uma ação de natureza e tampouco divina, mas sim contenda, embate. Ainda assim, a função política é, em qualquer situação, a organização do espaço público e da vida coletiva – independentemente do período histórico ou do pensador político. Por essa razão, a discordância aqui apresentada, especialmente no que diz respeito aos períodos históricos, trata-se do que podemos chamar de *ação política* – os caminhos da efetivação para a organização do espaço público.

Pois bem, segundo Maquiavel, a ação política pressupõe um espaço, ou seja, acontece em determinado ambiente no qual alguém está inserido. Essa é a grande contribuição do maquiavelismo para a política em relação a seus antecessores. O "ambiente" é, sem dúvida, a sociedade. Já o "alguém" é, notoriamente, o povo. Por isso, a ação política deve contemplar, numa perspectiva político-filosófica, o homem em sociedade como sujeito circunstancial.

Como explicamos anteriormente, a ação política, conforme Aristóteles, era uma combinação da natureza, isto é, as pessoas eram impulsionadas para esse fim, qual seja, realizar-se como animal político. Havia assim uma teleologia da natureza vinculada à ação desse animal aristotélico, o homem. Já na Idade Média, havia uma teologia organizadora da vida, em outros termos, uma interferência divina direta na efetivação de uma vida feliz.

Em Maquiavel, ao contrário do que acontece em Aristóteles, existe um esboço para a ação política. Nesses termos argumenta o filósofo florentino: "mas, sendo minha intenção escrever algo de útil para quem possa se interessar por isso, pareceu-me mais conveniente ir em busca da verdade concreta da coisa e não da imaginação dessa" (Maquiavel, 1978, p. 97). Aqui reside o caráter realista da política do referido pensador, pois não se trata de falar sobre como a sociedade deve ser, mas de falar, antes de tudo, da sociedade que existe. Por isso, é preciso conhecer a realidade e definir uma ação com base nesse conhecimento.

Essa ação política pautada no homem que, segundo o próprio Maquiavel, existe e é real, visa descrever os fatos como eles são e, posteriormente, definir como agir sobre eles. Em outras palavras, a ação política deve incidir sobre a realidade concreta, e não sobre a idealização do que deve ser, seja do ponto de vista aristotélico, seja do ponto de vista teológico.

A discussão proposta por Maquiavel se concentra na construção de uma alternativa política para a sociedade de seu tempo. Certamente, o filósofo não foi o único intelectual a estabelecer críticas ao modelo político vigente, em especial calcado em uma filosofia aristotélica; contudo, encontramos no pensador italiano uma estruturação lógica de ruptura com a visão de Aristóteles, bem como de rompimento com a composição política de base teológica de sua época.

Nesse contexto, a incompreendida obra *O príncipe* consiste em uma análise histórica e se apresenta como uma espécie de manual político, ou seja, um instrumento para se governar uma cidade, ou mais do que isso, um meio para se organizar politicamente o espaço público. É nesse sentido que Gramsci (1891-1937), intelectual italiano e fundador do Partido Comunista italiano, faz uma releitura da obra de Maquiavel e chega à seguinte conclusão:

> o caráter fundamental do Príncipe é o de não ser um tratado sistemático, mas um livro "vivo", no qual a ideologia política e a ciência política fundem-se na forma dramática do "mito". Entre a utopia e o tratado escolástico, formas nas quais se configurava a ciência política até Maquiavel, este deu à sua concepção a forma da fantasia e da arte, pela qual o elemento doutrinário e racional personifica-se em um *condottiero*, que representa plástica e "antropomorficamente" o símbolo da "vontade coletiva". (Gramsci, 2000, p. 13)

Nas palavras de Gramsci (2000), consta em *O príncipe* a sistematização de uma visão realista da política e, mais do que isso, uma ruptura com o modelo utópico aristotélico e com os tratados escolásticos do medievo. Nesse sentido, ainda segundo o filósofo marxista, Maquiavel é o fundador de uma nova ciência política. Em outras palavras, o pensador florentino elabora uma ação política pautada na vontade coletiva. Entretanto, tal vontade não se expressa por meio de um líder no sentido histórico, isto é, não existe essa liderança, esse príncipe; ao contrário, essa figura representa justamente o *condottiero*, uma imagem do líder a ser construída, conforme Gramsci (2000, p. 14), "o caráter utópico do príncipe consiste no fato de que o 'príncipe' não existia na realidade histórica, não se apresentava ao povo italiano com características de imediaticidade objetiva, mas era uma pura abstração doutrinária".

A teoria política de Maquiavel alicerça-se na realidade histórica e se configura como uma observação realista. Ainda que, segundo Gramsci (2000), no pensamento de Maquiavel possa ser observada a noção de abstração doutrinária, é equivocado atribuir o caráter de "idealismo" à teoria do pensador de Florença, mesmo porque não era essa a intenção de Gramsci. Ao contrário, a discussão tem o objetivo de apresentar um autor que rompe com a construção teórica de seu tempo e articula uma nova perspectiva de se pensar a política. Dessa maneira, *O príncipe* é construído como uma alternativa de liderança para o Estado moderno.

Gramsci apresenta um autor que se propõe a compreender, num primeiro momento, os fatos históricos, isto é, observar a história, vê-la por meio de uma sucessão de fatos em sua repetição; e, num segundo momento, formalizar a figura do bom governante, uma liderança que não existe, mas que deve existir na vida política de sua época. Essa observação do passado, dos fatos históricos, pode metodologicamente auxiliar na construção desse *condottiero*.

Portanto, Maquiavel constrói uma figura que não existe na história, mas que deveria ser cultivada. Em outras palavras, observando a história, seu desenvolvimento, sua repetição, qualquer governante perceberá que o príncipe, o novo líder, não deve perder de vista o passado e as lutas dos grandes chefes. Com isso, seria possível formalizar esse protótipo de príncipe, ou seja, o *condottiero*. Nesse entendimento, afirma Maquiavel (2000, p. 129): "por isto é fácil, para quem estuda com profundidade os acontecimentos pretéritos, prever o que o futuro reserva a cada Estado, propondo os remédios já utilizados pelos antigos ou, caso isto não seja possível, imaginando novos remédios, baseados na semelhança dos acontecimentos".

Essa observação maquiaveliana pressupõe a história como um evento cíclico, posto que é construída com as mãos humanas[2], fazedoras da história, ávidas de poder (Maquiavel, 2000). Por isso, para o príncipe governar bem o espaço coletivo, é preciso que ele se atenha aos fatos históricos e retire dessa observação as soluções que deram certo, procedendo do mesmo modo com as de insucesso, evitando-as.

Essa assertiva maquiaveliana tem vistas à ação política. Assim, para se alcançar uma política capaz de ordenar a vida coletiva, é preciso compreender o lugar e como esse lugar político vive para posteriormente relacioná-lo a lugares do passado. A pretensão de Maquiavel (1978) é buscar, na sucessão de fatos históricos, entendimento e solução para a estruturação da vida coletiva no interior do Estado. Isso porque a sociedade é resultado de conflitos, disputas e interesses que se manifestam nos desejos e paixões do homem, que é, entre outras coisas, dissimulado e desonesto – em suma, ávido de poder (Maquiavel, 1978). Por essa razão, o olhar da ação política deve partir dessa realidade sensível, o que

---

2   A leitura marxiana advém dessa compreensão maquiaveliana de história. Entretanto, ainda segundo Karl Marx (2011), na obra *O 18 de brumário de Luís Bonaparte*, os homens fazem a história, mas não sabem disso, pois, caso tivessem consciência disso, a história seria feita a seu favor, e não contra. Dessa maneira, a exemplo de Maquiavel, Marx entende a história como uma repetição de fatos. De acordo com o filósofo alemão, "os homens fazem a história; contudo, não a fazem de livre e espontânea vontade, pois não são eles quem escolhem as circunstâncias sobre as quais ela é feita, mas estas lhes foram transmitidas assim como se encontram. A tradição de todas as gerações passadas é como um pesadelo que comprime o cérebro dos vivos" (Marx, 2011, p. 25).

implica observar a vida como ela é[3] e perceber, nas relações cotidianas, a repetição de elementos que podem, a depender do governante, ser usados para o bem público ou para a ruína do espaço público.

Portanto, Maquiavel é, sem dúvida, para historiadores do pensamento político como Châtelet (2000) e Bobbio (2012), um dos mais importantes filósofos que contribuíram para a gênese do Estado e, sobremaneira, da conceituação filosófica de Estado moderno.

Como explicamos anteriormente, a principal questão deste capítulo é apresentar a política moderna com base em Maquiavel e, posteriormente, discutir os contratos hobbesiano e rousseauniano. Por isso, cabe fazermos a seguinte pergunta: o que afirmavam os antecessores do maquiavelismo e qual era sua perspectiva de vida pública?

Essa resposta deve ser pensada com base em Aristóteles; isto é, precisamos refletir sobre a noção de política com base na natureza do homem, ou seja, o homem como um ser social (Aristóteles, 2002), ou, ainda, como um ser de natureza política.

Antes do maquiavelismo, perdurava a noção aristotélica de política, ou seja, um ser que é, por natureza, político, e que tem por obrigação se realizar como político. Entretanto, com Maquiavel, funda-se um novo modelo de se ajuizar a política, isto é, de pensá-la com base no que os homens são, e não no que poderiam ser.

---

3   Conforme Maquiavel (1978), é preciso que o governo, independentemente do regime político, tenha em mente que a política é pensada com homens, que disputam, brigam e buscam satisfazer desejos nas relações do cotidiano. Toda a ação política deve ser assegurada por aquilo que é. Nas palavras do florentino: "Porque há tanta diferença de como se vive e de como se deveria viver que, aquele que abandona o que se faz por aquilo que se deveria fazer, aprende antes o caminho da sua ruína do que de sua preservação" (Maquiavel, 1978, p. 107). Este é o caminho para o governante: observar a vida como ela realmente é e tomar as decisões com base no que ela é, e não em como poderia ser.

No Capítulo 1, lançamos o questionamento sobre a origem do Estado, ou seja, se essa estrutura teria nascido na Antiguidade ou na modernidade. Sobre isso, mencionamos Bobbio (2012), que trata das teorias da continuidade e descontinuidade do Estado. Já explicamos que aqui adotamos a perspectiva da teoria da continuidade, ou seja, assumimos que o Estado não nasceu com os antigos, mas estes, especialmente Platão e Aristóteles, foram fundamentais para edificar as bases do Estado, que se instaurou na modernidade.

Logo, o Estado moderno nasceu em um cenário em que o idealismo aristotélico e a teoria escolástica haviam perdido suas forças. Essa nova estrutura suplantou a concepção de natureza política e do destino no que respeita à virtude e à fortuna[4]. E a virtude, no sentido maquiave-

---

4   Maquiavel (1978) parte de uma concepção clássica de virtude que advém de Hesíodo, para quem a questão capital é a luta que se trava, independentemente da aproximação com os deuses ou com os heróis, com a vida, com a circunstância e com as paixões. É daí que Maquiavel retira o conceito de virtude e passa a compreendê-lo como boa luta, força e determinação. Não se trata de força bruta, mas de conhecimento e aplicação da força quando necessário, ou seja: "Necessitando, portanto, um príncipe saber usar bem o animal, desse deve tomar como modelos a raposa e o leão, porque o leão não sabe se defender das armadilhas e a raposa não tem defesa contra os lobos. É preciso, portanto, ser raposa para conhecer as armadilhas e leão para aterrorizar os lobos. Aqueles que usam apenas os modos do leão: nada entendem dessa arte" (Maquiavel, 1978, p. 108). A força deve ser usada com sabedoria; do contrário, de nada adiantará; será, em algum momento, como o leão, forte e sem astúcia. Com o uso adequado da virtude se alcança a fortuna. Na compreensão dos gregos antigos, a Fortuna, como deusa, deve ser conquistada, e só os homens de força, coragem e astúcia conseguem seduzi-la. Para Maria Tereza Sadek (2006, p. 22): "assim, Maquiavel monta um cenário no qual a liberdade do homem é capaz de amortecer o suposto poder incontrastável da Fortuna. Ou melhor dizendo, ao se indagar sobre a possibilidade de se fazer uma aliança com a Fortuna, esta não é mais uma força impiedosa, mas uma deusa boa, tal como era simbolizada pelos antigos". Dessa maneira, fortuna se conquista com luta, astúcia e conhecimento, elementos indispensáveis para o príncipe.

liano, diferentemente do entendimento conceitual do grego clássico, é determinante na gestão desse Estado. *Virtude* tem sentido de "boa luta", que se faz com as mãos, que se trava no cotidiano e não carece de forças divinas e sobrenaturais, mas, antes de tudo, carece de conhecimento, determinação, astúcia e força. O Estado é aquilo que pode ser, mas as pessoas são o que são e, por isso, delas nasce o Estado como atividade puramente humana.

Todavia, o Estado moderno não deriva diretamente de *O príncipe* tampouco das reflexões maquiavelianas. Trata-se de uma construção que tem sua origem no espaço grego. É paradoxal afirmá-lo, principalmente depois de reflexões contra o idealismo platônico-aristotélico. Não obstante, pretendemos explicitar que o Estado é uma construção gradual que desenvolve suas facetas ao longo da história – como apresenta Bobbio (2012), a **continuidade do Estado**.

Por óbvio, em determinados momentos da história, é quase impossível identificar uma estrutura que possa ser designada como *Estado*. Entretanto, a proposta neste livro é qualificar essa estrutura como construção, ou seja, uma instituição que passou por uma evolução histórica. Igualmente, pretendemos explicitar que cada período e pensador contribuíram, de certa maneira, para a compreensão teórica e conceitual desse arranjo, o qual é construído historicamente e definido, segundo Bobbio (2012), como continuidade do Estado.

De Maquiavel, herdamos a noção denominada *realista*, ou, conforme Châtelet (2000) e Bobbio (2012), *realismo maquiaveliano*. Eis que o pensamento político moderno é, quase sempre, perpassado por essa via, ou seja, muitos autores, com ênfase nos teóricos do Estado, utilizam a perspectiva do maquiavelismo como fonte para pensar o nascimento do Estado moderno e sua função política. Obviamente, esses pensadores fazem ponderações, críticas e apontamentos para uma melhor compreensão; entretanto, no que toca ao núcleo da teoria, quase todos partem, em graus diferenciados, desse itinerário maquiaveliano. Para esclarecermos isso, convém pensarmos na seguinte indagação: O pensamento de Maquiavel pressupõe uma teoria filosófica de Estado ou uma teoria da administração do Estado?

Essa não é a questão capital deste capítulo, pois nossa proposta neste momento é pensar um Estado em formação, melhoramento e evolução, e Maquiavel apresenta uma teoria de gestão para a cidade, não uma teoria acabada de Estado. Ainda que seja chamado de *Estado*, é preciso compreender que, como organização do espaço público, ele já havia sido constituído e, portanto, carecia de fundamentação para a arte do governo, ou melhor, formar o príncipe, o administrador do Estado. Sendo assim, *O príncipe* é justamente uma observação histórica de governos que foram bem e malsucedidos. Feita essa observação histórica, registramos que os textos maquiavelianos atinam para o aconselhamento do governante, mas também, em alguma medida, para o povo. Com isso, lançamos o seguinte questionamento: Se Maquiavel não fundou o Estado, quem pode ser responsabilizado por tamanha empreitada?

3.2
Considerações sobre o Estado: perspectivas contratualistas

O questionamento anterior não tem uma resposta fácil e requer a construção de um raciocínio metodológico e um debate ampliado sobre o conceito, a natureza e a função do Estado. Com isso, é fundamental visitarmos o pensamento de Thomas Hobbes, filósofo e matemático inglês coetâneo da Revolução Gloriosa, no século XVI, exatamente quando a Marinha Inglesa seguia na conquista dos mares. Esse período é visto na história como uma época de conflitos, período em que que a Inglaterra estava sob domínio dos Tudors e temia a invasão espanhola.

3.2.1 Thomas Hobbes – Leviatã: um contrato civil

Para Hobbes (1588-1679), pensador moderno, o Estado é uma espécie de contrato[5] político. Para esclarecer essa afirmação, é necessário nos aprofundarmos na teoria filosófica hobbesiana. Antes disso, convém informarmos que, na filosofia moderna ou na história moderna, polemiza-se a noção de natureza humana. Boa parte dos filósofos desse período acreditava que os problemas sociais e políticos eram oriundos da própria natureza humana. Para Hobbes, a natureza do homem é perversa e inclinada para o egoísmo, a disputa e a inveja[6]. Essa natureza, para o pensador inglês, é a causa da maldade humana, isto é, dela se origina toda fonte de mal (Hobbes, 1973). Essa afirmação pode ser compreendida com base no que se sabe sobre a vida do filósofo inglês. Para Ribeiro (1999), Hobbes é filho de seu tempo, marcado pelos problemas advindos de sua geração a ponto de, em sua autobiografia, dizer que sua mãe havia parido gêmeos – ele, Hobbes, e o medo. Por essa razão, a discussão proposta pelo estudioso é, conforme apontamos, de natureza e, por conseguinte, faz-se premente que exista um Estado artificial para corrigir a natureza do homem.

---

5 Hobbes faz parte do grupo denominado *filósofos contratualistas*, os quais propõem o contrato como organização da vida coletiva – uma espécie de garantia do direito moderno –, o direito contratual.

6 Hobbes (1973, p. 79) postula: "de modo que na natureza do homem encontramos três causas principais de discórdia. Primeiro, a competição; segundo, a desconfiança; terceiro, a glória. A primeira leva os homens a atacar os outros tendo em vista o lucro; a segunda, a segurança; a terceira, a reputação".

Podemos asseverar que a discussão hobbesiana de Estado é circunscrita a dois momentos: o Estado de natureza e o Estado civil. O primeiro representa a liberdade[7] em seu extremo, no qual tudo é possível, pois todos os homens estão numa condição de igualdade. Para Hobbes (1973, p. 78):

> a natureza fez os homens tais iguais, quanto às faculdades do corpo e do espírito que, embora por vezes se encontre um homem manifestamente mais forte de corpo, ou de espírito mais vivo do que outro, mesmo assim, quando se considera tudo isso em conjunto, a diferença entre um e outro homem não é suficientemente considerável para que qualquer um possa com base nela reclamar qualquer benefício a que outro não possa também aspirar, tal como ele.

Essa condição de natureza, ou ainda, de liberdade, é a causa de males sociais e políticos. A natureza, segundo Hobbes (1973), fez os homens iguais e todos são possuidores dos mesmos direitos, entre eles a liberdade, pressuposto da igualdade, de acordo com o qual todos são iguais e, com isso, ninguém pode reclamar que a natureza tenha sido desigual para com o indivíduo; pelo contrário, ela os fez e os tratou como iguais. Ainda de acordo com o pensador inglês, esse é o problema da vida em comunidade no estado de natureza: "por tanto se dois homens desejam a mesma coisa, ao mesmo tempo que é impossível ela ser gozada por ambos, eles tornam-se inimigos" (Hobbes, 1973, p. 78). Desse desejo resulta a disputa, o conflito e, sem dúvida alguma, a inviabilidade da vida humana.

---

7   No capítulo XIV do Livro II de *Leviatã*, Hobbes (1973, p. 82) descreve a liberdade da seguinte maneira: "por liberdade entende-se, conforme a significação própria da palavra, a ausência de impedimentos externos, impedimentos que muitas vezes tiram parte do poder que cada um tem de fazer o que quer, mas não podem obstar a que use o poder que lhe resta, conforme o que seu julgamento e razão lhe ditem". Essa é a definição de liberdade no Estado de natureza, o qual pode, por meio de um consenso contratual, restringi-la em nome da vida em coletividade.

Nesse Estado de natureza, conforme Hobbes (1973), tudo é possível, pois existe a liberdade irrestrita, e nada é injusto, pois não há justiça ou injustiça; na natureza, não há lei contratual e tudo é permitido, isto é, não há a construção do contrato e o seu reconhecimento como legítimo e aceito por todos os indivíduos. Por essa razão, as pessoas são livres e exercem a liberdade de acordo com seus próprios interesses e desejos. Tratando-se de homens, que, segundo Hobbes (1973), são seres de paixões, ambições e desejos, a vida social se torna imprevisível e, de alguma maneira, impossível caso o contrato não seja estabelecido. Assim, a solução para esse estado de insegurança e de barbárie é o estado contratual – o Estado civil moderno.

O Estado de natureza é o pano de fundo para a teorização do Estado contratual – apesar de a natureza humana ser o principal tema dos filósofos modernos, isto é, de ela ser intrínseca ao homem, parte constitutiva da vida social desse ser de natureza. Nesse contexto, compreendemos que o homem será sempre o mesmo e que, por isso, necessita de vigilância, punição e correção para a garantia da vida coletiva.

A visão hobbesiana dialoga com a perspectiva política de Maquiavel, pois, para esses pensadores, a teorização política de Aristóteles, com ênfase na concepção de homem como **animal político**, é uma abstração[8] teórica que não se sustenta no mundo político. Em razão disso, segundo Hobbes, é preciso que o Estado de natureza seja suplantado

---

8 Ainda segundo Hobbes (1973, p. 78): "por outro lado, os homens não tiram prazer algum da companhia uns dos outros (e sim, pelo contrário, um enorme desprazer), quando não existe um poder capaz de manter a todos em respeito". Não existe, segundo esse pensador, o animal político definido por Aristóteles, isto é, os homens não querem viver ao lado de outro homem – eles fazem isso em nome da sociabilidade artificial, pois essa é a forma racional de orquestrar o controle das paixões e de manter o asseguramento das relações sociais e políticas por meio do medo e da punição.

pelo Estado contratual civil, ou seja, que os homens abram mão de sua liberdade incondicional em nome da organização civil, ou, numa melhor definição, no asseguramento da vida e da propriedade privada. Nesse termo, sentencia Hobbes (1973, p. 81): "as paixões que fazem os homens tender para a paz são o medo da morte, o desejo daquelas coisas que são necessárias para uma vida confortável, e a esperança de consegui-las através do trabalho. E a razão sugere adequadas normas de paz, em torno das quais os homens podem chegar ao acordo".

De acordo com Hobbes (1973), os homens não são seres políticos por natureza, como apregoava Aristóteles. Entretanto, existe a lei de natureza, isto é, no Estado de natureza a vida é condição última, e tal condição é o imperativo que impulsiona o homem a buscar racionalmente mecanismos de sobrevivência nessa relação de guerra constante que é o Estado de natureza. Por essa razão, de acordo com a assertiva hobbesiana, a lei natural, o direito à vida, impele os homens a formalizar um contrato político, mesmo que esse contrato suprima a liberdade incondicional, pois, conforme Hobbes, a razão, também natural, leva o homem a negociar sua liberdade pela condição de paz. Logo, para a garantia da vida e da propriedade privada, o homem constrói, amparado pelo princípio da racionalidade, o pacto, isto é, um contrato que se desdobra no chamado *Estado artificial*. Aqui, não tomamos a palavra *artificial* como algo pejorativo, tendo em vista que, no entendimento hobbesiano, a artificialidade do Estado é o recurso racional para coibir a belicosidade da natureza humana.

Em que pese a concepção de *pacto*, Hobbes (1973, p. 84) adverte: "quando alguém transfere seu direito, ou a ele renuncia, fá-lo em consideração a outro direito que reciprocamente lhe foi transferido, ou a qualquer outro bem que daí espera". Este é o caráter racional do pacto político: a renúncia de um direito em nome de outro. O direito à vida suplanta o direito à liberdade. Por isso, os homens, mesmo amando a liberdade, renunciam a ela em nome da vida e estabelecem como verdadeiro um pacto político de asseguramento da vida coletiva. Isso não é uma condição de natureza, como desejou Aristóteles, mas, segundo Hobbes, de necessidade, pois, do contrário, a vida em comunidade seria impossível.

Poderíamos construir um bom debate filosófico nesse ponto; entretanto, esse não é nosso objetivo neste momento. Ainda assim, cabem algumas considerações para que você possa compreender melhor o conceito de Estado contratual em Hobbes. De acordo com esse pensador, a vida é o direito primeiro de natureza e, consequentemente, e em nome disso, todos os desejos devem ser negligenciados, e o são. Assim, impulsionado pelo desejo de viver, o homem restringe sua liberdade e cede espaço para a vida em sociedade. A liberdade é assim redefinida conceitualmente e deixa de ser tomada em toda a sua extensão para ser pensada com base no outro, isto é, segundo Hobbes (1973, p. 83):

> que um homem concorde, quando outros também o façam, e na medida em que tal considere necessário para a paz e para a defesa de si mesmo, em renunciar a seu direito a todas as coisas, contentando-se, em relação aos outros homens, com a mesma liberdade que aos outros homens permite em relação a si mesmo. Porque enquanto cada homem detiver seu direito de fazer tudo quanto queira todos os homens se encontrarão numa condição de guerra.

Para Hobbes (1973), a liberdade incondicional deve ser reduzida no sentido das paixões. Dessa maneira, controlando as ações que advêm das paixões e de seus impulsos, bem como a ação dos desejos de modo contínuo, o Estado de guerra é suplantado pelo estado contratual, e a vida coletiva é organizada pelo denominado *Estado artificial*. Do contrário, a vida sucumbiria nos escombros das paixões humanas, representadas, entre outros modos, pelo desejo egoísta de glória[9]. Assim sendo, a liberdade passa a ser definida, nesse novo Estado, como liberdade *vigiada* – um termo incomum para a definição filosófica de liberdade, mas que tem raízes no asseguramento da vida em sociedade, pois, de acordo com essa assertiva, é a renúncia ao direito a todas as coisas, ou seja, ao direito de desejar e conquistar algo que lhe é estimado. Esse direito é cerceado, conforme explicita o contrato, pela via do que é legal ou ilegal[10]. Dito de outro modo, a liberdade é, no uso extremo do termo, assegurada apenas no desejo, pois este não tem controle, mas a externalização do desejo e sua execução são filtrados sob pena de punição, o que resulta em controle da liberdade – liberdade vigiada.

O Estado civil contratual é a aposta hobbesiana de reestruturação da sociedade moderna. Essa é uma teoria na qual se estabelece, por meio de um conjunto de metáforas, a construção de um novo Estado – o Estado moderno contratual. Para que o contrato tenha validade, é preciso estabelecer leis e punições correspondentes para seu interior. Tais punições devem ser capazes de amedrontar e coibir a natureza perversa do homem, uma vez que, de acordo com Hobbes (1973, p. 107): "os pactos sem a espada não passam de palavras, sem força para dar qualquer segurança

---

9   *Glória* no sentido de "disputa, honra e reconhecimento". Para Hobbes (1973, p. 107), "em todos os lugares onde os homens viviam em pequenas famílias, roubar-se e espoliar-se uns aos outros sempre foi uma ocupação legítima, e tão longe de ser considerada contrária à lei de natureza que quanto maior era a espoliação conseguida maior era a honra adquirida".

10 Essa reflexão pode ser entendida com base na Constituição Federal Brasileira, art. 5º, inciso XXXIX: "não há crime sem lei anterior que o defina, nem pena sem prévia cominação legal" (Brasil, 1988). O contrato define o que é justo e o que é injusto, mas isso mediante a ação do indivíduo, e não simplesmente no desejo, pois o crime, definição para o ato infracional, será sempre uma ação humana.

a ninguém". Em verdade, a proposta hobbesiana é a figuração de um Estado forte, preventivo e punitivo.

O Estado contratual é uma "aposta" teórica, visto que a validade do contrato, depois de sua aceitação e seu reconhecimento, ocorre quando o Estado passa a deter o monopólio legal da força para vigiar, punir e corrigir o transgressor da ordem do Estado. Dessa maneira, o contrato não pode se reduzir a palavras, mas deve, de acordo com o pensador inglês, se constituir numa relação dinâmica entre palavra e espada, isto é, somente por meio do medo da espada é que as palavras ganham força, reconhecimento e legitimidade. Se assim não fosse, o contrato não passaria de palavras soltas e de mais um ato ideal de sociedade que não se efetiva na vida prática.

O Estado absolutista é, no entendimento da política moderna, um Estado que concentra o poder nas mãos de um soberano, que dispõe irrestritamente do poder, da força e da violência. Tais poderes advêm de uma força maior que reconhece esse soberano como autoridade e o legitima como verdadeiro – Deus. Vê-se, em boa parte dos teóricos do pensamento político, a classificação da filosofia hobbesiana como absolutista, o que não pode ser negado de todo. No entanto, é possível ampliarmos essa questão na medida em que pensamos na distinção entre Estado e governo: de acordo com a perspectiva do estudioso inglês, por meio do contrato, abre-se espaço para uma ruptura com o Estado absoluto em contraposição ao nascimento do Estado liberal.

Essa questão apresentada é complexa, pois Hobbes contribui de certa maneira para a construção da gênese de um Estado liberal. No entanto, o texto hobbesiano reivindica um contrato em que, entre outros elementos, a vida figura como direito natural, como um bem que precisa ser preservado e protegido. Portanto, não cabe ao *Leviatã*, deus mortal, atentar contra esse direito. O Leviatã é o soberano, o responsável pela ordenação do contrato; segundo Hobbes, ele pode ser uma pessoa ou um grupo de pessoas. Independentemente disso, é preciso que esse deus mortal, representação metafórica do poder absoluto, tenha força suficiente para fazer valer o contrato, no sentido de proteger a vida e a propriedade privada. Por essa via, de acordo com Hobbes, a preservação da vida é dever do Estado e direito do cidadão. Nascem, assim, as bases do direito civil, ou seja, do Estado liberal, que tem como alicerce o direito à vida e à propriedade.

Por outro lado, uma leitura descuidada pode suscitar as seguintes questões: e a liberdade irrestrita? Em Hobbes, a liberdade deixa de existir? A resposta pode parecer complexa, mas não é; pelo contrário, é simples e bastante óbvia. Há uma liberdade para o indivíduo, entretanto, vigiada, ou seja, regrada na acepção do contrato. Essa restrição direciona-se a todos que estão submetidos ao pacto – todos são iguais diante do contrato e dispõem de mesmos direitos e liberdades, o que significa afirmar que a liberdade passa a se configurar, segundo Hobbes (1973), como um conceito artificial, de acordo com o qual todos são livres diante do contrato político que passa a estabelecer o que é legal e ilegal, o que deve e o que não deve ser praticado no espaço público.

Dessa ideia de Estado de liberdade vigiada, de asseguramento da vida e da propriedade privada surgiram fundamentos que fizeram nascer o Estado liberal. Mesmo que o governo, no Estado hobbesiano, seja absolutista, a noção de Estado liberal é uma certeza teórica. Por isso, com Hobbes, o Estado moderno é teorizado e configurado do ponto de vista de sua natureza e sua função. Em geral, Hobbes não é identificado como um autor que teorizou as bases do que seria o Estado liberal, mas é perfeitamente possível pensar e compreender os fundamentos desse Estado hobbesiano como propenso ao Estado liberal, o que também escapa de nosso escopo. Buscamos apenas compreender o Estado contemplando sua origem, natureza e função, sobretudo no período moderno, com base na filosofia política hobbesiana.

3.2.2 Configurações políticas: uma relação pontuada entre Maquiavel e Hobbes

A explanação teórica que empreendemos nas seções precedentes aponta para a existência de uma compreensão política da vida pública com base em um realismo que, em algum momento, é denominado *pessimismo*. Isso porque autores como Maquiavel e Hobbes estão inscritos em um mundo que, segundo eles, existe, é real, mas que é acima de tudo problemático do ponto de vista social. Por isso, o expediente teórico de tais pensadores parte de uma contestação direta da filosofia aristotélica, isto é, eles desconstroem o itinerário político do filósofo Aristóteles, principalmente da concepção de homem como animal político.

O que estamos enfatizando aqui é como se constitui o Estado moderno e quais são, do ponto de vista de uma filosofia política, os elementos para a ordenação da vida pública. A modernidade promoveu uma drástica oposição ao pensamento religioso, muito presente no medievo. Dentro do universo político, tem-se, em Maquiavel, a construção de uma filosofia que é de ruptura, bem como de alternativa para a construção da vida pública. O filósofo florentino representa, nesse contexto moderno, a fratura entre dois mundos (o mundo que existe e o mundo que deve existir).

Todavia, o citado pensador não integra o grupo dos contratualistas. Maquiavel é o expoente de uma gênese da nova ciência política, propondo uma compreensão de política inovadora para seu tempo, uma vez que faz uma drástica oposição ao pensamento aristotélico, bem como ao pensamento medieval com relação à política. Salientamos que Hobbes traça um caminho semelhante, mas acrescenta a construção de um contrato, isto é, parte de uma crítica direta à filosofia aristotélica, não leva em consideração o pensamento teológico e trata da política atrelando-a a uma necessidade de organização, mas nunca de uma organização de natureza; pelo contrário, de uma organização civil, ou seja, a construção de um contrato.

Nesse sentido, esses dois autores convergem no que diz respeito à crítica que fazem ao pensamento aristotélico e ao distanciamento que mantêm do pensamento teológico. No entanto, Hobbes e Maquiavel divergem quanto à formalização de um contrato. Não existe em Maquiavel uma teoria do contrato, mas sim de um soberano, um *condottiero*, alguém capaz de assumir o poder e permanecer nele, com vistas a um governo de reestruturação e de soberania da vida pública. Essa é a diferença capital entre os dois autores.

3.3
Da perspectiva liberal ao contrato democrático

Acerca do surgimento, do desenvolvimento e da efetivação do Estado, no pensamento hobbesiano, nota-se a certeza da natureza política do Estado. É com base nessa premissa que o Estado contratual moderno se erige, ou seja, ele é pensado como instrumento de ordenação da vida coletiva, como elemento de vigilância, controle, punição, correção e, acima de tudo, como agente de asseguramento do direito civil, mais precisamente da vida e da propriedade privada. Todavia, não é com Hobbes que o Estado se torna o agente de direitos, mas é com base nele que é possível pensar a continuidade do Estado, o qual se desdobrará em espaço de direitos e deveres.

A história não pode se configurar como uma sucessão ordenada de fatos. Tendo isso em mente e considerando as palavras de Max Weber (1968), podemos assumir que a história é fruto da observação e da ordenação conforme as lentes do observador. Em outras palavras, é uma sucessão descontínua de fatos, cabendo ao pesquisador lhes dar sentido. Logo, a questão aqui apresentada tem caráter sociofilosófico, isto é, tomando como referencial o direito civil, buscamos a compreensão do direito político dentro de um expediente histórico e teórico.

Seguindo essa via de raciocínio, acrescentamos nesta abordagem do debate acerca da concepção filosófica de Estado outro pensador moderno, Jean-Jacques Rousseau (1712-1778). Suíço, precursor do pensamento iluminista e, em algum grau, do romantismo filosófico, Rousseau se dedicou à filosofia, à educação e à política. Quando mencionamos sua dedicação à educação, referimo-nos à sua construção teórica; isso porque ele dedicou boa parte de seus estudos para a elaboração da obra *Emílio, ou da educação*, publicada em 1762. Essa obra narra a formação, desde o nascimento até o casamento, de Emílio, um órfão nobre. Assim, Rousseau desenvolve o que considera elementar para uma boa educação: fugir da tradição e potencializar a natureza, o instinto natural, para garantir uma boa formação do sujeito para a vida social e política.

As obras de Rousseau provocaram fissuras em diversos segmentos da sociedade, especialmente nas áreas de educação, artes, religião, linguagem e política.

Para Rousseau, o homem é um ser virtuoso, isto é, nasce bom, mas que é corrompido pela sociedade com seus vícios e costumes. De acordo com o filósofo, a virtude é uma condição de natureza e é indistinta, ou seja, todo homem é possuidor da condição de ser virtuoso. Embora ele não se refira exatamente àquela virtude defendida por Protágoras, conforme expusemos no Capítulo 1, há pontos de contato entre os conceitos.

A natureza, segundo Rousseau, diferentemente do que é para Hobbes, possibilita a vida feliz. Alertamos que o pensamento rousseauniano é contrário ao pensamento de Hobbes. Isso pode ser comprovado com base na seguinte assertiva de Rousseau (1978a, p. 247):

com tão pouca fonte de males, o homem, no estado de natureza, não sente necessidade de remédios e, menos ainda, de médicos; a espécie humana não está, pois, a esse respeito, em condições piores do que todas as outras e é fácil perguntar aos caçadores se, nas suas caminhadas, encontraram muitos animais enfermos.

Fica evidente, na passagem citada, que Rousseau (1978a) enaltece o Estado de natureza e reconhece nele uma condição de proteção, cuidado e simplicidade. Se, para Hobbes, a condição de natureza provocava a incerteza da vida, em Rousseau a discussão é diferente, pois a vida, no sentido pleno, ocorreria justamente no Estado de natureza. Essa asserção é provocativa, pois compara o Estado de natureza com o Estado de civilização e deixa, entre outras, a seguinte dúvida: Em qual dos lugares é possível a felicidade, entendendo-se *felicidade* na acepção não subjetivada do termo, mas que é, antes de tudo, lugar de não sofrimento[11]? Na continuação da assertiva, adverte Rousseau (1978a, p. 247):

> muitos encontraram animais que apresentavam ferimentos enormes muito bem cicatrizados, que tiveram ossos e até membros quebrados e reconstituídos sem outro cirurgião além do tempo, sem outro regime além da sua vida comum e que não deixaram de curar-se perfeitamente por não serem atormentados por incisões, envenenamentos por drogas e extenuados por jejuns.

A afirmação supracitada é, sem dúvida, uma provocação à sociedade de seu tempo no que se refere à crença em demasia na ciência e no ideal de progresso. Por isso, Rousseau (1978a) esboça um Estado de natureza que contraria o Estado de civilização e faz a comparação entre

---

11 De acordo com Rousseau (1978a, p. 257): "à nossa volta, vemos quase somente pessoas que se lamentam de sua existência, inúmeras até que dela se privam assim que podem, e o conjunto de leis divinas e humanas mal basta para deter essa desordem. Pergunto se algum dia se ouviu dizer que um selvagem em liberdade pensou em lamentar-se da vida e em querer morrer".

o civilizado e o não civilizado. Em outros termos, esse autor coloca em xeque a teoria hobbesiana de belicosidade, com ênfase ao Estado de natureza, e chama a atenção para o que se pode denominar *vida virtuosa*, ou seja, nas palavras de Rousseau (1978a), a vida no Estado natural. É flagrante que a descrição do referido estado é carregada de metáfora. Entretanto, serve de denúncia contra a preocupação exacerbada com a ciência na sociedade moderna e põe sob suspeita o valor do que se denomina *civilizado*.

Não obstante, de maneira semelhante ao que acontece em Hobbes, o Estado de natureza é justamente tomado em sentido metafórico para discutir um contrato social – seguridade da vida coletiva. Todavia, no pensamento rousseauniano, a vida no Estado de natureza não carece de contrato – a natureza se encarrega disso – nem de ciência – a natureza também é capaz de prover o homem natural.

Tal concepção de Estado (o de natureza) foi destruída em razão da propriedade privada. A natureza era uma espécie de mãe protetora, que zelava pelos homens e os mantinha a salvo como parte constitutiva de um grande organismo – um tecido natural[12]. Essa argumentação conduz ao entendimento de que a natureza zelava pela espécie humana,

---

12 O Estado de natureza era justamente a condição em que se encontravam os homens, uma condição que favorecia a perpetuação da vida. Diferentemente da compreensão de Hobbes, para Rousseau, nesse Estado, e somente nele, se pode pensar e planejar o desenvolvimento da vida em comunidade. Isso porque, "como não tinham em si nenhuma espécie de comércio, como consequentemente não conheciam nem a vaidade, nem a consideração, a estima ou o desprezo; como não possuíam a menor noção do teu e do meu, nem qualquer ideia verdadeira de justiça; como consideravam as violências, que podiam tolerar, como um mal fácil de ser reparado e não como uma injúria que deve ser punida; e como não pensavam na vingança se não maquinalmente e no momento, à maneira do cão que morde a pedra que lhe atiram – suas disputas raramente teriam consequências sangrentas, se não conhecem assunto mais excitante do que o alimento" (Rousseau, 1978a, p. 261).

ou seja, esta não carecia de nada, nem mesmo de ciência, pois a mãe natureza se encarregava de proteger os seres. No entanto, em determinado momento, segundo Rousseau (1978a), um homem cercou um pedaço de terra e decidiu exclamar: "Isto é meu!". E, em seu entorno, não houve quem dissesse: "Louco! Isso é nosso!". Daí, de acordo com o pensador suíço, nasceu a propriedade privada. Essa ação poderia ter sido diferente conforme aponta:

> quantos crimes, guerras, assassínios, misérias e horrores não pouparia ao gênero humano aquele que, arrancando as estacas ou enchendo o fosso, tivesse gritado aos seus semelhantes: Defendei-vos de ouvir esse impostor; estareis perdidos se esquecerdes que os frutos são de todos e que a terra não pertence a ninguém! (Rousseau, 1978a, p. 265)

Em consonância com esse excerto, quando a terra foi cercada pela primeira vez, nasceu a propriedade privada. Desse nascimento surgiram também o crime, a guerra e a barbárie. Nesse sentido, de posse da propriedade privada, do uso da racionalidade e da construção da sociedade civil, a natureza abandonou o homem e o retirou da condição natural. Dessa maneira, jogado à sorte da civilização, fazia-se premente para o homem, nesse estado de civilidade, constituir um contrato social para que se pudesse garantir a sobrevivência da espécie humana. Esse contrato, diferentemente do contrato hobbesiano, pressupunha não a exclusão da condição de natureza, mas sua escuta, isto é, a concepção de contrato social que se equiparasse ao Estado natural do homem. Por isso, Rousseau (1978a, p. 55) pontua: "assim como a natureza dá a cada homem poder absoluto sobre todos os seus membros, o pacto social dá ao corpo político um poder absoluto sobre todos os seus, e é esse mesmo poder que, dirigido pela vontade geral, ganha, como já disse, o nome de soberania".

O contrato social rousseauniano deve assegurar uma nova sociedade, ou melhor, garantir ao tecido social a paz, a prosperidade e a vida social e política. Essa nova sociedade postulada por Rousseau deve ser possuidora de soberania, a qual deve se configurar segundo a vontade geral, isto é, pela vontade do povo que se assemelha à vontade do governante, uma vez que esse indivíduo é parte do povo e tem os mesmos anseios que ele.

Nessa esteira, o pacto social é a reconstrução da vida coletiva que se efetiva no Estado civil por meio do corpo político. Nesse sentido, uma vez deixando o Estado de natureza, legitimando a propriedade privada, construindo a civilidade, passou a ser premente, conforme Rousseau (1978b), uma nova etapa na história da humanidade para a reorganização da vida social e política. Em outros termos, o pacto social é a base para a constituição de um corpo político. Assim, assegura Rousseau (1978b, p. 42):

> a passagem do estado de natureza para o estado civil determina no homem uma mudança muito notável, substituindo na sua conduta o instinto pela justiça e dando às suas ações a moralidade que antes lhes faltava. É só então que, tomando a voz do dever o lugar do impulso físico, e o direito o lugar do apetite, o homem, até aí levando em consideração apenas sua pessoa, vê-se forçado a agir baseando-se em outros princípios e a consultar a razão antes de ouvir suas inclinações.

Rousseau está aí advertindo para a constituição de um fenômeno político, isto é, para a organização da vida social por meio da razão e da justiça no sentido de ordenar o Estado civil, o qual é, de certa maneira, a ordenança para a vida pública e a responsável pela substituição do instinto pela justiça. Em outras palavras, o pacto social concebe princípios capazes de assegurar a justiça e delibera sobre a nova moralidade pública, bem como a respeito da moralidade para as relações nessa nova sociedade desprendida do Estado de natureza.

Segundo Rousseau (1978b, p. 33), o conceito de Estado civil é racional e, por isso, não há razão para se construir um pacto e com isso perder automaticamente a liberdade, pois "renunciar à liberdade é renunciar à qualidade de homem". Eis aí uma crítica ao pacto que Hobbes define na obra *Leviatã*. Rousseau não pretende construir uma teoria contratual pautada na força, no medo e na restrição da liberdade; pelo contrário, o pacto social rousseauniano é, especificamente, o exercício da liberdade, do qual todos devem participar, exercendo a soberania com base naquilo que o filósofo chama de *corpo político*. Todas as vezes em que o corpo não funcionar, é direito do povo, participante do contrato social, estabelecer um novo contrato. Nessa linha de entendimento, é imprescindível a participação do povo na construção da sociedade civil, ou seja, no contrato social e na definição da vida pública para, posteriormente, haver o asseguramento da cidadania por meio do exercício democrático.

O expediente teórico de Rousseau possibilita a construção conceitual do denominado *Estado democrático*, pois suas declarações sobre o direito político são muito incisivas. A questão da democracia é manifesta no texto do referido autor e abre espaço para se pensar a cidadania, o povo e tantos outros conceitos capitais dentro do universo democrático. Certamente, há, sobretudo para alguns teóricos da área, enfaticamente Bobbio (2001), exagero por parte de Rousseau quando ele trata da participação popular no procedimento da democracia participativa, mas é inegável que o Estado democrático tem suas bases na filosofia política de Rousseau.

Considerando os dois contratualistas, em Hobbes está formulada a noção de direito civil. Em Rousseau, além do direito civil, constrói-se a noção de direito político e de direito social, isto é, a garantia ao sujeito do direito de cidadania. Embora não tenhamos a intenção de formular uma cronologia histórica, ou uma genealogia do conceito de Estado, notamos, no debate ora exposto, configurações de um conceito que se constrói e se reforça na medida em que, com base em um itinerário teórico, entrelaça a noção de Estado com o que se denomina *sociedade*. Essa relação entre ambos é a chave para, na sociedade contemporânea, se definir o Estado como organização da vida pública e promotor de políticas para a cidadania.

Para Rousseau (1978b), ao Estado cumpre tutelar os indivíduos, pois a natureza os abandonou e os entregou à civilização, e o pacto social, corpo político, deve criar mecanismos de proteção a esse indivíduo, que se encontra prisioneiro da sociedade moderna. De todo modo, a teorização política de Rousseau contribui para a confecção de um novo Estado, ou seja, o Estado Democrático de Direito; contudo, esse autor não é o único nem o mais significativo teórico que tratou da orquestração dessa modalidade política de organização da vida coletiva e pública no atendimento aos direitos do cidadão.

3.3.1 Considerações sobre o contrato social em Rousseau

Na obra *O contrato social*, diferentemente de *Leviatã*, Rousseau versa sobre um contrato aberto, democrático, um contrato social entre os indivíduos e o Estado que pode e deve ser modificado sempre que não atender às necessidades do povo. Já tratamos da concepção de homem segundo Rousseau, isto é, uma espécie de animal político. Aqui temos de assinalar: Maquiavel e Hobbes se distanciam da filosofia política de Aristóteles. Já em Rousseau, há certa aproximação, pois, segundo o pensador suíço, o homem é naturalmente bom, e é a sociedade que o corrompe.

Por essa razão, o contrato social deve reorganizar a vida, o que não significa que o homem deva voltar ao seu Estado de natureza; pelo contrário, ele deve, por meio de sua natureza, organizar o contrato, isto é, o Estado democrático. Rousseau reconhece que, na sociedade corrompida, o homem é portador de desejos egoístas e que, por meio da propriedade privada, busca seus interesses particulares e, por isso, propõe nesse contrato o que denomina *vontade geral*, isto é, a soma das vontades particulares como se fossem uma única vontade. Aqui é possível determinar o alcance do que é público, ou seja, a vontade geral é o asseguramento da vida pública, daquilo que deve, do ponto de vista da realização humana, contemplar todos os associados.

No entanto, essa vontade geral não é constituída facilmente. Na realidade, ela nasce do conflito de interesses, isto é, dessa luta constante entre os desejos particulares que advêm da propriedade privada. Nesse aspecto reside o procedimento democrático, pois é da disputa, do conflito, que chegamos à compreensão da vontade geral, daquilo que contempla todos os interesses indistintamente. Essa vontade geral é o que norteia o contrato social.

Síntese

Neste capítulo, para abordar o período moderno, concentramos nossa explanação em três grandes autores: Maquiavel, Hobbes e Rousseau. Eles representam a perspectiva teórica do que aqui chamamos de *política moderna* e *contratualismo filosófico*. Com base nesses pensadores, esclarecemos em que consiste o o contratualismo.

Em Maquiavel, verificamos a ruptura com a tradição aristotélica e a formalização de uma nova política, ou seja, de uma filosofia política que usa a metodologia da observação histórica para compreender a realidade. Apresentamos a teoria de gestão de Estado elaborada pelo filósofo florentino, isto é, seu aconselhamento sobre a administração do Estado com vistas à manutenção da ordem e da vida pública. Ainda que controverso, esse pensador é incontornável; aliás, ele deve ser revisto e, de acordo com Gramsci (2000), compreendido, pois dele advêm categorias importantes para a ciência política moderna.

A respeito de Hobbes, apresentamos a formação de um Estado contratual, ou seja, o Estado moderno. Explicamos que o contratualismo remete à organização da vida estabelecida em um acordo. Demonstramos que esse autor inglês é, como Maquiavel, um pessimista, contrapondo-se à filosofia aristotélica. Segundo ele, o homem não é um animal político, mas um ser egoísta que não tira prazer algum da companhia de outro homem, se não por interesse próprio.

Na primeira parte deste capítulo, buscamos a ponderação de uma filosofia política de ruptura com a tradição aristotélica e a construção de uma política que se denomina *realista*. Na segunda parte, apresentamos Rousseau, que diverge da visão maquiaveliana e da hobbesiana, apresentando uma nova compreensão de política: a construção de um contrato, mas um contrato social que, entre outras características, é dinâmico e mutável.

Debate

Do ponto de vista da política, existem entendimentos sobre a ação humana que estão longe da noção de "natureza política", temática desenvolvida no decorrer deste capítulo. Na sociedade contemporânea, a ênfase recai sobre a ideia de condição humana; não é a natureza que induz ao erro ou ao acerto, mas a condição do sujeito, vale dizer, a vida social. Por essa razão, faz-se necessário considerar a dimensão ética das relações políticas. Nesse sentido, convém lembrar a obra da filósofa Hannah Arendt *A condição humana*. Segundo a autora, *condição* difere de *natureza*, pois diz respeito às formas de vida que são impostas ao homem por ele mesmo e pela sociedade. Por isso, as condições variam no tempo e no espaço, condicionando o homem à sua circunstância.

Outro importante elemento político diz respeito à constituição da cidadania. O pensador inglês Thomas H. Marshall, na obra *Cidadania, classe social e status*, explora esse conceito, abordando-o pelo viés ideológico na sociedade capitalista. Um caminho importante para a definição da cidadania são os direitos civis, políticos e sociais. Sem essa estrutura, é impossível pensar cidadania, já que, historicamente, ela resulta de princípios básicos, a saber, liberdade, democracia e justiça social.

Passível de críticas, o autor toma a Europa como referência e explica que, antes da modernidade, a classificação exata dos direitos era improvável, já que tudo parecia misturado. Já na sociedade moderna, de acordo com Marshall, ocorre uma espécie de evolução, isto é, primeiro tem-se o direito civil, posteriormente, o político e, por último, o social, que resulta, no conjunto, no que se denomina *cidadania*. Hobbes, à luz do contrato, cunha a noção de propriedade privada e, de algum modo, de liberdade contratual: o direito de ir e de vir. Não necessariamente a consumação do direito civil, mas sua gênese. Com Rousseau, estabelece-se o direito político: de votar e de ser votado, e, como gênese do direito social, a proteção dos indivíduos por meio do Estado, já que os homens foram relegados pela natureza.

O que ressaltamos aqui, considerando o universo político, é que o homem não pode ser classificado como de natureza boa ou ruim; é preciso contemplar suas circunstâncias históricas e sociais, sua condição humana, e, para além de uma linha histórica dos direitos, por meio de uma dimensão ética, pensar os direitos humanos, as liberdades individuais, as diferenças.

É como se alguém fizesse a você, leitor(a), a seguinte pergunta: O criminoso comete o ato porque sua natureza é ruim ou porque uma rede de imbricações históricas e sociais desenhou dada condição humana?

Não existe resposta fácil no universo da política, é certo. O que se pode afirmar é que a ideia de natureza humana está inscrita na modernidade. A sociedade contemporânea, classificada como pós-moderna, oferece outros caminhos para ajuizar sobre o problema do "mal", como faz a filósofa política Hannah Arendt.

Atividades de autoavaliação

1. Com relação ao pensamento de Maquiavel, no que toca à filosofia política, assinale a alternativa correta:
    I) Na obra *O príncipe*, o autor faz uma crítica ao pensamento político aristotélico e defende veementemente o pensamento platônico.
    II) Maquiavel não é crítico da filosofia política aristotélica, mas da concepção de homem que Aristóteles formula.
    III) Em Maquiavel, existe uma teoria de política denominada *contrato entre o povo e o príncipe*.
    IV) A obra *O príncipe* retoma, entre outras reflexões, a discussão política de virtude com base em Platão, ou seja, a virtude como boa luta, que independe dos deuses e que é conquistada mediante esforço e contemplação.

Sobre essas proposições, é correto afirmar que:

a) apenas I e IV são verdadeiras.
b) apenas II e III são falsas.
c) apenas II é falsa.
d) todas são verdadeiras.
e) todas são falsas.

2. No que diz respeito ao pensamento de Maquiavel, assinale V (verdadeiro) ou F (falso):

( ) Em *O príncipe*, Maquiavel defende a democracia participativa.

( ) Em *O príncipe*, o autor defende a democracia representativa e condena a democracia participativa.

( ) Na obra *O príncipe*, Maquiavel qualifica a política como instrumento de organização da vida coletiva.

( ) Maquiavel não é um teórico contratualista, ou seja, não adere ao contratualismo filosófico moderno.

Agora, assinale a alternativa que apresenta a sequência correta de preenchimento dos parênteses, de cima para baixo:

a) V, F, F, V.
b) F, F, F, F.
c) F, V, F, V.
d) F, F, V, V.
e) V, V, F, F.

3. Sobre a filosofia política de Thomas Hobbes, assinale a alternativa correta:

a) O *Leviatã* trata de duas concepções de Estado: natural e civil, sendo a primeira a mais importante para o asseguramento da vida pública.

b) O *Leviatã* apresenta duas concepções de Estado: natural e civil, sendo a segunda a mais importante para o asseguramento da vida pública.
c) Para Hobbes, diferentemente do que defendia Maquiavel, o homem não é um animal político.
d) Para Hobbes, similarmente ao que defendia Maquiavel, o homem é um animal político.
e) Nenhuma das alternativas anteriores está correta.

4. Do ponto de vista da filosofia política, especialmente com relação à filosofia contratualista, assinale a alternativa correta:
a) Hobbes e Maquiavel são autores contratualistas.
b) A filosofia hobbesiana é, entre outros aspectos, idealista.
c) Hobbes, com base na leitura de Rousseau, formula seu contrato, denominado de *Leviatã*.
d) Hobbes, em *Leviatã*, formula sua teoria contratual e, entre outras reflexões, defende, no Estado civil, o uso da força e da violência como formas legais de assegurar a paz social.
e) Nenhuma das alternativas anteriores está correta.

5. Acerca da filosofia política dos contratualistas, Hobbes e Rousseau, assinale as afirmativas a seguir como verdadeiras (V) ou falsas (F):
( ) Rousseau propõe, em consonância com Hobbes, o contrato social.
( ) Rousseau é considerado, assim como Hobbes, um filósofo contratualista.
( ) Rousseau, na obra *O contrato social*, defende que é possível, por meio do contrato, restabelecer a harmonia social e assegurar a paz entre os homens.

( ) A vontade geral é, segundo Rousseau, a forma de asseguramento do contrato social e sua efetivação no que se refere à vida coletiva.

( ) Não existe, segundo Rousseau, formas de asseguramento da vida pública fora do controle da mãe natureza.

Agora, assinale a alternativa que apresenta a sequência correta de preenchimento dos parênteses, de cima para baixo:

a) V, F, F, V, F.
b) F, V, V, V, F.
c) V, F, V, F, V.
d) F, F, V, V, F.
e) V, V, F, F, F.

Atividades de aprendizagem

Questões para reflexão

1. Defina *virtude*, de acordo com o expediente do pensador Maquiavel.

2. Compare os contratos hobbesiano e rousseauniano.

3. Produza um texto dissertativo sobre cidadania abordando dois conceitos: natureza humana e condição humana. Para isso, contemple o pensamento de Hobbes e Rousseau no que concerne à natureza. No quesito *condição humana*, comente se o ato infracional, criminoso, tem relação com a natureza ou as condições históricas e sociais dos indivíduos. Ainda, na construção do texto, considere elementos da dimensão ética, a saber, os direitos humanos e sua efetivação integral na vida dos indivíduos que cometeram e cometem o ato infracional e criminoso.

Atividade aplicada: prática

1. Assista ao filme *Mercador de Veneza*, dirigido por Michael Radford, e analise como o Estado moderno é apresentado nessa produção baseada na obra de Shakespeare. Em seguida, compare o Estado apresentado no filme e o Estado definido por Maquiavel.

   O MERCADOR de Veneza. Direção: Michael Radfort. EUA: Sony Pictures Classics, 2004. 138 min.

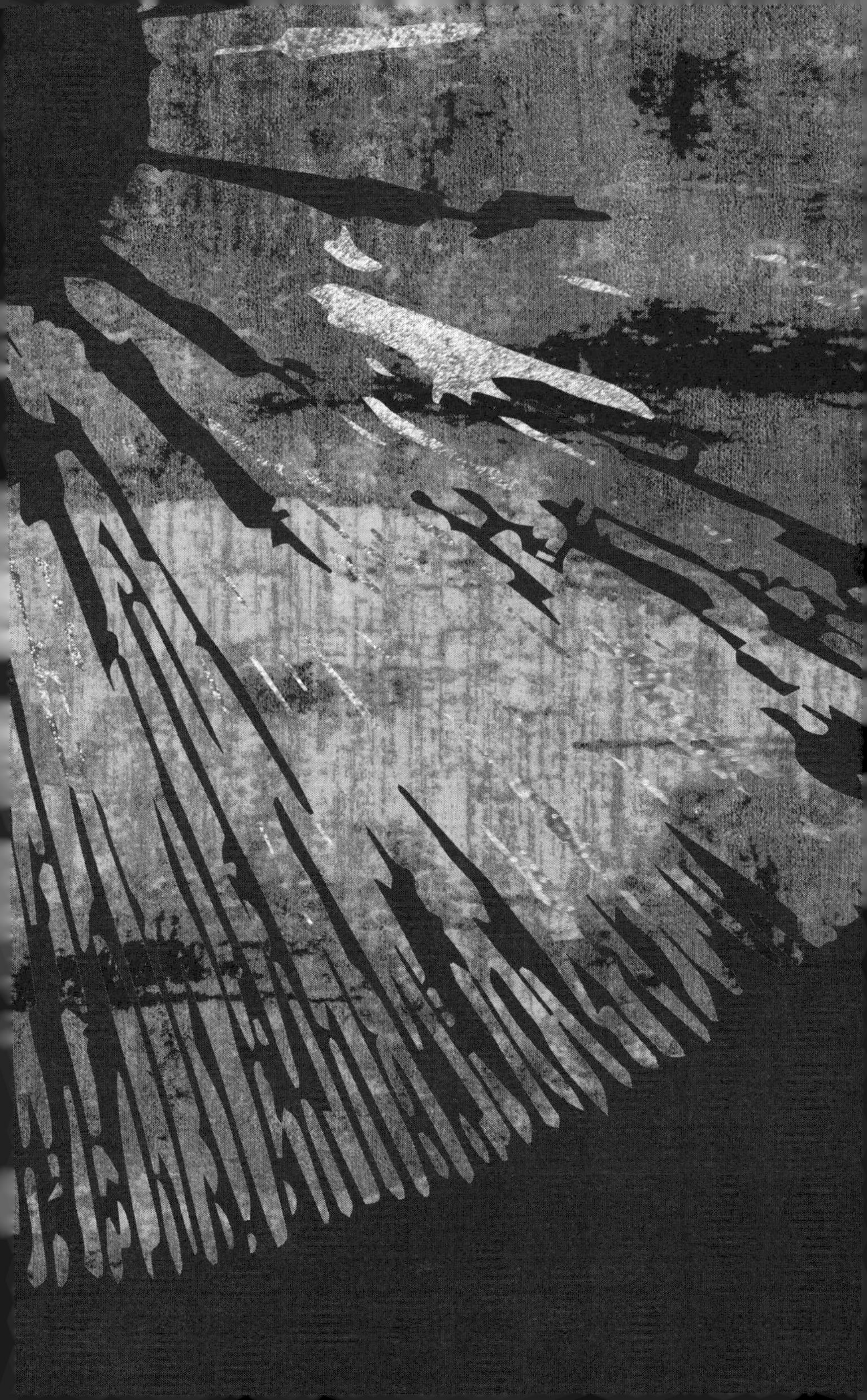

4

Marxismo: filosofia e política

Neste capítulo, promoveremos incursões no pensamento de Karl Marx a fim de contextualizar a construção de sua teoria. Para tanto, faremos considerações sobre o Marx filósofo e o Marx político, pensador independente.

Após essa apresentação filosófica, exporemos alguns conceitos da filosofia política desse autor para, então, emitir juízos referentes ao modo como se constituiu o marxismo e às bases dessa corrente filosófica. Nesse sentido, privilegiamos uma abordagem histórica, isto é, adotamos uma estrutura metodológica de apresentação e fundamentação de conceitos marxistas.

Feita essa discussão histórica e, em certa medida, filosófica, analisaremos os embates entre direita e esquerda no século XX. Antes, porém, clarificaremos esses conceitos com base em Bobbio (1994). Nessa empreitada, apresentaremos tópicos de leitura e recortes destinados a proporcionar uma compreensão histórica das chamadas *direita* e *esquerda* no século XX com base no estudioso italiano.

4.1
Marx, um jovem hegeliano

Karl Marx, filósofo alemão, nasceu em 1818, na cidade de Trier, reino da Prússia, e morreu em Londres, na Inglaterra, em 1883. Esse pensador, teórico do socialismo científico, estudou Direito, doutorou-se em Filosofia e se consagrou, do ponto de vista teórico, como autor da economia política. O pensamento desse estudioso deve ser pensado, como o de qualquer outro autor, inscrito em certo contexto histórico. Além disso, para compreender o que Marx propõe, é preciso entender em que medida o pensamento do filósofo Georg Wilhelm Friedrich Hegel (1770-1831) é debatido na teórica marxiana.

Hegel, também alemão, criou um sistema filosófico que inaugurou novas formas de análise e de pensamento moderno, sobretudo no que compreende o idealismo alemão. Ele é um marco, ao lado de Arthur Schopenhauer (1788-1860), na passagem da filosofia moderna para a filosofia contemporânea.

Neste ponto do texto, não adentraremos na discussão da filosofia hegeliana; contudo, temos de apontar que, depois da morte desse pensador em Berlim, houve uma cisão entre intelectuais de seu tempo a qual deu origem a dois grupos: os hegelianos de direita e os de esquerda. Nesse contexto, Karl Marx fez parte, inicialmente, do segundo grupo. O sistema filosófico hegeliano favorecia as mais variadas interpretações – os intelectuais de direita faziam leituras no sentido teológico; os de esquerda empreendiam leituras mais críticas, principalmente com relação à questão religiosa. Contudo, essa não era a única desavença entre esses estudiosos, pois, para os hegelianos de direita, o sistema de Hegel era completo e, por isso, estava consumado, isto é, estava pronto, e por meio dele era possível compreender toda e qualquer realidade. Além disso, o grupo de direita defendia a monarquia prussiana.

Assinalamos que, na história, esse fato é importante para a conceituação de direita e de esquerda. A esquerda hegeliana, na qual se encontrava Karl Marx, criticava o pensamento teológico hegeliano e defendia o materialismo antropológico desenvolvido por Feuerbach. Nesse grupo de filósofos, Marx, ainda jovem, pretendia seguir a carreira de professor universitário. Por essa razão, defendeu uma tese de doutoramento em Filosofia, cujo título era "Diferença da filosofia da natureza de Demócrito e de Epicuro". No entanto, o projeto de Marx não se efetivou e ele teve de buscar trabalho num jornal, *A Gazeta Renana*. Na condição de jornalista, Marx deparou com um fato que foi transformador para sua vida: em razão de um decreto imperial, a população prussiana pobre havia sido proibida de recolher lenha seca no interior das fazendas, sob pena de prisão. O recolhimento de lenha, no entanto, era uma prática comum das pessoas necessitadas. Nesse momento, Marx começou a perceber que o Estado é um instrumento que serve a uma classe: "nos anos de 1842-43, como redator da Gazeta

Renana, vi-me pela primeira vez em apuros por ter que tomar parte na discussão sobre os chamados interesses materiais" (Marx, 1982, p. 24). Todavia, o pensador não conseguiu, com base em sua formação de filósofo, compreender a realidade em sua dimensão complexa, pois era um jovem entusiasta da filosofia e, especialmente, da esquerda hegeliana, que, de modo geral, concebia o Estado como um ente racional, desenho advindo da filosofia de Hegel.

4.1.1 Balneário em Kreuznach

Karl Marx não permaneceu muito tempo como jornalista e logo decidiu se mudar para Paris, onde já existia uma movimentação política herdada da revolução de 1789. No entanto, antes dessa mudança, Marx se casou em 1843 e passou um tempo descansando com sua esposa em um balneário em Kreuznach, na Alemanha. Esse fato é importante porque foi nesse momento que o filósofo escreveu a *Crítica da filosofia do direito de Hegel*. Não era seu propósito publicá-lo; pelo contrário, tratava-se apenas de um estudo seguido de críticas. Foi nesse contexto que Marx começou sua elaboração conceitual de Estado e, consequentemente, a formulação teórica de sua filosofia da práxis.

Segundo Celso Frederico (2009, p. 49-50): "Marx, de fato, lançou-se a um encarniçado combate com o texto de Hegel, reproduzindo suas passagens mais significativas e fazendo, em seguida, comentários sarcásticos às ideias do grande filósofo". Frederico entende que esse fato é base para a compreensão da militância política e filosófica de Karl Marx, pois foi justamente nesse período que se estabeleceu a gênese da formalização conceitual e política das ideias de *Estado* e de *sociedade civil* no pensamento marxiano.

Bobbio (2007, p. 79) reflete sobre a crítica de Marx a Hegel em relação à função estatal: o Estado não é, segundo Hegel, o reino da razão, "mas sim da força; não é o reino do bem comum, mas sim do interesse parcial; não tem como finalidade o bem-estar de todos, mas sim dos que detêm o poder". Essa compreensão de Estado de Marx se consolidou no balneário de Kreuznach, ou seja, depois do confronto com o texto de Hegel.

Depois das leituras e críticas à filosofia do direito de Hegel, Marx realizou na política o que ele denominou de a *segunda revolução*; a primeira revolução havia enfocado o terreno da religião e fora realizada por Ludwig Feuerbach. Na obra *A essência do cristianismo*, Feuerbach (2007, p. 38) defende que "o ser absoluto, o Deus do homem é a sua própria essência". O poder do objeto sobre o ser humano é, portanto, o poder da sua própria essência. Nesse contexto, *A essência do cristianismo* glorifica o homem e o proclama como Deus. Nas palavras do próprio Marx (2010, p. 145), sob a influência de Feuerbach, "o homem faz a religião, a religião não faz o homem".

Ainda que não planejasse escrever a *Crítica da filosofia do direito de Hegel* como obra política, Marx fez um esboço desse seu estudo, leitura e crítica do texto hegeliano a ser publicado em forma de artigo, numa revista denominada *Anais franco-alemães*. Nessa obra, publicada entre dezembro de 1843 e janeiro de 1844, Marx (2010, p. 145) faz a seguinte afirmação: "na Alemanha, a crítica da religião está, no essencial, terminada; e a crítica da religião é o pressuposto de toda a crítica". Nessa assertiva, o autor deixa claro que já se fez a crítica religiosa ao pensamento hegeliano, mas que ainda era necessário fazer a crítica política, ou seja, contra a concepção de Estado hegeliano.

Acerca da leitura e do apontamento de Marx ao texto de Hegel, Frederico (2009, p. 51) escreve: "os manuscritos de Kreuznach formam um momento único na história da filosofia, momento em que um pensador ainda imaturo enfrentou, num combate decisivo, a obra de um filósofo consagrado, no seu momento de mais extremado conservadorismo".

Ressaltamos a ousadia de Marx nessa citação, pois o pensador se coloca numa posição de crítico da filosofia hegeliana e o faz de maneira singular, haja vista que estabelece um diálogo com o texto hegeliano e apresenta o que ele considera fragilidade teórica ante a compreensão de uma filosofia do direito, especialmente no que respeita a concepção de Estado como ente ético-racional.

Com base na leitura do texto hegeliano, Marx passa a denominar o Estado de *instrumento da burguesia*, isto é, o aparelho que assegura os privilégios de uma classe social, a burguesia. De acordo com Bobbio (2007), o Estado deixa de ser o reino da razão, como queria Hegel, e torna-se, na perspectiva de Marx, o reino da força.

Marx afirma que o Estado, por meio de seu aparato jurídico, protege a propriedade privada e assegura direitos para a classe burguesa por meio da lei e da força. Por isso, para ele, o Estado é o organizador da barbárie, do privatismo e dos interesses particulares da sociedade civil, ao contrário de Hegel, que vê o Estado como a tradução da sociedade civil.

Sendo assim, Marx chega à conclusão de que não é o Estado que organiza a sociedade civil, mas é esta última que organiza o Estado com base em seus próprios interesses. É nesse momento que Marx passa a compreender e reconhecer o Estado como o instrumento jurídico da burguesia e, mais precisamente, a organização da sociedade civil em razão da defesa e do asseguramento dos seus privilégios burgueses.

4.1.2 Marxianismo e marxismo: aprimorando os conceitos

Cabe fazermos uma nota de esclarecimento para estabelecer uma distinção entre os termos *marxianismo* e *marxismo*. *Marxianismo* faz referência pontual à obra de Marx e Engels, isto é, a uma leitura minuciosa relativa a esses dois autores. Com relação a *marxismo*, vale citar a obra *Dicionário de política* (Bobbio; Matteucci; Pasquino, 2004, p. 738):

> entende-se por marxismo o conjunto das ideias, dos conceitos, das teses, das teorias, das propostas de metodologia científica e de estratégia política e, em geral, a concepção de mundo, da vida social e política, consideradas como um corpo homogêneo de proposições até construir uma verdadeira e autêntica "doutrina", que se podem deduzir das obras de Karl Marx e Friedrich Engels.

Essa concepção de marxismo se estende aos leitores de Marx e Engels, mas não a quaisquer leitores; pelo contrário, estamos tratando de autores como Lênin, Gramsci e outros que, com base nesses pensadores alemães, conseguiram construir autênticas doutrinas, isto é, de acordo com a citação, edificaram e reconstruíram, fundamentados nesses pensadores, leituras políticas de interpretação e reinterpretação da realidade material. Essa distinção é bastante significativa, pois é mediante esse recurso que se pode classificar adequadamente o pensamento marxista e compreendê-lo nessa dinâmica política.

4.1.3 Conceito de Estado: um aprofundamento teórico

Muitos apontam que Marx não sistematizou uma teoria do Estado, o que não é verdadeiro: o filósofo esboçou, ao longo de seus escritos, concepções sobre essa estrutura. Não é sem razão que, na obra *O manifesto comunista*, Marx e Engels fazem a seguinte narrativa: "fez do médico, do jurista, do sacerdote, do poeta, do sábio seus servidores assalariados" (Marx; Engels, 2011, p. 42). Segundo esses autores, a burguesia se apropriou dos representantes dos segmentos sociais e os fez funcionários, seus servos.

Para alguns autores, tais como Bobbio (2007), certamente não existe em Marx, do ponto de vista conceitual e teórico, a sistematização de uma obra que denote a discussão específica de Estado. Isso não significa que a formulação de Estado é parca e sem ampla fundamentação teórica em Marx. O Estado é concebido por Marx como instrumento jurídico de proteção dos interesses burgueses. Nas palavras do filósofo alemão: "A ordem burguesa, que no início do século colocou o Estado como sentinela para guardar a parcela recém-criada e a adubou com lauréis, transformou-se no vampiro que suga o sangue do seu coração e a medula do seu cérebro e os joga no caldeirão alquímico do capital" (Marx, 2011, p. 146-147). Contudo, mesmo com a beleza da assertiva marxiana, faz-se premente considerar, de acordo com autores como Bobbio, que o Estado é muito mais do que um instrumento jurídico, é orquestrado pelos interesses burgueses.

Lênin (2007), na obra *Razão e revolução*, assinala que existe, no corpo teórico marxiano, uma preocupação com a definição de Estado. Para ele, Marx concebe o Estado justamente como o balcão da burguesia e, por isso, propõe a tomada do Estado e, na sequência, o estabelecimento de uma ditadura do proletariado.

Bobbio (2007, p. 79) diverge de Lênin: "daí a tendência a caracterizar qualquer Estado como uma ditadura e considerar relevante apenas o problema de quem governa (burguesia e proletariado) e não de como governa". A limitação, de acordo com a assertiva, reside no pressuposto de que não se pode conceber como Estado a força da classe que o dirige, mas, antes disso, deve-se pensá-lo à luz de elementos ordenatórios de governança, legitimidade institucional e ordenador do bem público. O certo é que, para Marx, a classe burguesa utiliza-se do Estado como expressão jurídica que apazigua a luta de classes e, com isso, favorece os ideários da burguesia, discussão que é desenvolvida nos textos *Manuscritos econômico-filosóficos, A ideologia alemã, A sagrada família, Manifesto comunista, Para a crítica da economia política, Grundrisse* e *O capital.*

4.1.4 Contextualização do expediente marxiano

A apresentação adequada do pensamento marxiano demanda sua divisão em dois momentos. No primeiro, o pensador se enquadra no contexto da esquerda hegeliana Nesse período, que perdura até meados de 1844, Marx era um militante do movimento dos jovens hegelianos, ou, ainda, um autor influenciado principalmente por Ludwig Feuerbach. Nesse sentido, podemos observar a contundência das críticas ao pensamento teológico hegeliano, ou, mais precisamente, à questão da religião. Basta observarmos como o filósofo Marx (2010, p. 145) se refere à religião, fortemente influenciado por Feuerbach: "a religião é o suspiro da criatura oprimida, o ânimo de um mundo sem coração". Observe como a forma crítica e diretiva usada contra a religião é bastante semelhante à utilizada por Feuerbach na obra *A essência do cristianismo*. Nas palavras do referido pensador: "a religião é a essência infantil da humanidade; mas a criança vê a sua essência, o ser humano, fora de si – enquanto criança é o homem objeto para si como um outro homem" (Feuerbach, 2007, p. 45). Vale lembrar, a tônica da esquerda hegeliana era, em seu conjunto, o ateísmo como alternativa, já que somente por essa via seria possível a emancipação política dos indivíduos: o Estado laico.

Já no segundo momento, quando rompe com a esquerda hegeliana, Marx estabelece amizade com aquele que seria o mais próximo de seus amigos: Friedrich Engels. Nesse período, as seguintes obras foram produzidas: *Manuscritos econômico-filosóficos*, escrita por Marx; *A sagrada família* e *A ideologia alemã*, entre outras, escritas em parceria com Engels.

Para além da obra *Ideologia alemã*, um dos textos de Marx que indubitavelmente sinaliza essa ruptura é *Teses sobre Feuerbach*. Na 11ª tese do livro, Marx (1973, p. 59) faz a seguinte observação: "os filósofos se limitaram a interpretar o mundo diferentemente, cabe transformá-lo". A assertiva, para além da crítica ao pensamento de Feuerbach, estende-se à toda a esquerda hegeliana, pois, no entendimento marxiano, esse grupo não conseguia compreender o caráter revolucionário da luta de classes, sobretudo, da compreensão da dialética no plano material. Todavia, no seu conjunto, *Ideologia alemã* e *Teses contra Feuerbach*, Marx e Engels vociferam contra o materialismo antropológico de Feuerbach e, definitivamente, configuram-se como autores independentes, desapegados do idealismo hegeliano, bem como do materialismo de Feuerbach.

Uma fratura bastante comum observada nos livros de história é a compreensão do pensamento marxiano em dois momentos: o do jovem Marx e o do velho Marx. No entanto, essa divisão não é aconselhável. O mais correto talvez seja pensá-lo como o filósofo militante da esquerda hegeliana e o político pensador independente e crítico desse mesmo movimento. Assumindo essa perspectiva, faz sentido classificar os textos desse autor como de um filósofo em formação, forjado nos moldes do idealismo hegeliano, e um pensador político, calcado na economia política.

Sendo assim, os textos de Marx publicados a partir de 1844 podem ser pensados à luz dessa compreensão não fraturada e, por isso, fazem parte de um conjunto de textos produzidos pelo Marx político. Nesse momento, os primeiros textos são de caráter crítico ao movimento esquerdista hegeliano, uma vez que o autor pretende, além de compreender sua realidade material, criticar a forma com que os intelectuais de sua época, os esquerdistas hegelianos, interpretavam essa realidade. É por isso que em *A ideologia alemã* faz críticas mordazes aos autores da esquerda hegeliana e os chama de *santos*, isto é, abre determinados capítulos denominando-os "São Bruno" e "São Max". Comentando essa contenda, Emir Sader, na introdução de *A ideologia alemã* afirma: "Marx e Engels ridicularizam o essencialismo do idealismo alemão, reivindicado pelos chamados hegelianos de esquerda, com base na contraposição entre a lei de gravidade e o 'reino dos sonhos' em que eles descansam" (Marx; Engels, 2007, p. 14-15).

Então, de os textos marxianos posteriores a 1844são articulados no sentido de problematizar a realidade material, bem como fazer oposição aos hegelianos daquele tempo. Esse debate é construído de forma crítica e sarcástica; basta observar como Marx e Engels se referiam a seus adversários:

> não nos daremos, naturalmente, ao trabalho de esclarecer a nossos sábios filósofos que eles não fizeram a "libertação" do "homem" avançar um único passo ao terem reduzido a filosofia, a teologia, a substância e todo esse lixo à "autoconsciência" e ao terem libertado o "homem" da dominação dessas fraseologias, dominação que nunca o manteve escravizado. (Marx; Engels, 2007, p. 29)

É evidente que Engels e Marx usam de maneira crítica e sarcástica o termo *sábios* e argumentam que toda a filosofia da esquerda hegeliana, em termos revolucionários, não serve como emancipação do sujeito, pois ela fora reduzida ao que se pode denominar *idealismo alemão* ou, ainda, *ideologia alemã*.

Com isso, chamamos sua atenção para essa construção filosófica denominada *marxismo*, destacando como base uma leitura que não estabelece a fratura entre o jovem e o velho Marx, mas que divide o desenvolvimento desse autor em o jovem hegeliano (filósofo) e o pensador independente (político).

4.1.5 Conceitos filosóficos e políticos no expediente marxista

Para se compreender o pensamento de um filósofo, é imprescindível definir os conceitos que estão de certa maneira ligados a ele. Por isso, detalharemos alguns pontos que são chaves para incursionar na filosofia política do marxismo.

4.1.5.1 Ditadura do proletariado

A ditadura do proletariado é uma concepção filosófica do itinerário marxista que costuma gerar polêmica. Teve início com a querela entre anarquistas e marxistas, uma vez que, para os primeiros, não haveria estágio transitório entre a derrubada do Estado e a construção do comunismo, ao passo que para os marxistas é preciso que exista esse interregno, que seria a ditadura do proletariado. Bobbio Matteucci e Pasquino (2004, p. 91) esclarecem o termo *ditadura* não é aí empregado em seu sentido técnico, usado desde os tempos de Roma, mas no sentido de evento transitório, passageiro e, sobretudo, ligado ao **domínio de classe**.

Desse modo, ditadura do proletariado é, no expediente marxista, a tomada do Estado pelos trabalhadores, bem como a substituição da ditadura burguesa por aquela dos trabalhadores. Ela seria o meio de efetivação do comunismo, pois somente mediante essa ditadura seria possível, pela via do partido comunista, formar todos os trabalhadores para o asseguramento do novo sistema. Assim, a ditadura do proletariado é o Estado de transição entre a burguesia e a revolução de fato, o comunismo. No escrito *O 18 de Brumário de Luís Bonaparte*, Marx (2011) desenvolve esse conceito e delimita sua função no processo da revolução e, consequentemente, do comunismo.

4.1.5.2 Materialismo histórico

Esse conceito foi cunhado em meio às críticas ao idealismo alemão, principalmente de Hegel e dos hegelianos de esquerda. O materialismo, no sentido filosófico, envolve a subordinação da consciência à materialidade. Em outras palavras, de acordo com Marx, a consciência é determinada pela condição social do homem, e não o contrário, como advogava o idealismo alemão. Desse modo, há uma metodologia de compreensão da realidade com base nessa construção social dos seres humanos que, historicamente, vão constituindo a sua realidade no mundo – o mundo material.

Essa compreensão se estabelece, no expediente marxista, quando se é capaz de observar a relação que se estabelece historicamente entre os homens na produção material de suas realidades. De acordo com os historiadores Reale e Antiseri (1990b): "portanto, como escreve Marx, os homens podem ser distinguidos dos animais pela religião, pela consciência ou pelo que quiser, mas eles começaram a se distinguir dos animais quando começaram a produzir os seus meios de subsistências". Assim, a essência do homem está atrelada a sua atividade produtiva, isto é, a atividade material e histórica.

4.1.5.3 Materialismo dialético

O conceito hegeliano de *dialética* marca a trajetória intelectual de Marx. Todavia, o filósofo inverte a ordem desse conceito, passando a compreendê-lo por meio da materialidade e se distanciando da ideia de Hegel. Assim, o materialismo dialético se configura como o método marxista de compreensão da realidade, sendo a forma de observação da realidade mediante suas contradições. Dessa maneira, a dialética é um instrumento para compreender a história à luz de suas incongruências, mais precisamente, por meio de lutas e conflitos ocorridos no interior de cada sociedade. Sobre isso, Reale e Antiseri (1990b, p.197) afirmam: "Marx inverte a dialética hegeliana, pondo-a de pé: transporta-a das ideias para a história, da mente para os fatos, da 'consciência infeliz' para a 'realidade social em contradição'".

4.1.5.4 Ideologia

Ideologia como falsificação da realidade é um conceito significativo para compreender a esquerda hegeliana. A obra *A ideologia alemã*, de Marx e Engels faz uso desse conceito para criticar os autores desse movimento, principalmente os irmãos Bruno e Edgar Bauer, além de Max Stirner e Ludwig Feuerbach. Isso porque, segundo Marx e Engels (2007), esses autores construíram uma falsa realidade, isto é, trataram de uma realidade ilusória, fantasiosa e que, por isso, não corresponde ao que há de verdadeiro, de real.

A obra *Ideologias e ciências sociais: elementos para uma análise marxista* é um texto clássico em que Löwy (2002) faz um diagnóstico etimológico do conceito de ideologia e apresenta diversas perspectivas filosóficas muito úteis para quem deseja compreender o termo genealogicamente. No expediente marxiano, esse vocábulo corresponde à falsificação da realidade. No sentido marxista, pode ser compreendido como algo positivo, especialmente nas obras de Lênin e Gramsci, uma vez que esses autores a associam a questões que podem auxiliar a organização dos trabalhadores, como na criação de uma expectativa para a revolução por meio da educação. Caso as pessoas absorvam essa ideia e comecem a estudá-la, no itinerário de Lênin e Gramsci, a ideologia tem caráter positivo.

4.1.5.5 Filosofia da práxis

Em *Teses contra Feuerbach* (1973), Marx concebe a chamada *filosofia da práxis*, na qual deixa explícito que a filosofia já interpretou o mundo e que é preciso transformá-lo. Decerto, para além da práxis filosófica, existe uma crítica ao movimento hegeliano, principalmente à forma como esse grupo compreendia a materialidade, estando embrenhado nas teias do idealismo alemão.

Na obra *Filosofia da práxis*, Adolfo Sánchez Vázquez (2011, p. 117) dedica um capítulo à compreensão do que é denominado *práxis* na filosofia marxiana e chega à seguinte conclusão: "a filosofia, por si mesma como crítica do real, não muda a realidade. Para mudá-la, a filosofia tem de realizar-se". Assim, esse autor enfatiza os seguintes aspectos: primeiro, não basta que a filosofia seja crítica, pois assim ela também era vista pelos jovens hegelianos; segundo, a filosofia deve realizar-se, isto é, efetivar um projeto de transformação, levar teoria e prática a se imbricarem com vistas à compreensão e à transformação. Nas palavras de Marx (2010, p. 151), "a arma da crítica não pode, é claro, substituir a crítica da arma, o poder material tem se ser derrubado pelo poder material, mas a teoria se torna força material quando se apodera das massas".

4.1.5.6 Luta de classes

No *Manifesto do Partido Comunista*, Marx e Engels (2011, p. 40) descrevem de forma categórica a existência histórica da luta de classes: "a história de todas as sociedades até hoje existentes é a história da luta de classes". Segundo esses autores, essa luta ininterrupta tem, de um lado, os opressores, e, do outro, os oprimidos. A classe dos oprimidos é representada pelos trabalhadores (o proletariado), ao passo que a dos opressores é formada por aqueles que detêm o poder econômico (e que, automaticamente, especialmente na sociedade burguesa, detêm o poder político). A luta de classes acontece ora abertamente, ora disfarçadamente, mas nunca deixa de existir – a disputa pelo poder é ininterrupta.

Marx e Engels (2011, p. 40-41) afirmam que "a sociedade divide-se cada vez mais em dois campos opostos, em duas grandes classes em confronto direto: a burguesia e o proletariado". Nesse sentido, no *Manifesto do Partido Comunista* estabelece-se o que se determina, do ponto de vista conceitual marxista, como *luta de classes*.

Com relação a isso, assinalamos uma diferença entre Marx e os esquerdistas hegelianos: o filósofo não propõe, de início, o fim da luta de classes, tampouco sua conciliação; pelo contrário, pretende incentivar e, para além disso, fortalecer o movimento do proletariado para a tomada do Estado, uma vez que, segundo Marx e Engels (2011, p. 46), "a burguesia, porém, não se limitou a forjar as armas que lhes trarão a morte; produziu também os homens que lhes empunharão essas armas – os operários modernos, os proletários". Está explicita aí a declaração incisiva da vitória do proletariado, convocando os trabalhadores para o fortalecimento e a organização desses indivíduos no sentido de, por meio da luta de classes, promover a ditadura do proletariado. Cumpre informar que é na *Crítica da filosofia do direito de Hegel* que Marx constitui o conceito de classes sociais, ou seja, faz uso pela primeira vez desse conceito que se tornaria uma chave em todo o seu expediente político.

4.1.5.7 Mercadoria

A verdadeira compreensão teórica sobre a economia política marxiana demanda o domínio do conceito de *mercadoria*, o qual foi delineado em *O capital* (Marx, 2001, p. 57): "a mercadoria é, antes de mais nada, um objeto externo, uma coisa que, por suas propriedades, satisfaz necessidades humanas, seja qual for a natureza, a origem delas, provenham do estômago ou da fantasia".

A mercadoria, como apresentado na obra *O capital*, movimenta o sistema capitalista, ou seja, satisfaz os valores de uso e de troca. Assim, segundo Marx (2001, p. 58), "a utilidade de uma coisa faz dela um valor de uso". Dessa maneira, para que seja considerado *mercadoria*, é preciso que o objeto seja externo e que contenha em si os valores de uso e de troca, do contrário poderá até satisfazer uma necessidade humana, mas não será uma mercadoria.

Esse valor de uso, indicado por Marx (2001), caracteriza-se pela sua utilidade, isto é, por seu uso na esfera do consumo, da necessidade. Nesse sentido, de acordo com Reale e Antiseri (1990b, p. 199), o valor de uso no pensamento marxiano "baseia-se na qualidade da mercadoria, que, precisamente em função de sua qualidade, satisfaz mais a uma necessidade que a outra". Em outros termos, *mercadoria* é um objeto concreto, parcial ou diretamente ligado ao consumo.

Conforme Marx (2001, p. 58), "o valor de troca revela-se, de início, na relação quantitativa entre valores de uso de espécies diferentes, na proporção em que se trocam, relação que muda constantemente no tempo e no espaço". Diferentemente do valor de uso, o valor de troca, na perspectiva marxiana, torna-se um objeto, uma mercadoria, abstrata. Reale e Antiseri (1990b, p. 200), fazendo uma leitura política do conceito de mercadoria, comentam: "o valor de troca é algo de idêntico existente em mercadorias diferentes, que as tornam passíveis de troca em dadas proporções mais do que em outras". Logo, na leitura marxiana, existe algo em comum entre mercadorias diferentes: a quantidade de trabalho empregado em cada mercadoria. Em outras palavras, ainda segundo Reale e Antiseri (1990b, p. 200): "uma mercadoria não pode ser trocada por outra se o trabalho necessário para produzir a primeira não é igual ao trabalho necessário para produzir a segunda".

Depreende-se dessa declaração de Reale e Antiseri (1990b) que mercadorias diferentes podem ser trocadas, mas a medida de qualificação dessa mercadoria guarda relação com a força de trabalho humano (que também é mercadoria) empregada em sua produção. Sendo assim, conforme Marx (2001), a mercadoria opera, por meio de seu conjunto, ou ainda de seu acúmulo, como a mola do sistema capitalista.

Portanto, a sociedade capitalista vive e sobrevive em função dessa relação com as mercadorias, principalmente da troca delas, da qual surge outro conceito, importantíssimo para a compreensão do funcionamento da sociedade capitalista: o **fetiche da mercadoria**. Fetiche é, de certa maneira, ilusão, ou seja, uma forma fantasmagórica, concebida pelo homem, que assume a mercadoria capaz de ilusoriamente "dialogar"[1] com a pessoa. Esse diálogo é uma espécie de força extra-humana.

4.2
Esquerda e direita no século XX

No século XX, o embate relativo aos conceitos de esquerda e da direita tem ocorrido no sentido de caracterizar dois blocos políticos ou, ainda, diferenciar ideologias partidárias e posições políticas, sobretudo no que concerne à dicotomia entre correntes reacionárias e progressistas. Entretanto, existe certo reducionismo conceitual quando se pensa a política apenas nessa divisão entre direita e esquerda. Nossa pretensão aqui não é esgotar essa temática, tampouco fazer um juízo sobre o que se denomina *direita* ou *esquerda* no cenário político, especialmente no século XX; nossa intenção é apontar inquietações e problematizações relativas a essa temática com base no texto *Direita e esquerda: razões e significados de uma distinção política*, de Bobbio (1994).

Sendo assim, chamamos sua atenção para a seguinte assertiva de Bobbio (1994, p. 49): "direita e esquerda são termos antitéticos que há mais de dois séculos têm sido habitualmente empregados para designar o contraste entre as ideologias e entre os movimentos em que se divide o universo, eminentemente conflitual, do pensamento e das ações políticas".

---

1   *Diálogo* é uma força de expressão para designar a pressão do objeto sobre o sujeito. Considere uma pessoa que, ao passar em frente a uma loja, encontra exposto determinado objeto que é, desde sua infância, um sonho de consumo. Agora, na idade adulta, o indivíduo visualiza esse objeto e cogita realizar esse sonho. Nesse exato momento, o objeto estabelece um diálogo, ou seja, conversa com o sujeito, apresentando-lhe a possibilidade de compra. O sujeito é imerso nessa interação, ou melhor, é forçado a ilusoriamente conversar com esse objeto. A isso se denomina, segundo a concepção marxiana, *fetiche* – a força que o objeto tem de pressionar o sujeito e, em determinado momento, assumir a condição de sujeito, pois nele, objeto, existe uma força extra-humana, *ideológica*, claro, mas que domina o sujeito.

Isso significa que historicamente se estabeleceu a divisão ideológica de dois blocos políticos: o de direita e o de esquerda. A direita abrange grupos políticos que sustentam discursos reacionários e conservadores, mas isso é, sobretudo no século XX, um reducionismo político. De acordo com Bobbio (1994), antes da queda do Muro de Berlim, tal dicotomia fazia sentido, pois, nesse período, a primeira representava o capitalismo, e a segunda, o socialismo. No entanto, depois da queda do Muro de Berlim, como conceber essa relação?

Para responder a essa questão, Bobbio recorre ao filósofo francês Jean-Paul Sartre (1905-1980) e afirma que direita e esquerda são caixas vazias. Essa referência ao filósofo francês feita pelo pensador italiano demonstra a dificuldade de se delimitar, após a queda do Muro de Berlim, o que sejam direita e esquerda. No entanto, essa relação existe especialmente nos discursos, uma vez que ambas fazem parte do cenário político e são corriqueiramente usadas como formas ideológicas de grupos e, em alguma medida, partidos políticos.

Nesse sentido, é importante este questionamento de Bobbio (1994, p. 89): "em outras palavras: desde que direita e esquerda continuam a ser usadas para designar diferenças no pensar e no agir políticos, qual a razão, ou quais as razões, da distinção?". É preciso, de acordo com essa citação, diferenciar direita e esquerda, pois tais conceitos são, conforme explicamos, visíveis no cenário político contemporâneo. O filósofo italiano faz um amplo debate bibliográfico para clarificar essa dicotomia, distinguir os dois conceitos e explicar como eles se constituíram no campo político. Entre as inúmeras diferenças apresentadas por esse autor, destacamos: "o homem de direita é aquele que se preocupa, acima de tudo, em salvaguardar a tradição, o homem de esquerda, ao contrário, é aquele que pretende, acima de qualquer outra coisa, libertar seus semelhantes das cadeias a eles impostas pelos privilégios de raça, casta, classe etc." (Bobbio, 1994, p. 97).

Devemos salientar, essa não é uma definição de Bobbio, mas é usada por ele para demarcar a distinção entre os grupos. Ainda que não represente a totalidade da dicotomia, essa delimitação esclarece os contornos dos dois posicionamentos políticos. A assertiva aponta interesses diferenciados, do ponto de vista político, entre homens de direita e homens de esquerda. Para os de direita, deve-se zelar pela tradição, ou seja, deve-se primar pela conservação da ordem e a garantia do progresso; para os de esquerda, o foco é a mudança, a desestruturação de uma sociedade elitista e reacionária nos planos da economia, da sociedade e da política.

Segundo Hannah Arendt (2004), na obra *As origens do totalitarismo*, tanto a direita conservadora, com o nazismo, quanto a esquerda extremista, com o estalinismo, são capazes de gerar a barbárie, pois ela nasce justamente da ausência de garantia, independentemente do sistema político, da singularidade do sujeito, ou seja, de sua capacidade de reflexão-ação na esfera pública. Desse modo, discutir a relação existente entre direita e esquerda, no sentido político, torna-se esvaziada de sentido se não se contemplar a questão da vida humana como condição de realização existencial na esfera pública.

Conforme Bobbio (1994), que defende não ser possível estabelecer de forma segura e sistematizada o que sejam direita e esquerda, atualmente é mais adequado que a classificação leve em conta o ideário da igualdade. A essas reflexões, Bobbio (1994, p. 140) acrescenta um testemunho pessoal: "sempre me considerei um homem de esquerda, e portanto sempre atribuí ao termo esquerda uma conotação positiva, mesmo agora em que a esquerda é cada vez mais hostilizada, e ao termo direita, uma conotação negativa, mesmo hoje em que a direita está sendo amplamente revalorizada".

Nessa passagem, o autor faz uma espécie de testemunho, mas alega que não pretendeu estabelecer juízo de valor à relação dicotômica entre direita e esquerda, buscando uma compreensão histórica e sua fundamentação conceitual no campo da política. Ainda assim, Bobbio (1994) afirma que não poderia deixar de assinalar que, para além de uma convicção pessoal, a esquerda, mesmo depois da queda do Muro de Berlim, teve como base o discurso da igualdade, bem como a defesa dos mais pobres e dos grupos minoritários.

Aqui, não pretendemos adentrar no debate e, com base nessa rápida citação ao texto de Bobbio (1994), fazer um juízo sobre direita ou esquerda no século XX. No entanto, não podemos deixar de fazer considerações, ainda que breves, com base no exposto. Primeiro, discutir a política mediante a dicotomia "direita e esquerda" é reduzir o debate e minimizar a compreensão da política em dois blocos ideológicos. Segundo, é inadequado assegurar atualmente, em termos conceituais, principalmente com relação à esquerda, o que se definia no passado.

Ademais, é preciso levar em consideração as seguintes ponderações da pensadora Hannah Arendt: não importa se o governo é de direita ou de esquerda; se a prática for totalitária, o resultado será a barbárie, independentemente das ideologias políticas. Nesse sentido, as discussões sobre direita e esquerda, mormente no século XX, foram elaboradas com base nos modelos econômicos de capitalismo e socialismo. Todavia, elas não perduraram, foram esvaziadas de sentido no que se refere ao modelo político, uma vez que a disputa, do ponto de vista da **arena política**[2], foi, após a queda do Muro de Berlim, atravessada por ideologias e discursos entre conservadores e progressistas, isto é, blocos políticos que buscavam a permanência no poder. Todavia, tanto

---

2 *Arena* como lugar de conflito, espaço de disputa.

do ponto de vista teórico como do debate, Norberto Bobbio faz uma síntese e conclui que, após o evento histórico citado, a melhor definição para a dicotomia existente entre direita e esquerda deve ser pensada e pautada pela via da igualdade, isto é, deve haver a construção de uma política com vistas à noção de isonomia. Desse modo, segundo o autor, ser de esquerda é fazer uma opção, acima de tudo, pela igualdade dos indivíduos em tempos de políticas que promovem a desigualdade.

Síntese

Neste capítulo, expusemos as principais facetas do pensamento do filósofo Karl Marx e comentamos sobre a polarização entre direita e esquerda no século XX. Enfatizamos aqui o pensamento do estudioso alemão e a fundamentação de conceitos filosóficos e políticos desse autor. Nosso intuito foi relatar como se consolidou a filosofia marxiana e, posteriormente, seu desdobramento, denominado *marxismo*.

Do ponto de vista metodológico, assumimos uma exposição de base histórica. Então, contextualizamos brevemente o momento histórico em que o autor se encontrava e como seu pensamento político foi se constituindo. Para isso, elencamos as influências teóricas do pensador, principalmente advindas da esquerda hegeliana e, de maneira especial, de Feuerbach. Em seguida, tratamos da independência teórica de Marx, que veio a resultar em sua ruptura com a esquerda hegeliana. Por fim, resumimos alguns dos conceitos relacionados à teoria política do marxismo e que são base para a fundamentação da teoria marxista.

Ainda, com base em Norberto Bobbio, debatemose os conceitos de direita e de esquerda no século XX. Os conteúdos aqui contemplados são de suma importância para a compreensão dos embates contemporâneos que envolvem a teoria política marxista e seus desdobramentos em diversas correntes políticas.

Debate

Independentemente de questões ideológicas, Marx tem muito a nos ensinar por meio de seus textos, em especial os de juventude. Primeiro, porque se trata de um autor comprometido com sua circunstância histórica e, segundo, porque se trata de alguém devotado ao pensamento filosófico. Na introdução ao texto *Crítica da filosofia do direito de Hegel*, o autor faz a seguinte afirmação (2010, p. 152): "a teoria só é efetivada num povo na medida em que é a efetivação de suas necessidades". Não se trata de uma fraseologia; pelo contrário, o autor reclama da teoria, ao fazer ciência, comprometimento com a vida, com as necessidades reais dos indivíduos concretos.

Por óbvio, Marx é um autor de seu tempo. Nesse caso, não podemos forçá-lo a qualquer custo a responder aos dilemas da sociedade presente. Todavia, é impensável discutir os problemas atuais advindos do capitalismo sem recorrer de algum modo a suas análises políticas e econômicas. Independentemente disso o que pretendemos nestas últimas páginas do capítulo é, por meio desse pensador, reivindicar, no sentido filosófico, doses de um idealismo praxiológico, mesmo que isso pareça paradoxal. Explico:

1. Na introdução do texto *Crítica da filosofia do direito de Hegel*, Marx afirma que é preciso, para a emancipação do homem, que ocorra uma íntima ligação entre filosofia e sua gente: "tão logo o relâmpago do pensamento tenha penetrado profundamente nesse ingênuo solo do povo, a emancipação do alemão em homens se completará" (Marx, 2010, p. 156). Percebe-se aí o lugar que o autor reserva para a filosofia – "o relâmpago do pensamento", quer dizer, o homem abstrato, de posse do pensamento filosófico, consciente de seu lugar no mundo, será transformado em homem concreto, aquele que não se encontra acocorado fora do mundo, mas como parte constitutiva das contradições que são operadas no mundo.
2. A emancipação, de acordo com Marx, não deve se limitar ao sentido político, devendo influenciar o âmbito humano. Em outras palavras, na perspectiva idealista, é preciso que a educação se vincule não somente à questão política, igualdade formal, mas também à igualdade de oportunidades – condições reais na garantia e materialidade da cidadania.

Nesses termos, sabendo que as vias da revolução estão fechadas, é necessário considerar filosoficamente os caminhos emancipatórios. Nos termos de Marx (2010, p. 157), "a cabeça dessa emancipação é a filosofia", o saber com o qual podemos operar e transformar a realidade em que nos encontramos, ou seja, a realidade humana e concreta. Por isso, acreditamos que a formação em filosofia à luz desse ideal marxiano nos possibilita imaginar outro mundo, por nossa participação intelectual engajada e protagonista de ventos emancipatórios.

Atividades de autoavaliação

1. Leia atentamente as assertivas que seguem:
   I) Marx foi um pensador político que buscou transformar a realidade por meio da luta de classes.
   II) Marx foi um pensador político de influência hegeliana que defendeu a conciliação das classes em favor da paz social.
   III) Marx escreveu, em parceria com Feuerbach, a obra *Manifesto do Partido Comunista*.

   A respeito dessas sentenças, é correto afirmar que
   a) I é verdadeira.
   b) II é verdadeira.
   c) III é verdadeira.
   d) todas são verdadeiras.
   e) nenhuma é verdadeira..

2. Assinale a alternativa **incorreta**:
   a) Em parceria com Engels, Marx escreveu a obra *A ideologia alemã*.
   b) Herdeiro da filosofia hegeliana, Marx escreveu, com Feuerbach, *A essência do cristianismo*.

c) Antes mesmo de trabalhar no jornal *A Gazeta Renana*, Marx escreveu sua tese de doutorado em Filosofia.

d) Do ponto de vista filosófico, Marx não só defende a luta de classes, mas também a incentiva para a realização da passagem da ditadura da burguesia à ditadura do proletariado.

e) Marx escreve, em parceria com Engels, o texto clássico *Manifesto do Partido Comunista*.

3. No que diz respeito ao conceitos cunhados por Karl Marx, assinale V (verdadeiro) ou F (falso) nas assertivas a seguir:

( ) *Ideologia*, no pensamento marxiano, corresponde à falsificação da realidade; no entanto, essa falsificação não significa algo negativo, mas positivo.

( ) *Mercadoria* é, no expediente marxiano, um objeto externo e de duplo valor: o de uso e o de troca.

( ) *Estado* é, segundo Marx, o reino da organização e da racionalização da sociedade civil.

( ) *Ditadura do proletariado* é, no pensamento marxista, o fim último da revolução política.

( ) A mercadoria se define, de acordo com a compreensão marxiana, por meio de valores independentes e dissociados; para ser classificado como *mercadoria*, é preciso que o elemento atenda a pelo menos um dos valores relacionados ao conceito: de uso ou de troca.

Agora, assinale a alternativa que apresenta a sequência correta de preenchimento dos parênteses, de cima para baixo:

a) F, F, V, V, F.
b) F, F, F, V, F.
c) F, V, F, F, F.

d) F, F, F, V, V.
e) V, V, F, V, V.

4. Norberto Bobbio faz uma análise histórica e política dos conceitos de direita e de esquerda no cenário político. Com base na compreensão desse autor, assinale a alternativa correta:
   a) Direita e esquerda são construções ideológicas orquestradas historicamente para reduzir a noção de política a dois blocos: políticos e partidários; reacionários e progressistas.
   b) Após a queda do Muro de Berlim, fez-se necessária uma configuração tal dos partidos políticos que deu origem aos conceitos de direita e de esquerda.
   c) Antes da queda do Muro de Berlim, a definição de esquerda correspondia, entre outras relações, aos reacionários do poder.
   d) Bobbio corrobora com a afirmação do filósofo Sartre e defende que direita e esquerda podem, após a queda do Muro de Berlim, ser consideradas caixas esvaziadas de sentido do ponto de vista político.
   e) Nenhuma das alternativas anteriores está correta.

5. "Sempre me considerei um homem de esquerda, e portanto sempre atribuí ao termo esquerda uma conotação positiva, mesmo agora em que a esquerda é cada vez mais hostilizada, e ao termo direita, uma conotação negativa, mesmo hoje em que a direita está sendo amplamente revalorizada" (Bobbio, 1994, p. 140).

   Assinale, com base na citação apresentada, a alternativa que corresponde à teoria de Norberto Bobbio com relação aos conceitos de direita e de esquerda:

a) Direita é, do ponto de vista político, algo negativo, pois busca, entre muitas demandas, revolucionar por meio do ideário marxista a estrutura social e política das sociedades modernas.
b) Esquerda é algo positivo do ponto de vista político, mesmo sendo um grupo hostilizado nos últimos tempos, tendo como princípio a igualdade entre as pessoas, bem como a defesa dos mais pobres.
c) Esquerda e direita são construções políticas que em nada correspondem com a realidade, mesmo antes da queda do Muro de Berlim, pois são conceitos atravessados por ideologias totalitárias.
d) Segundo Bobbio, não se pode fazer política sem a justa menção ao caráter revolucionário e humanista da esquerda, especialmente depois da queda do Muro de Berlim, uma vez que só há justiça quando existe esquerda política.
e) Nenhuma das alternativas anteriores está correta.

Atividades de aprendizagem

Questões para reflexão

1. Com base na discussão apresentada neste capítulo, diferencie o Marx filósofo do Marx político.

2. Faça uma pesquisa e apresente, em um texto dissertativo, os caminhos que, segundo Marx, são indispensáveis para a constituição de uma filosofia da práxis.

Atividade aplicada: prática

1. Assista ao filme *A revolução dos bichos*, dirigido por John Stephenson, uma adaptação da obra homônima de George Orwell. Em seguida, produza um texto dissertativo sobre a ditadura do proletariado. Para tanto, considere as críticas apresentadas no filme ao estágio intermediário da revolução, como a ditadura do proletariado e sua acomodação aos privilégios do poder.

    A REVOLUÇÃO dos bichos. Direção: John Stephenson. EUA, 1999. 89 min.

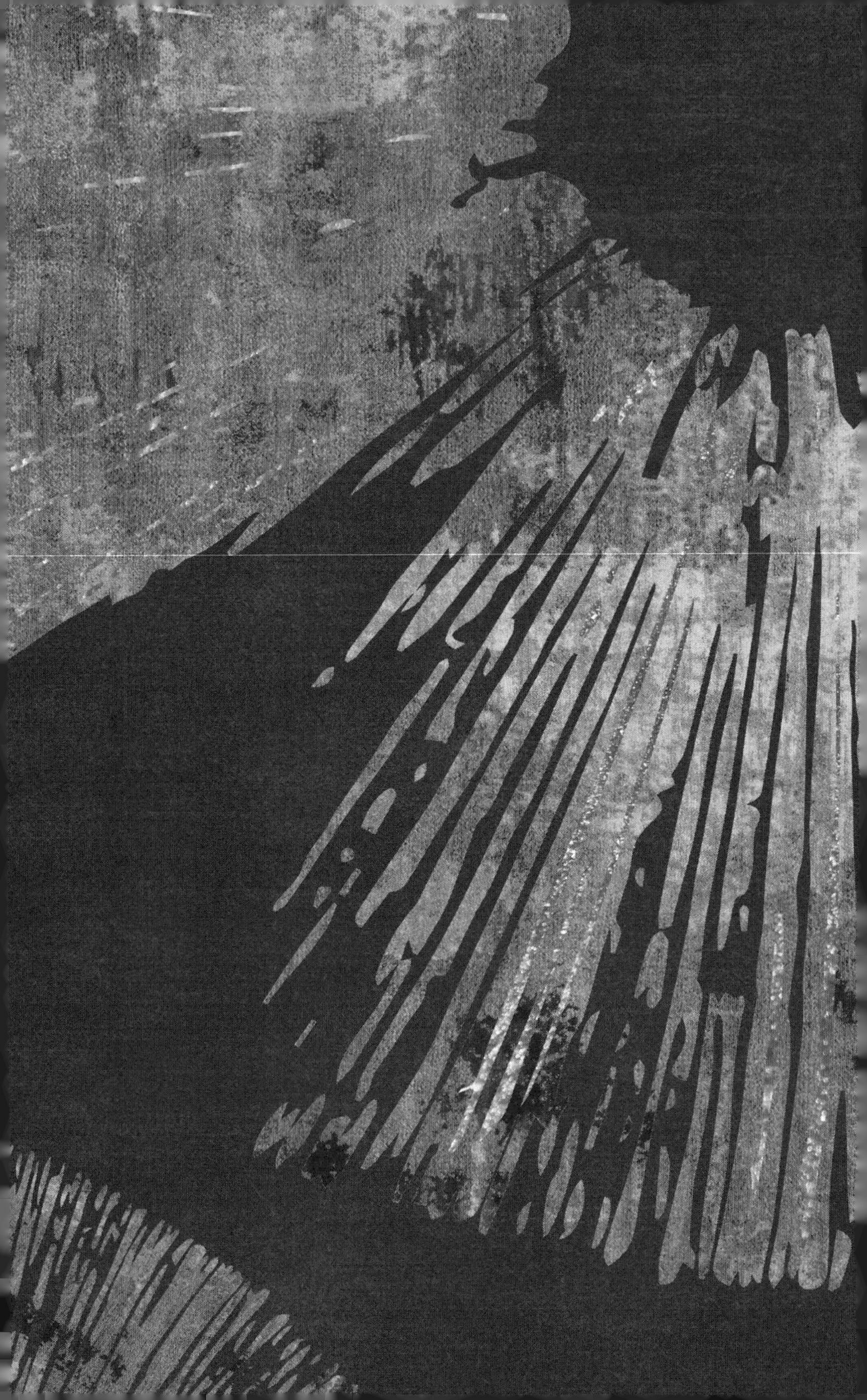

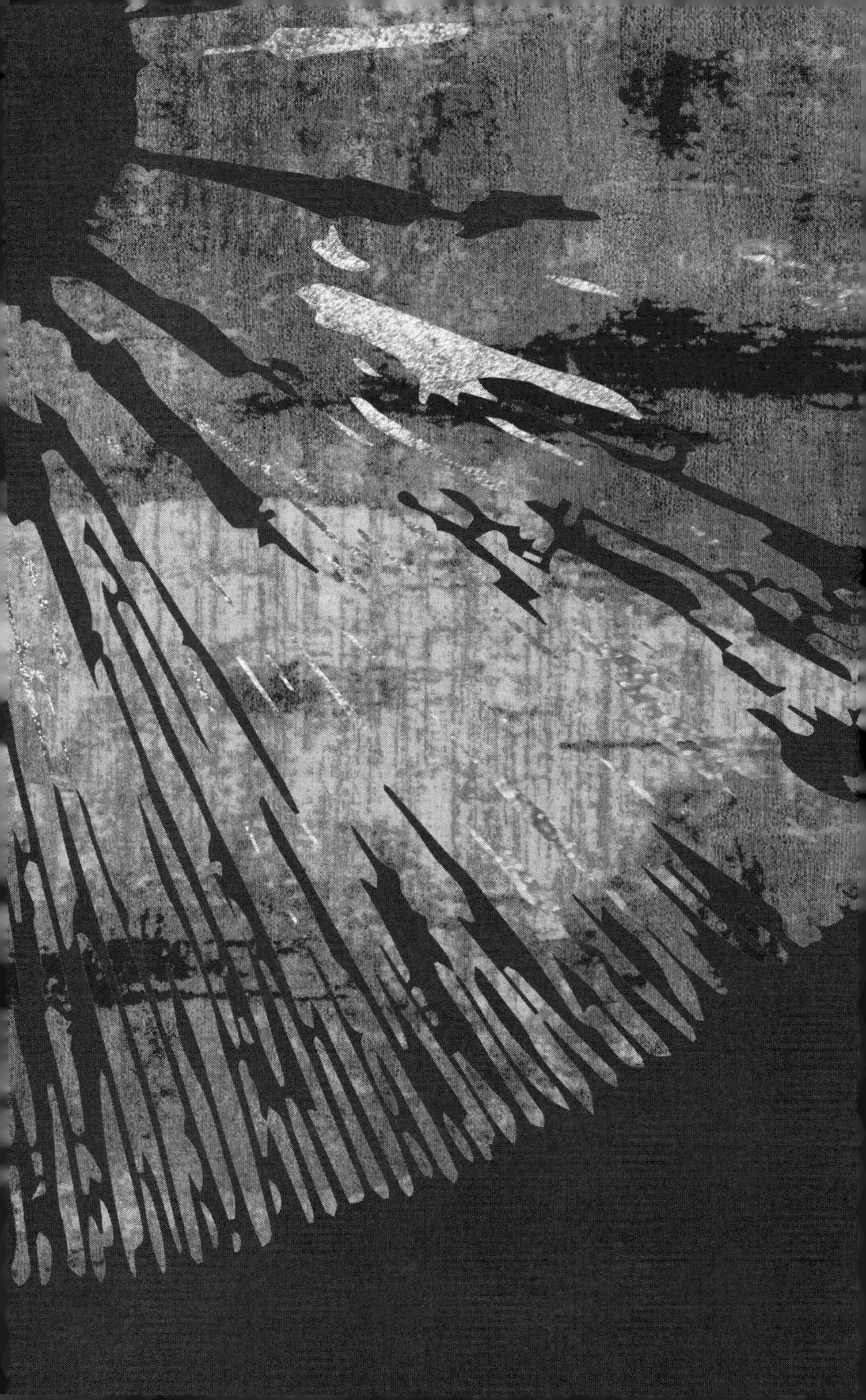

5

Teoria política

Neste capítulo, faremos algumas considerações filosóficas sobre os seguintes temas: teoria dos regimes políticos; teoria do direito; política e poder; críticas da filosofia política; políticas e desafios brasileiros. Com base nos temas que aqui desenvolveremos, bem como por meio das indicações de leitura nesta parte da obra, fornecermos um amplo panorama da teoria política.

Cada tema exposto corresponde a um recorte histórico que inclui discussões filosóficas referentes à compreensão política. Por meio dessa abordagem, fazemos o convite a outras leituras e relacionamos diferentes aspectos tratados ao longo da obra. Certamente, são muitos os desafios que se impõem à realidade brasileira, porém cada sujeito, partícipe dessa realidade, pode, mediante uma experiência pessoal, indicar o que julga importante e, para além disso, elencar como prioridade os desafios enfrentados pela política brasileira. Dessa maneira, esperamos que você consiga, durante a leitura deste capítulo, angariar recursos para debater e promover reflexões acerca do dilema do Brasil e de seus desafios para a criação de novas realidades políticas.

5.1
Teoria política

É consenso que a discussão sobre política tem sua gênese na organização social. A amplificação dessa temática desdobrou-se em considerações sobre o funcionamento das instituições, a organização dos partidos políticos e a relação entre os povos. No Capítulo 1, relatamos que Platão e Aristóteles pensaram sobre a vida na *polis*, bem como a organização desta no espaço público. No Capítulo 2, explicamos que Agostinho e Tomás de Aquino, sob a influência da filosofia grega, conceberam formas de pensamento sobre o espaço da cidade como reflexo da vida celestial. Já modernos como Maquiavel e Hobbes, conforme expusemos no Capítulo 3, elaboraram teorias referentes à gestão do espaço público e à constituição de um contrato artificial destinado a salvaguardar a vida em comunidade: a vida pública. No Capítulo 4, explicitamos que, para Marx, a política se destina a um grupo social; e os economistas, teóricos da burguesia, fabricam o mundo burguês. Por isso, no entendimento do filósofo alemão, é premente a teorização comunista destinada à classe trabalhadora. A ciência social, buscando acomodar uma teoria sobre política, defende uma abordagem neutra, capaz de compreender e, em sua totalidade, transformar a vida social. Todavia, é consenso que a razão teórica sofre nas dinâmicas do mundo empírico.

A teoria política busca, em seu conjunto, abarcar o tecido social e suas relações na experiência concreta. O conceito de regime político é uma reverberação amplificada desse mote, a vida política. Nesse contexto, é possível afirmar que os regimes políticos podem, numa visão geral, se configurar como democráticos e não democráticos. Para o desenvolvimento desta seção, convém citarmos a definição de regime político elaborada por Maurice Duverger (1962, p. 9): "no sentido amplo, chama-se regime político a forma que, num dado grupo social, assume a distinção geral entre governantes e governados". Desde os antigos, essa relação entre governantes e governados é base para a reflexão sobre a ordenação das cidades, mais precisamente, da vida na esfera pública.

Nessa relação, existem os regimes de caráter democrático e os de caráter não democrático. Esse sistema representa, entre outros fatores, o asseguramento do poder do Estado sobre a sociedade, administrada pela via do regime político. Ainda segundo Duverger (1962, p. 9): "numa concepção mais restrita, o termo regime político, aplica-se tão somente à estrutura governamental de tipo particular de sociedade humana: a nação". A discussão de regimes políticos, nessa perspectiva, tem como base a dinâmica entre governantes e governados.

Essa discussão política é articulada e tomada em sentido diferente pelos filósofos da teoria da sociedade de massa: Gaetano Mosca (1858-1941), Vilfredo Pareto (1848-1923) e Robert Michels (1876-1936), os teóricos mais conhecidos da teoria política. Para tais autores, a sociedade, desde sua formação, sempre esteve dividida entre dois grupos: aqueles que nasceram para mandar e aqueles que devem obedecer. Por isso, qualquer relação que escape a essa estrutura resulta em uma anomia[1] na dinâmica da sociedade.

Para clarificar o fundamento sobre o qual se erige o movimento da teoria da sociedade de massa, convém citar a tese da classe dirigente, de Pareto (1960, p. 76):

> o mínimo que podemos fazer é dividir a sociedade em dois estratos – um estrato superior, que usualmente contém os dirigentes, e um estrato inferior, que usualmente contém os dirigidos. Esse fato é tão óbvio que sempre se fez presente nas observações mais superficiais, acontecendo o mesmo com a circulação dos indivíduos entre os dois estratos.

Todavia, essa visão de Pareto não é corroborada por Duverger; embora este concorde que há uma relação entre governantes e governados, ele entende que tal relação não necessariamente respeita a uma natureza política. Já na teoria das elites, é sustentada a existência de uma relação de nascença, na qual já estão determinados os grupos que dão as ordens e as coletividades que as obedecem. A relação de mando, de acordo com Duverger (1962), ocorre pela via do regime político, na qual as formas de poder e seu exercício são determinados pelo caráter de tal regime.

Mencionamos o pensamento dos teóricos da sociedade de massa para que você, leitor(a), correlacione essas ideias a outros movimentos da política, como a teoria das elites, uma vez que discussões sobre esse tema parecem ganhar força na atualidade, sobretudo no que concerne à participação das massas no cenário político. Nosso objetivo, neste momento, não é aprofundar essa discussão, mas indicar os caminhos

---

1 Conceito aqui usado no sentido durkheimiano, no qual a sociedade não se desenvolve de maneira harmônica, mas desajustada, fato que gera desequilíbrio e problemas sociais e políticos. Para melhor compreensão desse conceito, convém fazer a leitura do texto *A divisão do trabalho social*, de Émile Durkheim (2004).

para outras leituras sobre esse aspecto da realidade e sobre o discurso do fenômeno de massa por meio da noção de elite, debate que ocorre no interior dessa teoria elitista de sociedade, que é a teoria da sociedade de massa.

Retomando o pensamento de Duverger, no sentido mais restrito do termo, a concepção de *regime político* relaciona-se à estrutura governamental de uma nação. Essa aplicação, ou melhor, a compreensão dessa estrutura é, para o cientista político francês, o ponto central para se pensar e debater a teoria do regime político, pois, de maneira específica, o termo envolve o modo como se desdobram, de forma legal, as instâncias do poder e seu exercício, também legal, de mando entre as instituições e as pessoas que compõem a vida pública.

Ampliando a investigação sobre o conceito de *regime político*, recorremos à definição de Bobbio, Matteucci e Pasquino (2004, p. 1081): "o conjunto de instituições que regulam a luta pelo poder e o seu exercício, bem como a prática dos valores que animam tais instituições". Essa definição coaduna com a visão de Duverger (1962), que associa o termo à organização do poder e sua disputa na esfera pública.

Desse modo, diferentemente da teoria das elites, que defende a existência uma organização natural entre classes, na visão de Duverger, o regime é o organizador dessa disputa, ou, de acordo com a assertiva apresentada no *Dicionário de política* (Bobbio; Matteucci; Pasquino, 2004), a relação entre governo e governado se faz por meio de um regime político, isto é, do conjunto de instituições que regulamenta a vida pública por meio da tensão existente entre a disputa pelo poder e a permanência nele. Em outros termos, cabe ao regime político assegurar o conflito e, ao mesmo tempo, a harmonia da luta pelo poder e seu exercício na vida pública.

Como explicamos anteriormente, os regimes são classificados em dois grupos: democráticos e não democráticos. Essa é, sem dúvida alguma, uma classificação ampla e, talvez, de difícil sistematização. No entanto, a análise aqui apresentada tem o objetivo de provocar, numa perspectiva metodológica, outras leituras.

Devemos considerar, ainda nesta breve seção, que a discussão sobre regime político iniciou-se com Aristóteles, pois ele também propôs uma classificação de regimes, especialmente quando tratou das formas puras de governo e de suas derivações na estruturação do poder público. Todavia, aqui nos concentramos na classificação dos regimes como democráticos e não democráticos. Salientamos que essa divisão não é uma redução dessa discussão; pelo contrário, trata-se de apresentar, metodologicamente, um recurso para pensar e compreender o que é regime político, como um instrumento de organização da vida pública, com base no consenso e no dissenso do exercício do poder. Nesse sentido, vale fazermos uma última incursão ao texto de Duverger (1962, p. 11-12, grifo do original):

> todas essas soluções podem ser distribuídas em duas grandes categorias: umas relacionam-se com a tendência **liberal** que enfraquece a autoridade dos governantes em proveito da liberdade dos governados; as outras, com tendência **autoritária**, que, ao contrário, reforça a primeira em detrimento da segunda.

Ressaltamos que essa assertiva sinaliza, *grosso modo*, a compreensão de duas modalidades de regime: a de tendência liberal e a de tendência autoritária. A primeira pode ser pensada à luz da democracia; a segunda é autoritária, não democrática. Desse modo, o regime político pode ser pensado como instrumento de organização, distribuição e exercício do poder numa relação ampla entre governantes e governados e, ainda, a estruturação, do ponto de vista estrito, como forma de asseguramento da estrutura governamental de uma nação.

Indicações culturais

> ARISTÓTELES. A política. Tradução de Roberto Leal Ferreira. São Paulo: M. Fontes, 2002.
> A *política* de Aristóteles é, sem dúvida, uma obra que facilita a compreensão das formas de governo.
>
> DUVERGER, M. Os regimes políticos. São Paulo: Difusão Europeia do Livro, 1962.
> Um clássico para a compreensão do que se denomina *regime político*. Essa obra foi fonte para o desenvolvimento desta seção.

5.2
Teoria do direito

A teoria do direito busca sistematizar princípios e diretrizes comuns ao todo dessa área, ou seja, visa explicar racionalmente o direito em sua totalidade. Desse modo, do ponto de vista da filosofia política, o propósito é responder às seguintes questões: O que é o direito? Qual é sua natureza? Tais questões envolvem, então, um recorte entre a ciência e a filosofia, isto é, o direito em si e a especulação a respeito dele.

É mandatório comentar, ainda que brevemente, as principais escolas que compõem a filosofia do direito, a saber, o jusnaturalismo, o juspositivismo e o pós-positivismo.

Fundamentado no direito natural, o **jusnaturalismo** é, por assim dizer, polissêmico, já que existem interpretações que, por vezes, tornam-se difusas. Conforme Guido Fassò (2004, p. 656), "Jusnaturalismo é uma expressão perigosamente equívoca, porque o seu significado, tanto filosófico como político, se revela assaz diverso consoante às várias concepções do direito natural". É possível, *grosso modo*, objetar que se trata de um conjunto de normas que antecede ao Estado e, mais do que isso, um sistema lógico e ético com poderes superiores direcionados à orientação da vida humana.

A concepção de lei divina, lei natural e lei humana à luz de uma hierarquização e harmonização do espaço público elaborada por Tomás de Aquino (conforme registramos no Capítulo 2) é um tipo de jusnaturalismo "antigo-medieval". Rousseau e Hobbes partilham dessa compreensão jusnaturalista do direito, numa versão "moderna". A Revolução Francesa, entre outras ações, proclama a liberdade, a igualdade e a propriedade como direitos naturais. Ainda de acordo com Fassò (2004), no que se denomina de *jusnaturalismo*, os antigos, os medievais e modernos se complementam sem grandes distinções. A diferença entre eles refere-se ao quesito objetividade e subjetividade da natureza da lei.

O **juspositivismo**, escola que faz oposição ao jusnaturalismo, afirma que o direito válido é somente o direito posto, aquele que é orquestrado humanamente. O juspositivismo é uma escola do século XIX composta de três vertentes: da **exegese**, na França; da **jurisprudência analítica**, na Inglaterra, e da **Escola Histórica do Direito**, na Alemanha, representada por dois grandes autores: Hans Kelsen (1881-1973) e Herbert Hart (1907-1992).

Para uma noção geral do tema, trataremos brevemente da escola do juspositivismo, representada em nosso recorte na figura de Hans Kelsen, que se dedicou ao que se denomina *teoria pura do direito*, uma espécie de direito positivo, isto é, positivismo jurídico. De acordo com essa interpretação, o conhecimento do direito deve se restringir aos fatos e às leis. A doutrina de Kelsen busca o distanciamento da especulação filosófica, principalmente da interpretação metafísica do direito. Desse modo, a discussão dessa área fica reduzida ao conjunto de normas jurídicas, bem como tem seu funcionamento hierarquizado por uma matriz, aqui definida como *constituição*.

Kelsen, um neokantiano, busca fundamento teórico na razão pura de Immanuel Kant, mais precisamente no *a priori*. Em outras palavras, o estudioso austríaco refuta a experiência para compreender, segundo ele, a teoria pura do direito, a qual busca não só a essência desse campo, mas, para além disso, a fundamentação do dever ser, isto é, a norma jurídica. Nesse sentido, Huisman (2000, p. 531) faz a seguinte advertência com relação à teoria pura do direito de Kelsen: "assim como a moral, o direito é uma ciência normativa, cujo objeto é um conjunto de normas (regras) de conduta que indicam o que deve ser, e não o que é". Salientamos que, de acordo com Huisman (2000), Kelsen reivindica para a teoria do direito uma ciência normativa que deve auxiliar no *dever ser*, ou seja, assim como a moral, a norma jurídica embasa um conjunto de regras no âmbito da vida social e política.

A teoria pura do direito é, no pensamento de Kelsen (1998), uma tentativa de não só construir uma alternativa para responder cientificamente ao direito em si como um conjunto de normas jurídicas, mas também de ofertar um estudo rigoroso e sistemático, do ponto de vista filosófico, do direito como uma ciência em si mesma. Para o jurista austríaco, não se trata apenas de responder cientificamente o que é o direito, mas também de sistematizar uma teoria desse direito – isto é, o direito puro.

Desse modo, o direito pode ser definido, em um primeiro momento, ao conjunto de normas jurídicas que regulamenta as ações humanas – sentido positivo. Kelsen (1998) opõe esse direito positivo ao direito natural, pois este último, segundo o filósofo citado, consiste em normas jurídicas deduzidas da natureza e não necessariamente construídas por atos humanos. Alertamos que o jurista Kelsen não elabora um pensamento para a teoria do direito para o Estado, tampouco para a nação. Pelo contrário, por ter Kant como influência, Kelsen propôs uma teoria universal do direito com base em categorias jurídicas capazes de exprimir, *a priori*, o direito em si.

Para concluirmos nossa discussão sobre direito, ainda com base em Kelsen, convém fazermos uma última observação sobre o problema da justiça. Para o referido autor, não se pode conjecturar uma justiça do ponto de vista axiológico, ou seja, uma justiça absoluta. Primeiro, porque, de acordo com o teórico citado (Kelsen, 1998), o direito é positivo, um conjunto de normas prescritivas, instituído juridicamente pelo ato de ordenar as ações humanas. Segundo, porque a justiça é um valor e não cabe à teoria pura do direito deliberar sobre valores, mas sim sobre a validade ou não da norma jurídica com relação à justiça. Na formulação teórica do direito puro, Kelsen evita adentrar em discussões de caráter subjetivista, justamente para garantir o discurso da universalidade.

Por fim, apresentamos a escola do **pós-positivismo**, que, diferentemente do juspositivismo (que se caracteriza como monista), é dualista, isto é, defende princípios que fundamentam os direitos positivos, não necessariamente os princípios metafísicos, advindos do jusnaturalismo. Nesse contexto, a tese é a da **complementariedade**. Por isso, pode-se afirmar que essa linha teórica, entre outros objetivos, intenta estabelecer uma relação entre direito e ética, já que tem como objetivo a materialização de valores e regras para o desenvolvimento da vida humana sustentado sobre os princípios jurídicos.

Uma figura de destaque dessa vertente de pensamento é Ronald Dworkin (1931-2013). Um dado significativo nessa abordagem é a distinção entre norma e princípio. Na obra *O império do direito*, o autor constitui uma comunidade fictícia e propõe uma abordagem interpretativa do direito com base em questões relativas à natureza e ao valor das regras, ou seja, qualifica o direito como prática social. Outro dado nesse expediente do autor citado é da interpretação construtiva com base em uma hermenêutica filosófica.

Indicações culturais

> KANT, I. Crítica da razão pura. 5. ed. Tradução de Manuela Pinto dos Santos e Alexandre Fradique Morujão. Lisboa: Serviço de Educação e Bolsas; Fundação Calouste Gulbenkian, 2001.
> Esse é um texto de difícil compreensão, mas de fundamental importância para o entendimento da racionalidade moderna. Esse texto é basilar para a compreensão do que se denomina *direito puro*, especialmente na obra de Kelsen (1998).
>
> KELSEN, H. A democracia. 2. ed. Tradução de Vera Barkow, Jefferson Luiz Camargo, Marcelo Brandão Cipolla e Ivone Castilho Benedetti. São Paulo: M. Fontes, 2000.
> Esse texto apresenta, em uma estrutura analítica, o que se denomina *democracia*. Nesse material, o autor realiza um diagnóstico da liberdade e da igualdade no processo da democracia, fazendo uma defesa desse regime político e repudiando toda forma de ditadura em qualquer Estado.
>
> KELSEN, H. A ilusão de justiça. Tradução de Sérgio Tellaroli. São Paulo: M. Fontes, 1995.
> Esse texto é emblemático, pois apresenta a diferença entre justiça e direito. Para isso, o autor faz um recorte e pontua sua ideia de *justiça*, estabelecendo ainda uma conceituação do direito puro. Nesse sentido, para a compreensão da relação entre direito e justiça no pensamento de Kelsen, a leitura dessa obra é fortemente recomendada, pois se trata de um estudo imprescindível para o entendimento do conceito de justiça no âmbito da filosofia do direito.

KELSEN, H. **O que é justiça?**: a justiça, o direito e a política no espelho da ciência. Tradução de Luís Carlos Borges. São Paulo: M. Fontes, 1998.

A discussão sobre a valoração da justiça é cara para o expediente teórico de Kelsen. Por isso, a leitura dessa obra é fundamental. Com base nela, é possível compreender o debate proposto pelo autor por meio da distinção entre direito e justiça.

KELSEN, H. **Teoria geral do direito e do estado**. 3. ed. Tradução de Luís Carlos Borges. São Paulo: M. Fontes, 1998.

Essa é uma obra importante para a compreensão e o debate da teoria do direito, em especial no que se refere à filosofia política, pois a abordagem de Kelsen é filosófica, influenciada por Immanuel Kant, tendo em vista que demarca o distanciamento entre direito e metafísica para possibilitar a compreensão do que se denomina *direito puro*.

PLATÃO. **A república**. São Paulo: Nova Cultural, 1999. (Coleção Os Pensadores).

A discussão sobre justiça é desenvolvida nos três primeiros livros dessa obra, quando Sócrates, personagem central, discute com seus interlocutores sobre as finalidades desse conceito. O texto é bastante claro, e Platão define com precisão o ideal da justiça e sua função na edificação da *polis*.

RAWLS, J. **Uma teoria da justiça**. Tradução de Irene A. Paternot. São Paulo: M. Fontes, 2000.

Essa é uma obra que impele o leitor a uma importante reflexão sobre justiça. Rawls, um filósofo liberal influenciado por Kant, se dedica à construção sistemática de uma teoria da justiça especialmente com base na discussão kantiana de razão prática.

> VOLTAIRE. O preço da justiça. Tradução de Ivone Castilho Benedetti. São Paulo: M. Fontes, 2001.
> O que dizer de um clássico? Deve ser lido, principalmente, quando se pretende adentrar no debate conceitual sobre justiça, direito e liberdade.

5.3
Política e poder

No sentido aristotélico, a política tem como objetivo último a felicidade. Esta, conforme Aristóteles (1973, p. 251), define-se da seguinte maneira: "verbalmente, quase todos estão de acordo, pois tanto o vulgo como os homens de cultura superior dizem ser esse fim da felicidade e identificam o bem viver e o bem agir como o ser feliz". Com base nisso, podemos afirmar que a política deve assegurar, para todos os indivíduos, o bem viver e o bem agir como resultado último de suas existências.

No que concerne ao conceito de poder, Mario Stoppino (citado por Bobbio; Matteucci; Pasquino, 2004, p. 943), define o termo da seguinte maneira: "a palavra Poder designa a capacidade ou possibilidade de agir, de produzir efeitos. Tanto pode ser referida a indivíduos e a grupos humanos como a objetos ou a fenômenos naturais (como na expressão Poder calorífico, Poder de absorção)". Interessa-nos, com a definição apresentada, pensar o conceito de poder à luz do social, "o poder social". Nesse sentido, Max Weber, sociólogo alemão, alude sobre a teoria da dominação, especialmente nas obras *Economia e sociedade* e *Metodologia das ciências sociais*. De modo geral, o sociólogo alemão busca compreender as relações de poder em sociedade.

A política, para além da felicidade, é um instrumento de poder. De acordo com Bobbio (2007, p. 139), "emprega-se o termo política, normalmente, para designar a esfera das ações que tem relação direta ou indireta com a conquista e o exercício do poder último (supremo ou soberano) sobre uma comunidade de indivíduos em um território". Ainda de acordo com o teórico italiano, *política* tem vínculo com a esfera do poder. De certa maneira, essa afirmação corrobora com a filosofia aristotélica, uma vez que essa relação tem e deve ter o caráter de promoção da felicidade humana – em outros termos, de organização da vida pública. Nesse sentido, existem três diferentes critérios que definem a relação entre política e poder: "a função que desempenha, os meios do que se serve e o fim que se persegue" (Bobbio, 2007, p. 139). Para além de uma conexão com o pensamento aristotélico, podemos estabelecer uma correspondência com o pensamento de Weber (2012) – probabilidade de obediência a uma ação mandatória, discussão ajuizada em sua obra magistral, *Economia e sociedade*.

O fim último da política é a realização do espaço público, a felicidade da pessoa humana no sentido aristotélico; além disso, é o objetivo da relação entre política e poder, uma vez que este último é o exercício e o fim último da política. Paulo Bonavides (1986, p. 107) define *poder* nos seguintes termos: "Elemento essencial constitutivo do Estado, o poder representa sumariamente aquela energia básica que anima a existência de uma comunidade humana num determinado território, conservando-a unida, coesa e solidária".

Nesse contexto, o poder é, justamente, imbricado com a política, o elemento que anima a vida pública. Por essa razão, ainda de acordo com Bonavides (1986), a política – a promotora desse poder – deve garantir que as relações entre os indivíduos sejam baseadas em união, coesão e solidariedade para que seja um **poder de direito**, isto é, legítimo no sentido de um fim último – a realização da esfera pública, a felicidade dos indivíduos. E em que consiste a legitimidade do poder?

Para pensar sobre as possibilidades de obediência a uma ordem determinada, Weber, na teoria da dominação, esboça três tipos legítimos de poder, a saber: o tradicional, o legal e o carismático. O **tradicional** tem sua força na fé, na santidade dos ordenamentos; o exemplo rematado dessa manifestação é a dominação patriarcal. O **legal** tem sua maior expressão na burocracia, a regra estatutária. O **carismático** se baseia na dedicação afetiva à pessoa e a seus dons gratuitos; sua expressão mais acabada é o grande demagogo.

Weber expõe em sua teoria da dominação cada forma de poder e os configura na tradução da realidade política. Em outras palavras, o teórico pensa metodologicamente a relação entre indivíduo e sociedade por meio dessa obediência legítima ao mando. Todavia, na discussão filosófica, a dinâmica entre política e poder é sempre mensurada pela organização do espaço, a vida pública.

Autores dos mais variados matizes tentaram, no decorrer do tempo, facilitar ou imbricar os conceitos de política e poder no sentido harmônico: a vida social. Contudo, na sociedade contemporânea, existe certa descrença perante a política, sobretudo em sua relação aristotélica com a felicidade. A política não tem sido objeto de felicidade, já que as ações da primeira em nada coadunam com os anseios de cidadania, direitos humanos e zelo pelo bem público. A sorte, nesse contexto, é semelhante para o conceito de poder: sua força é desproporcional, injusta e desmedida. Os que operam com o poder, independentemente da posição ocupada, usam-no de maneira indevida, promovendo arranjos para interesses pessoais e de grupos específicos.

No ambiente teórico, a relação entre política e poder se configura nos arranjos institucionais de vida pública, uma espécie de tipo ideal weberiano. No mundo empírico, a catástrofe é visível, os dilemas são cada vez maiores; o asseguramento da cidadania, a garantia dos direitos humanos, a defesa do meio ambiente e o reconhecimento das diferenças são solapados por outra lógica: a lógica capitalista e suas intermináveis crises. Nesse contexto, mesmo sem a crença de uma felicidade pública, a vida como resistência é obrigada, de forma solitária, a encontrar caminhos de sobrevivência e felicidade no que se denomina *mundo moderno*, caracterizado pela fragmentação dos indivíduos que perdem sua condição de sujeitos sociais.

Indicações culturais

> MONTESQUIEU, C. de S. **O espírito das leis**. 2. ed. Tradução de Cristina Murachco. São Paulo: M. Fontes, 1996.
> Nessa obra, Montesquieu trabalha a divisão dos poderes e a questão da autonomia de ação na esfera pública. Trata-se de um texto exaustivo, mas de grande importância para compreender a relação existente entre poder e política.
>
> WEBER, Max. **Ciência e política**: duas vocações. Tradução de Leônidas Hegenberg e Octany Silveira da Mota. São Paulo: Cultrix, 1968.
> Nesse texto, Weber define *política* e *ciência*. Na visão do autor, ambos os conceitos são atrelados ao que ele classifica como *vocação*. Trata-se de um texto importante para o estudante de filosofia política.

5.4
Críticas da filosofia política

Para alguns pensadores, ancorados em Marx, a filosofia deve transformar o mundo, e não só interpretá-lo. Para outros, no imaginário coletivo, a filosofia, ao lado de ciências como sociologia, geografia e história, é um saber que movimenta ideologias partidárias, especialmente os de esquerda. Não é sem razão que, no Brasil, fala-se, por exemplo, em doutrinação ideológica. E, então, como pensar na função da filosofia política na sociedade como um todo? Quais são seus limites e suas fronteiras, sobretudo com a ciência, no tocante à política?

Uma definição nessa dinâmica bastante corriqueira é: a filosofia trata do que deve ser, ao contrário da ciência, que trata do que é. Obras como *A república*, de Platão, *A política*, de Aristóteles, e *a Utopia*, de Thomas Morus, são textos que tratam de um lugar tal como ele deve ser, um projeto ideal de cidade. Todavia, demonstramos com Maquiavel que o papel da filosofia na modernidade é falar do que é, ou seja, o realismo político como teoria filosófica. Não é sem razão que, para muitos autores, o citado filósofo italiano é o patrono da ciência política. Desse modo, o realismo político deixa de ser, na modernidade, exclusividade da ciência política. Igualmente, a fronteira entre filosofia e ciência política passa a ser o método adotado.

Na sociedade contemporânea, Theodor Adorno e Max Horkheimer, formularam uma teoria crítica em oposição à teoria tradicional. Horkheimer (1975) escreveu um artigo para distinguir a teoria tradicional da crítica. A proposta de Horkheimer faz oposição direta ao que ele concebe como teoria tradicional. A teoria crítica, no sentido político, não se restringe à descrição dos fatos, mas se propõe a compreendê-los inseridos em uma estrutura de sociedade e, quando necessário, transformá-los no que corresponde à vida social e política.

Convém esclarecermos que Theodor Adorno e Max Horkheimer são leitores do pensamento marxista, isto é, o campo de pesquisa desses autores é a continuação do problema marxiano. Nesse ponto, pretendemos apresentar brevemente o pensamento filosófico de Horkheimer com base na teoria crítica no sentido da prática: é impossível mostrar como as coisas são sem se pensar como que elas poderiam ser. Para muitos, pensada desse modo, a ideia de teoria crítica seria, entre outras características, utópica, já que não descarta o que poderia ser: os ideais não alcançados.

Convém ressaltar que a leitura empreendida nesta obra se distancia do conceito sociológico weberiano, o tipo ideal – caminho metodológico do filósofo alemão para a compreensão da realidade –, mesmo sabendo que os autores da *Dialética do esclarecimento*, Adorno e Horkheimer, compartilham de reflexões weberianas no tocante à racionalização e a seus dilemas modernos. Na teoria crítica, especialmente de Max Horkheimer, o que poderia ser é alcançável, resulta de uma observação teórica fundamentada no limite prático do mundo que é. Em linhas gerais, a teoria crítica é a prática transformadora da realidade, na qual indivíduos esclarecidos possam concretizar sua emancipação humana na vida social.

Podemos resgatar neste capítulo a discussão da introdução ao texto marxiano *Crítica da filosofia do direito de Hegel*, justamente porque Horkheimer reclama da ciência o comprometimento com a realidade, isto é, com a realização das necessidades reais do povo. Semelhante a Marx, diz Horkheimer (1975, p. 131): "O cientista e sua ciência estão atrelados ao aparelho social, suas realizações constituem um momento da autopreservação e da reprodução contínua do existente, independente daquilo que imaginam a respeito disso". No entendimento de Rodrigo Duarte (2003), a teoria crítica não é crítica somente ao que é produzido pela ciência na sociedade capitalista, mas também à realidade observada pelo cientista. Por isso, de acordo com Marcos Nobre (2004, p. 11), "Para Horkheimer e Adorno, a racionalidade como um todo reduz-se a uma função de adaptação à realidade, à produção do conformismo diante da dominação vigente". É preciso que a ciência, o conhecimento produzido, seja de transformação da realidade, e não de adaptação.

Grosso modo, com base na discussão já apresentada, a filosofia precisa sustentar uma postura crítica, ou seja, fazer oposição à teoria tradicional que, entre outras demandas, precisa interpretar o mundo, conhecê-lo objetivamente. No conjunto, a teoria tradicional, filha da filosofia cartesiana, busca a todo custo negar a contradição, categoria importante para o pensamento moderno, principalmente com Hegel, Marx e Engels.

Indicações culturais

ADORNO, T.; HORKHEIMER, M. Dialética do esclarecimento. 4. ed. Rio de Janeiro: J. Zahar, 1996.

Na filosofia crítica, é incontornável a leitura dessa obra, na qual os autores fazem uma crítica direta ao projeto do Iluminismo – mormente ao projeto de racionalidade instrumental. Na primeira parte, a crítica é dirigida à racionalidade kantiana. Na segunda, por meio da dialética marxista, estabelece-se um diagnóstico dessa racionalidade e são expostas suas contradições, especialmente na sociedade moderna.

HORKHEIMER, M. Teoria crítica. Tradução de Hilde Cohn. São Paulo: Perspectiva, 2015.

Esse texto de Horkheimer é significativo para a compreensão da distinção entre teoria crítica e teoria tradicional. Por essa via, é possível compreender a função da teoria de explicação da realidade no sentido, segundo o próprio autor, dinâmico e dialético.

> MARX, K.; ENGELS, F. **A sagrada família**. Tradução de Marcelo Backes. São Paulo: Boitempo, 2003.
>
> Seguindo essa mesma linha de criticidade filosófica, encontra-se a obra dos autores Marx e Engels, pois, nesse texto, eles se voltam contra os irmãos Bruno e Edgar Bauer, apontando problemas relacionados ao que os irmãos denominavam *teoria crítica*. É um texto de fácil leitura e bastante significativo para o debate em torno da filosofia crítica.
>
> MORUS, T. **Utopia**. Tradução de Anah de Melo Franco. Brasília, DF: Fundação Alexandre de Gusmão; Instituto de Pesquisa de Relações Internacionais; Ed. da UnB, 2004.
>
> Trata-se de uma obra que recebe influência direta do texto platônico *A república*. Esse é um livro significativo para a compreensão crítica de um modelo de sociedade que não funciona, e por isso Morus desenha um lugar que não existe para justamente criticar a sociedade de seu tempo. Essa é uma obra de fácil compreensão e que sinaliza para uma sutil dimensão política, um novo lugar que não existe.

5.5
Políticas e desafios brasileiros

A democracia brasileira é muito jovem, especialmente quando se considera o advento da redemocratização. A história da República brasileira, no que diz respeito à abertura democrática, apresenta dois grandes momentos: o ano de 1945, quando Getúlio Vargas foi destituído, e 1985, com o término da ditadura civil-militar. Nesse contexto, é importante destacar que, mesmo considerando esse curto período de democracia, as instituições sociais, políticas e judiciárias que compõem o sistema democrático brasileiro são sólidas para o asseguramento do Estado Democrático de Direito.

No recente governo de Jair Bolsonaro, diversos foram os ensaios de golpe de Estado, como nas tentativas de fechamento do Supremo Tribunal Federal (STF), apoiadas por discursos falaciosos de apoiadores do ex-presidente que colocaram em xeque o sistema eleitoral e flertaram com a intervenção militar. Contudo, a democracia, amparada por movimentos sociais, organizações populares e instituições sociais, políticas e judiciárias demonstrou que, mesmo recente, o Estado Democrático de Direito é robusto e suficientemente maduro.

Entre os desafios do Brasil contemporâneo, o crescimento econômico com responsabilidade social e sustentabilidade ambiental certamente figura entre os maiores. Ainda no governo Bolsonaro, o discurso do progresso econômico passava pelo desmatamento da Amazônia, pela retirada dos direitos dos povos originários e pelo achatamento do investimento público. No contexto do novo governo capitaneado pelo presidente Luís Inácio Lula da Silva, o país precisa equilibrar as contas públicas, garantir reformas fundamentais e promover a justiça social e conciliar tais demandas com o crescimento econômico e a defesa da dignidade humana.

Ainda no que diz respeito à dignidade, não é novidade que o Brasil voltou ao mapa da fome. A equivocada gestão do governo Bolsonaro, associada ao problema da pandemia, recolocou o país na linha da pobreza, especialmente com a redução de políticas públicas e o arrefecimento da geração de emprego e renda. Obviamente, o contingente populacional que mais sofreu com tais problemas foi o de pessoas pretas, o que comprova que o Brasil não tem uma política antirracista e que precisa ampliar políticas afirmativas destinadas a essa população que quase sempre se encontra marginalizada e excluída da cidadania e dos direitos humanos.

O racismo ainda é um tema que carece de enfrentamento, e não só de reconhecimento por parte da população brasileira. É fato que esse problema se encontra enraizado nas estruturas da sociedade, bem como no imaginário coletivo da população do país. Não são poucos os casos noticiados cotidianamente de violência contra corpos pretos, especialmente contra a mulher preta. Por isso, é preciso combater a naturalização de assassinatos de pessoas negras, bem como a discriminação contra as religiões de matriz africana e a falta de representatividade dessas manifestações em espaços privilegiados que historicamente são destinados ao homem branco.

As Escolas do Recife, movimento filosófico e literário, buscaram pensar a política e os desafios da realidade brasileira à luz da filosofia, da sociologia e da literatura.

5.6
As Escolas do Recife

Boris Fausto (2019), na *História do Brasil*, adverte que um autor anônimo, adversário das revoluções e dos movimentos políticos, observando a cultura da Província do Norte, falava de um "maligno vapor pernambucano".

Essa fala é uma menção aos movimentos de crítica à sociedade e à política do velho Recife. Ao se tratar das rebeliões brasileiras, não é exagero singularizar Pernambuco e indicar a existência de certo inconformismo cultural nas terras recifenses: podemos citar nesse sentido a expulsão dos holandeses no século XVII, a Guerra dos Mascates no século XVIII, a Revolução dos Padres no século XIX e, no século XIX, a Confederação do Equador e a Revolução Praieira.

É nesse ambiente que se encontra a Escola do Recife, movimento político, filosófico e literário que surgiu em meados dos anos 1870, na Faculdade de Direito de Pernambuco, criada em 11 de agosto de 1827 por meio de decreto para formar quadros políticos e administrativos para o Império.

O "maligno vapor pernambucano" soprava "ideias novas", criando reboliços na poesia, na cultura, no direito, na filosofia e na religião do Império. Antonio Paim, no texto *A Escola do Recife* (1997), chama a atenção para a formação do primeiro grupo e a ebulição de ideias novas que povoaram a Faculdade pernambucana, com destaque no emergente movimento para Tobias Barreto e seus amigos: Franklin Távora, o poeta Guimarães Júnior, Araripe Júnior, Inglês de Sousa e Sílvio Romero.

Para Sílvio Romero, a Escola do Recife buscou constituir um pensamento nacional, dialogando com culturas universais, buscando assegurar uma forma brasileira de se pensar o Brasil a partir da cultura, da política, da filosofia e do direito. Não é sem razão que o pernambucano escreve, em 1876, texto que seria publicado dois anos depois em Porto Alegre: *A filosofia no Brasil*.

De acordo com Antonio Paim (1997), a obra de Romero representa uma fase de transição no interior do movimento filosófico e literário pernambucano, a chamada *segunda fase*, período de amadurecimento das ideias novas, uma vez que resgata e aprimora discussões que foram implementadas por Tobias Barreto em sua crítica ao modelo jurídico e filosófico, cultura de um tempo já envelhecido.

Numa disputa contra o Dr. Soriano, celeuma desenvolvida nos jornais da época a respeito da relação entre filosofia e religião, no artigo intitulado *O atraso da filosofia entre nós*, publicado em 1872, Barreto (2013, p. 180) afirma: "É sabido que, nos últimos tempos, a questão filosófica mais inquietante, se não a de maior alcance, tem sido levantada sobre a própria essência e limites da filosofia". Ainda nessa resposta a Soriano, médico e filósofo, diz o poeta condoreiro: "É debalde que o nosso filósofo se esforça por fazer a árvore seca da Idade Média reflorir e frutificar. Essa época morreu".

É motivado por esse sentimento, em um movimento crítico e renovador, que Sílvio Romero acentua a polêmica e atina contra a filosofia dominante, esboçando críticas mordazes contra "os filósofos do Império". Paim (1997) afirma que o texto *A filosofia no Brasil*, de autoria de Romero, é um documento de extrema importância para o pensamento brasileiro, uma vez que estabelece críticas consistentes a velhas ideias. Nas palavras do pensador pernambucano ao referir-se ao movimento filosófico e literário, sacudiu as estruturas da Faculdade do Recife:

> espíritos vivazes de nações toscas e atrasadas, arrebatados pela rápida corrente das grandes ideias, que fecundam os povos ilustres da atualidade, deprimidos os pátrios prejuízos, conseguem alçar a fonte acima do amesquinhamento geral e embeber-se de uma nova luz. (Romero, 1969 p. 36)

Graças ao texto *A filosofia no Brasil*, bem como à ocupação de professor de Filosofia do Colégio Pedro II, no Rio de Janeiro, acastelada com sua militância jornalística, Romero colou no centro do debate a Escola do Recife, o "sopro", como diz Paim (1997), das novas ideias brasileiras.

Contudo, é digno de nota, não houve, sobretudo no primeiro momento, a aceitação de uma *Escola* propriamente dita. Tratava-se mais de um movimento que, aliás, era destoante em suas ideias – questão apontada criticamente pelos detratores do pensamento tobiático, a velha guarda recifense. Para Chacon (2008, p. 31), "A Escola do Recife tem sido alvo de exaltação e de crítica, de louvores e de restrições. Há quem lhe recuse qualquer significação como movimento literário ou filosófico, no conjunto da cultura brasileira". Isso porque, de acordo com o autor citado, há muito que se considerar sobre a Escola do Recife e seus desdobramentos políticos, especialmente graças ao regionalismo malogrado que desterrou a pluralidade brasileira. Vale lembrar que Castro Alves, integrante da Escola, colocou o escravizado no cenário da poesia. Nesse movimento literário, havia um comprometimento com a realidade brasileira, tudo isso desdobrando-se no chão das hoje denominadas *terras nordestinas*.

Franklin Távora, membro do movimento cultural em tela, impulsionado por esse espírito de constituição de um regionalismo cultural antes mesmo de Sílvio Romero, buscou demarcar, com *O Cabeleira*, uma cultura nortista, desvinculando o Norte das tradições do Sul, isso porque, conforme explica Távora, o Brasil do Sul campeia, sendo que Norte e Sul são irmãos e cada um ao seu modo tem suas aspirações. No entanto, somente o Sul parece garantir cores para o Brasil.

Para o autor de *O Cabeleira*, era preciso ressignificar o Norte, inclusive a cabeça de seus filhos que, desmotivados, relaxavam na constituição do edifício literário de sua província. Eis que o autor já reclamava do descaso com esse Brasil esquecido e, pior, os filhos da região não se davam conta de que existem singularidades culturais que definem fronteiras.

A discussão apresentada por Franklin Távora abeira-se do culturalismo tobiático, respaldado numa perspectiva filosófica, vinculada ao neokantismo e crítica ao modelo comtiano e à física social. Para Tobias Barreto, é preciso considerar a cultura, inclusive, como melhoramento da natureza humana. Contudo, nota-se que a obra tobiática promove uma discussão de cultura ampla, chamando atenção para a Região Norte a partir do debate que se fazia presente: a constituição de uma filosofia crítica. Não é à toa que Gilberto Freyre, na esteira desse pensamento, no *Diário de Pernambuco*, em 1926, alerta: "não sonhemos um Brasil uniforme, monótono, pesado, indistinto, nulificado, entregue à ditadura de um centro regulador de ideias" (Freyre, 2016, p. 592).

É certo que, com Sílvio Romero, tem-se uma mudança de percepção, com o culturalismo ganhando ares na sociologia brasileira, abandonando o pressuposto filosófico, caminho esboçado por Tobias Barreto e

Franklin Távora. É justamente desse culturalismo sociológico, apartado do comtismo, que Romero[2] constitui uma leitura mais regional de seu Brasil folclórico, ou seja, especialmente com a obra *História da literatura brasileira*, o referido autor concebe para o país uma identidade nacional à luz da miscigenação. É por toda essa dinâmica que Gilberto Freyre, no artigo *Ação regionalista no Nordeste*, publicado em 1926, não só resgata o pensamento de Sílvio Romero, mas o amplifica nos seguintes termos: "a grandeza futura do Brasil virá do desenvolvimento autônomo de suas províncias" (Freyre, 2016, p. 592).

Gilberto Freyre, conhecido como o expoente da segunda Escola do Recife, retoma questões centrais do grupo, das quais se destacam a defesa de uma cultura nordestina e, para além disso, a fundamentação, alinhada com Romero[3], de uma identidade nacional de miscigenação. É certo que Romero, em seu tempo, praticava a literatura como forma de resistência, de enfrentamento. Numa posição clara de ironia contra o poder monárquico, afirma: "este será um dia, um verdadeiro país mulato. O primeiro imperador foi deposto porque não era nato, o segundo há de sê-lo porque não é mulato" (Romero, citado por Schwarcz, 1993, p. 154).

---

2 Sílvio Romero, referindo-se a Tobias Barreto, afirma que "o exemplo de mais completa fraternidade espiritual; fomos dois camaradas, dois obreiros amigos, mas independentes, que procuramos trabalhar sem rivalidades e sem submissão um ao outro, de acordo, porém autônomos" (Paim, 1997, p. 37). Amigos que, nesse movimento filosófico e literário, possibilitariam "saltos epistemológicos", mesmo que houvesse discordâncias entre eles, em especial sobre o fim da metafísica e o positivismo de Augusto Comte.

3 Temos de assinalar, Sílvio Romero é fruto de seu tempo – mesmo defendendo a miscigenação como componente cultural brasileiro, em alguns momentos o pensador advoga em favor do branqueamento, conforme esclarece Schwarcz (1993, p. 154): "apesar do 'elogio à mestiçagem', não se deve incorrer no engano de procurar em Silvio Romero um defensor da igualdade entre os homens. Ao contrário, esse pensador foi um fiel seguidor do determinismo racial".

Pensador nordestino, dedicado a uma estilística própria, Gilberto Freyre empreendeu um projeto salutar: traduzir a realidade brasileira com base nas contradições que recortavam seu país, sua nação dos trópicos, o Brasil mestiço. Entre outros esforços, o pensador procurou ressignificar o retrato do Brasil[4], tão depreciado como lugar de preguiça, tristeza e retrocesso.

Freyre foi bastante hostilizado e, em algum momento, caricaturado como pensador elitista e mistificador de uma realidade, aquela advinda de seu quintal, a Casa-grande, já que era filho da aristocracia recifense. Na teorização da cultura, encontrou incompreensão teórica e, por isso, foi submetido a hipóteses desajustadas e desconexas por parte de um público pouco especializado na análise do perspectivismo e circunstancialismo político-filosóficos, cujo objetivo era, em seu mote intelectual, traduzir e dar sentido a sua realidade histórica e cultural.

---

4   Já nos anos 1920, os intelectuais brasileiros buscavam construir uma melhor imagem para retratar o povo brasileiro, em especial no que respeita à miscigenação. A seu modo polemista, Paulo Prado busca, na obra *Retrato do Brasil*, denunciar um país fracassado, isto é, carregado de vícios e deformações. O autor descreve um país preguiçoso, com uma massa ignorante e uma elite atrasada. Nas palavras de Prado (2012, p. 99), "há povos tristes e povos alegres. Ao lado da taciturnidade indiferente ou submissa do brasileiro, o inglês é alegre, apesar da falta de vivacidade e da aparência; o alemão é jovial dentro da disciplina imperialista que o estandardizou num só tipo; todos os nórdicos da Europa respiram saúde e equilíbrio satisfeito. O nosso próprio antepassado português, cantador de fados saudosos, enamorado e positivo, é um ser alegre quando comparado com o descendente tropical, vítima da doença, da pálida indiferença e do vício da cachaça". Para Mario de Andrade (2015, p. 353), "Paulo Prado é uma inteligência fazendeira prática. Fazendeiro sai na porta da casa, olha o céu, pensa: vai chover. Chama o administrador e fala: -Vai chover. Ponha os oleados no café", ou seja, a obra *Retrato do Brasil* flerta com uma forma de pessimismo, mas com intencionalidade prática: chacoalhar uma cultura amofinada. Nesse contexto, nos anos 1930, Gilberto Freyre intenta ressignificar esse retrato, construir outra imagem para o povo brasileiro.

Como intelectual, Freyre desde sempre tomou sua realidade como problema sociológico e, desse modo, buscou não só interpretá-lo, mas também evidenciá-lo como lugar de singularidade – noutros termos, perspectivar sua circunstância. A fundamentação desses dois conceitos filosóficos, a saber, perspectivismo e circunstancialismo deita raízes em Nietzsche e Ortega, respectivamente. Nas palavras de Crespo (2003, p. 184), ao referir-se a Gilberto Freyre, "pode-se dizer que o perspectivismo e o circunstancialismo adotados pelo brasileiro estimularam sua decisão de enveredar por temas inusitados ou mesmo marginalizados no panorama das ciências sociais que então se praticavam no Brasil", ou seja, tais conceitos dizem respeito a recursos metodológicos destinados à análise da realidade brasileira, bem como à atividade política, contemplando suas contradições.

No entendimento de autores como Clovis Moura (1988) e José Carlos Reis (2014), Gilberto Freyre foi um defensor autêntico não apenas da colonização portuguesa, mas também da plasticidade do português, que superou qualquer outro povo em suas ações escravizadoras, identificação que faz do autor de *Casa-grande & Senzala* o filho legítimo do passado colonial brasileiro. Para o recifense, no entendimento dos autores anteriormente citados, o português era singular e, sem ele, não seria possível pensar em cultura brasileira.

De algum modo o pensamento desses estudiosos se confirma, sobretudo quando se observa o texto do próprio Freyre (2015, p. 73), no Capítulo 1 de *Casa-Grande & Senzala*: "de qualquer modo o certo é que os portugueses triunfaram onde outros europeus falharam: de formação portuguesa é a primeira sociedade moderna constituída nos trópicos com características nacionais e qualidades de permanência", não por conta de uma ideia de superioridade racial, mas do seu contexto histórico e geográfico dos portugueses, da predisposição para a miscigenação e do passado português com os africanos que favoreceu a adaptação desse grupo aos trópicos. Essa assertiva denota um pensamento que, entre tantas características, enaltece a figura do português, dando-lhe um caráter triunfalista, em face dos demais povos europeus. Essa abordagem ganha fôlego ao final dos anos 1950 e início dos anos 1960, consubstanciando-se no lusotropicalismo[5].

Todavia, existem outros elementos que compõem o pensamento freyreano acerca da identidade brasileira e do problema circunstancial da miscigenação. Tais fatores são secundarizados por Moura (1998) e Reis (2014), e deles se destaca a realidade histórica, política, cultural e filosófica que movimentou a produção de *Casa-Grande & Senzala*. É preciso reconhecer a importância da obra dado seu lugar histórico, os anos 1920 e 1930 no Brasil.

É sabido que, no quadro de suas obras, Freyre enaltece a plasticidade do português e sua adaptabilidade na penetração do cotidiano indígena e africano. Essa capacidade dos portugueses de se adequar a diferentes características, segundo o citado autor, é fluida, uma vez que a relação entre o português e os índios e africanos era quase horizontal. De acordo com a obra *Casa-Grande & Senzala*, em alguns aspectos, especialmente relativos à cultura, a vida se mistura; esse amálgama é, no entendimento

---

5   Em *Integração portuguesa nos trópicos*, de 1958, Freyre (1960, p. 54) trabalha com a ideologia do lusotropicalismo: "o que denominamos 'civilização lusotropical' não é, biossocialmente considerada, senão isto: uma cultura e uma ordem social comuns à qual concorrem, pela interpenetração e acomodando-se a umas tantas uniformidades de comportamento do Europeu e do descendente e do continuado do Europeu nos trópicos – uniformidades fixadas pela experiência ou pela experimentação lusitana – homens e grupos de origens étnicas e de procedências culturais diversas". É possível afirmar que existe nesse trabalho uma extensão do livro I de *Casa-grande & Senzala*.

do autor, paradigma sociológico de uma vida privada que se constitui como identidade brasileira. Nas palavras de Freyre (2015, p. 70),

foi misturando-se gostosamente com mulheres de cor logo ao primeiro contato e multiplicando-se em filhos mestiços que uns milhares apenas de machos atrevidos conseguiram firmar-se na posse de terras vastíssimas e competir com povos grandes e numerosos na extensão de domínio colonial e na eficácia de ação colonizadora.

Essa interpretação de fluidez freyreana é bastante importante, pois, descomprometido de uma intencionalidade, ao ressignificar o arquétipo brasileiro, Freyre torna-se uma caricatura escravocrata. Mais do que isso: torna-se um idealista nos moldes de Quixote, uma vez que a narrativa sociológica parece perder-se em uma espécie de romance triangulado entre o português, o índio e o negro: a formação do luso-brasileiro. Todavia, o autor tem o objetivo de ressignificar essa mistura brasileira, explicando que, no Brasil, graças à colonização portuguesa, não existe branco brasileiro, mas gente mestiça.

Por isso se faz premente, na leitura freyreana, considerar a intencionalidade do autor, pois Freyre tem uma preocupação com sua realidade, isto é, sua circunstância e, em razão disso, tanto em *Casa-grande & Senzala* quanto em *O Nordeste*, busca traduzir seu entorno com base em um perspectivismo filosófico. Em outras palavras, o autor apresenta novos olhares para esse cenário já demarcado pelas ciências sociais, especialmente no que tange à miscigenação.

Ricardo Benzaquen de Araújo (1994), na obra *Guerra e paz*, refere-se a duas posições teóricas dos anos 1920, com base nas quais aponta duas maneiras de pensar a miscigenação. A primeira é derivada da influência de Arthur de Gobineau, que considerava a presença do negro um fator inviabilizador do desenvolvimento do país, pois a raça mestiça depravava os ideais de civilização. Essa concepção provocava certo desconforto na elite brasileira, pois não havia como negar a presença marcante do negro na sociedade e, consequentemente, na esteira desse entendimento, o atraso brasileiro diante do desenvolvimento dos países europeus. Em contraposição a essa visão, a segunda posição afirma que as classes sociais abastadas buscavam o "branqueamento", acreditando no progresso do país. Em longo prazo, esse processo erradicaria a presença do negro da realidade brasileira à luz da europeização. É esse o contexto político e cultural dos anos 1920 e 1930, no qual Freyre deseja promover a desmistificação do discurso dominante e, para além disso, em meados dos anos 1930, ressignificar a compreensão da realidade por outro prisma, a do Brasil miscigenado, discussão que nasce do perspectivismo filosófico (Araújo, 1994).

Por certo que a discussão sobre o pensamento freyreano é emblemática, uma vez que o autor emprega uma lógica muito pessoal na elaboração de seus textos, isto é, usa de uma estilística conceitual que dialoga com a filosofia e, em alguns momentos, faz uso de um expediente filosófico, do qual se destacam os conceitos de circunstância e de perspectiva. Nas palavras do próprio Freyre (1968, p. 118), "dentre o que possa ser destacado como novo ou inovador no livro Casa-Grande & senzala talvez nenhum traço se apresente mais significativo do que este, até hoje pouco considerado pelos críticos: o seu múltiplo e por vezes simultâneo perspectivismo".

É sabido que o perspectivismo é uma categoria filosófica muito presente nos escritos de Nietzsche e que ganhou verberação em autores como Weber e Ortega y Gasset, pensadores muito presentes na formação intelectual do jovem Freyre. Nesse sentido, a não observação desse recurso conceitual filosófico e metodológico impossibilita a compreensão do pensamento freyreano, mais precisamente em seu esforço de construção de uma sociologia da vida privada, cuja finalidade era reconstituir a história do Brasil à luz da miscigenação.

5.5.2 Gilberto Freyre, um pensador nietzschiano

A recepção do pensamento de Nietzsche no Brasil se deu por meio da chamada *Escola de Recife*, da Faculdade de Direito de Pernambuco. Posteriormente, de algum modo, a filosofia nietzschiana reverberou entre os intelectuais brasileiros dos mais diferentes matizes. No que diz respeito do pensamento freyreano, para Pallares-Burke (2005), o pensamento de Freyre é, mormente na adolescência, profundamente influenciado pelos escritos do filósofo alemão. Segundo a autora,

> de acordo com seu diário de juventude, o filósofo alemão já era sua leitura desde a adolescência; e em 1921, quando muito provavelmente estava lendo o *Humano, demasiado humano*, ele confessa que, dentre as filosofias que experimentara desde cedo, a de Nietzsche era uma das que mais o atraiam. (Pallares-Burke, 2005, p. 106)

Ainda no diário de juventude apontado por Pallares-Burke, escreve Freyre (2005, p. 127): "Weaver me oferece um livro que vou ler com verdadeira gula: cartas de Nietzsche". Não se tratava somente de uma curiosidade de Freyre; pelo contrário, o pensador alemão era fundamental entre as leituras e inquietações filosóficas e literárias do recifense. Não é sem razão que, em 1923, em um artigo do *Diário de Pernambuco*, Freyre qualifica Nietzsche como um autor desafiador.

Posteriormente, Gilberto Freyre estabeleceu, nos Estados Unidos, fortes relações com Henry Louis Mencken, jornalista e crítico social norte-americano que se destacou nos anos 1920 como leitor e tradutor do pensamento nietzschiano para língua inglesa. Para Garcia (2016), a relação entre Freyre e Mencken intensificou-se quando o brasileiro passou a se dedicar aos estudos de Nietzsche à luz da obra *Filosofia de*

Friedrich Nietzsche, escrita por Mencken e que foi presenteada por um amigo ao estudioso recifense, quando chegara a Nova Iorque em 1921. Sobre isso, Freyre afirmou em publicação do *Diário de Pernambuco* (citado por Larreta; Giucci 2002, p. 729): "Eu primeiro o [Mencken] conheci através dum livro – presente de amigo querido – no qual as ideias do profundo Nietzsche são remexidas e vasculhadas com rara inteligência e conhecimento raro das expressas filosofias germânicas".

Conforme Pallares-Burke (2005), o contato pessoal de Freyre com Mencken aconteceu em 1923. Segundo a autora, não há como negar a influência do estadunidense na vida do brasileiro. Nesse sentido, não se trata de uma ilação filosófica afirmar que, nos escritos freyreanos, existe a figura do filósofo Nietzsche, demarcada, nesse caso, pela influência do jornalista e tradutor norte-americano.

Soma-se a isso o fato de Freyre, no prefácio de *Casa-grande & Senzala* (2003, p. 48), fazer a seguinte dedicatória: "trabalho que Henry L. Mencken fez-me a honra de ler, aconselhando-me que eu expandisse o livro. O livro, que é este, deve esta palavra de estímulo ao mais antiacadêmico dos críticos". Mencken também fez a Freyre o convite para publicar artigos sobre costumes culinários brasileiros na revista dirigida pelo estadunidense, *Smart Set*. Então, o pensador recifense enviou sua dissertação de mestrado, apresentada na Universidade de Columbia em 1922, para Mencken, e foi aconselhado a aprofundar esse estudo; eis aí a razão da dedicatória ao autor na obra *de Freyre*.

A interpretação de Nietzsche por parte do jornalista Mencken é racista e estereotipada, ou seja, trata-se de uma leitura social darwinista dos textos nietzschianos. As primeiras discussões do filósofo alemão, relacionadas à dicotomia "apolíneo-dionisíaco", foram utilizadas como justificativa para certos modelos raciais explorados pelo jornalista norte-americano; como se não bastasse, no que compreende à moral, o tradutor estadunidense propor certas ideias hierárquicas de cultura superior e cultura inferior.

Ainda que tenha herdado essa influência de Mencken, Freyre destoa do amigo, mas não abandona as ideias nietzschianas: pelo contrário, contorna-as como recurso metodológico de análise da realidade. Na obra *Sociologia*, ao refletir sobre o futebol, Freyre (1967, p. 154) afirma:

> foi aplicando a teoria desenvolvida de Nietzsche por antropólogos sociais modernos, ao futebol brasileiro, em contraste com o europeu, que sugerimos há anos a classificação de um – o brasileiro – como dionisíaco, pelo que nele há de baile, de dança, de festa, de variação ao floreio individual do jogador para quem a bola se torna uma espécie de mulher com quem ele valasse, sambasse, bailasse diante da multidão – e o europeu de apolíneo, pelas suas características de jogo sistemático, previsto, combinado, em que quase não há floreio individual nem exibição de habilidade pessoal.

Esse excerto ilustra como a doutrina nietzschiana fortemente demarcada nos escritos de Mencken é ressignificada por Freyre. Mais do que isso, como o filósofo alemão se faz presente em uma metodologia que não só observa a realidade, mas procura compreendê-la.

Para Larreta e Giucci (2007, p. 125), "por intermédio de Mencken, Freyre descobriu o potencial de Nietzsche como crítico cultural". É mediante essa relação que Gilberto vai, aos poucos, adentrando no universo nietzschiano. Alfred Zimmern, professor de História Antiga na New College, em Oxford, foi outro influenciador na formação intelectual de Freyre, especialmente no pensamento de Nietzsche. De acordo com Pallares-Burke (2009, p. 42), "É interessante notar que a expressão 'Casa grande', que Freyre tornaria emblemática no sistema patriarcal brasileiro e do poder 'feudal' dos senhores de engenho, foi usada por Zimmern como sinônimo para o senhor da família patriarcal grega".

É fato que a filosofia nietzschiana que chega a Gilberto Freyre não o alcança diretamente, mas por intermédio de estudiosos que trabalhavam com o pensamento de Nietzsche, o que não significa que o estudioso recifense não tenha lido o filósofo alemão. No espólio do autor, existem obras rabiscadas pelo filósofo alemão.

5.5.3 Atualização do debate político, questões de polarização[6]

Pensando a realidade brasileira na esfera dos partidos políticos, a sociedade vive uma crise de ordem ideológica quanto à estrutura partidária e sua correlação de poder na gestão pública. O cenário é confuso e de colapso e, aliado ao movimento religioso conservador, ganha corpo e confere forma ao movimento antidemocrático. Basta observar nos últimos anos cada vez mais frequentes pedidos de intervenção militar e fechamento do Supremo Tribunal Federal (STF), em uma verdadeira convulsão ideológica, especialmente no que respeita à representação política e sua confluência com as estruturas partidárias.

Em 1994, o Brasil aparentava ares de modernidade com o protagonismo de dois grandes partidos, a saber, o Partido dos Trabalhadores (PT) e o Partido da Social Democracia Brasileira (PSDB).

É preciso considerar que esses partidos foram historicamente organizados e souberam constituir agendas que, de algum modo, uniram os

---

6   O texto contido nesta seção foi escrito em 2014, no auge da disputa entre os partidos PT e PSDB; e foi reescrito em 2022, adaptado pela necessidade de atendimento à Base Nacional Comum Curricular (BNCC). É importante afirmar que as previsões políticas, do ponto de vista da polarização, soaram proféticas. Como conteúdo, o texto permanece, mas acrescido de um dado – o resultado da polarização: a vitória de uma candidatura improvável, os que se autodenominaram *candidatos de antissistema* no ano de 2018, em que o PSDB ficou de fora do segundo turno e o PT perdeu as eleições.

anseios regionais com os nacionais, especialmente no que concerne às disputas presidenciais. Essa habilidade política, mediada pela organização e penetração em setores sociais, impeliram grandes e pequenos partidos a se unir em torno dessa disputa ideológica: esquerda e direita.

Com a redemocratização e o subsequente impedimento do presidente Fernando Collor de Melo, demarcavam-se ideologicamente os partidos de esquerda e de direita. De um lado, nas primeiras eleições, a direita, conduzida pelo PSDB, buscando o controle da inflação, a estabilidade da moeda brasileira (o plano real); do outro, a esquerda, arregimentada pelo PT, com uma agenda voltada para a geração de empregos e o asseguramento de direitos sociais. É claro que existiram outras candidaturas, como a de Leonel Brizola, figura importante no cenário da esquerda brasileira. Mas a polarização ficou entre os dois partidos, PT e PSDB, podendo ser observada nas eleições presidenciais de 2002, 2006, 2010 e 2014, em que esses partidos foram os mais votados nos primeiro e segundo turnos.

Para além da organização dos partidos políticos, esse processo de disputa construía nos municípios, nos estados e na federação um amadurecimento do processo eleitoral e consolidava sua importância no fortalecimento da redemocratização. Nas palavras de Celso Roma (2006, p. 181): "O PT e o PSDB têm sido fundamentais para a dinâmica da democracia, precisamente porque são capazes de recrutar uma elite política comprometida com uma doutrina, representar diferentes agendas governamentais para o eleitorado e desenvolver estratégias eleitorais eficientes".

Esse período de suposta tranquilidade política, eleições livres e legítimas viu crescer silenciosamente no interior da democracia brasileira uma bancada religiosa que, em um primeiro momento, não interferiu diretamente nas pautas da agenda política. O grupo, em sua maioria, seguia os ideários da direita e, quando muito, participava defendendo feriados religiosos, como o Dia da Bíblia e do Evangélico. Entretanto, com o passar do tempo, a bancada religiosa, já profissionalmente politizada, entendeu o jogo da política e passou a reivindicar uma parcela da agenda política para seus anseios de moralidade com temas como família, tradição e bons costumes, ocupando indiscriminadamente o lugar da cultura, das políticas sociais e dos bens simbólicos. É importante destacar que a bancada religiosa nem sempre representa os anseios do povo cristão, já que essa comunidade é bastante diversa. Todavia, a base eleitoral está na comunidade religiosa, tendo o apoio direto dos líderes religiosos.

Os anos de 2013 e 2014, no governo Dilma Roussef, assolado por uma crise econômica agravada por uma crise política, fizeram ecoar, outrora silenciados, os gritos da moralidade, o ruído evangélico. No contexto dos problemas econômicos, recrudescida pela falta de crença na política, a direita, respaldada pelos ideários do conservadorismo tosco, pôs sob suspeita o resultado eleitoral de 2014. Nesse conjunto, o modo petista de governare mormente os da presidenta Dilma não alcançaram bons resultados, tampouco aprovação similar à do ex-presidente Lula.

O PSDB, liderando o bloco da direita, desgastou o já fragilizado governo da presidenta em exercício e solicitou seu impedimento. Havia, por parte dos conservadores, a crença de que, com o fim do governo petista, o então vice-presidente, Michel Temer, aplainaria os caminhos para o retorno do PSDB ao Planalto. É importante salientar que, com todo esse movimento de contestação e de golpe político, crescia um "projeto antissistema", abarcado por religiosos e militares. Tal projeto, no primeiro momento, parecia não ameaçar a polarização entre os blocos políticos arregimentados pelo PT e pelo PSDB.

Entretanto, no mundo prático, a política costuma desconcertar a previsão e o discurso da ciência, já que, nas palavras de Weber, política também é paixão. O imprevisível aconteceu: o bloco de políticos viciados nas práticas eleitorais, mas apoiados no discurso do "antissistema", não só cresceu, como também venceu o jogo presidencial, dando tintas a um Brasil mais amarelo, cristão, militar.

Deve-se considerar que o então candidato à presidência da República Jair Messias Bolsonaro, em face da polarização política, soube se posicionar adequadamente no confronto já envelhecido dos velhos partidos e, mais do que isso, evitou recursos tradicionais de campanha e investiu em incrementos da tecnologia que o colocassem em contato direto com o povo. De algum modo, essa relação esclerosou as velhas formas de se fazer política, como nos casos do uso do horário eleitoral e do comparecimento nos debates.

O PSDB não encontrou o caminho de que precisava para voltar ao comando do Poder Executivo, tampouco o PT, que amargava com a pecha de partido corrupto e um estrangulamento moral, provocado pela Operação Lava-Jato, à luz de uma judicialização da política e da criminalização das esquerdas. Como se não bastasse, crescia o desencantamento dos velhos militantes, pulverizados em partidos de centro e de extrema-esquerda.

Com o esgarçamento da polarização política, que demarcou o esgotamento de um modelo de gestão pública, capilarizada por dois grandes partidos, com lastros no controle inflacionário, na experiência da gestão e em fortes articulações com as instituições políticas, surgiu espaço para um novo grupo político, com pouca experiência na gestão pública, sem quadros qualificados: um governo disfuncional. O resultado, em termos práticos, foi um desastre nacional.

É certo que o fenômeno religioso conservador, impulsionado pela "bancada evangélica" e pelo movimento "antissistema", ajudou e muito uma candidatura na travessia do anonimato para o Planalto, algo que no mínimo dois anos antes das eleições presidenciais de 2018 seria impensável. Esse evento por si só não explica a vitória bolsonarista, mas ajuda a entendê-la, já que o discurso da moralidade perpassou todo o período de campanha, principalmente após o esgotamento dessa polarização política, demonizada pelo fantasma da corrupção, tão bem desenhada pelo espírito da Lava-Jato.

Indicações culturais

> PERISSINOTTO, R. M.; FUKS, M. (Org.). **Democracia**: teoria e prática. Rio de Janeiro: Relume Dumará, 2002.
> Essa obra reúne artigos que promovem uma ampla reflexão a respeito da *democracia*. Trata-se, portanto, de um material importante para compreender o cenário brasileiro atual.
>
> SADER, E.; GARCIA, M. A. (Org.). **Brasil**: entre o passado e o futuro. São Paulo: Boitempo, 2010.
> Esse livro é importante para a compreensão dos dilemas brasileiros, pois contém artigos em que se problematiza o caráter da cultura brasileira.

Síntese

A abordagem que neste capítulo circunscreveu brevemente a noção de teoria política, com base em tópicos como: teoria dos regimes políticos; teoria do direito; política e poder; críticas da filosofia política; e política e desafios brasileiros. Essas reflexões já haviam sido aludidas em capítulos anteriores, com exceção da temática da teoria do direito, e a da política e os desafios brasileiros nessa esfera. Assinalamos que as teorizações da filosofia contratual mantém pontos de contato com a teoria do direito, mais precisamente a filosofia do direito. Neste capítulo, porém, concentramo-nos na distinção entre as escolas da filosofia do direito, a saber: jusnaturalismo, juspositivismo e pós-positivismo.

Os conteúdos que expusemos neste capítulo guardam relação com os demais capítulos. Buscamos refletir, com base na realidade brasileira, a respeito da política e de seus desafios, especialmente na sociedade atual. A exposição foi breve, mas inquietante e provocativa, pois suscita a necessidade de posicionamento e participação direta no debate, uma vez que tratamos da realidade vivida em nosso país. Para adentrar no estudo proposto, é preciso se desvencilhar de sentimentos partidários e, numa incursão filosófica, se dedicar a interpretações dialéticas, pois a realidade brasileira acontece neste exato momento e reclama uma posição, uma esperança. Nesse contexto, é preciso considerar a importância da leitura crítica da realidade brasileira promovida pelas Escolas do Recife, movimento que, ainda que esquecido, foi de grande relevância para a história do pensamento brasileiro.

Atividades de autoavaliação

1. "Todas essas soluções podem ser distribuídas em duas grandes categorias: umas relacionam-se com a tendência *liberal* que enfraquece a autoridade dos governantes em proveito da liberdade dos governados; as outras, com tendência **autoritária**, que, ao contrário, reforça a primeira em detrimento da segunda" (Duverger, 1962, p. 11-12, grifo original).

   Com base na citação apresentada, assinale, em relação ao que se denomina *regime político* na obra de Maurice Duverger, a alternativa correta:
   a) A discussão de regimes políticos, na perspectiva de Duverger, parte de uma relação dinâmica entre governantes e governados. Por essa razão, esse autor adere à teoria das elites.
   b) Segundo Duverger, do ponto de vista do regime político, existe uma natureza política que define a relação dinâmica entre governante e governado.
   c) A relação de mando no sentido político, de acordo com Duverger, ocorre pela via do regime político, no qual as formas de poder e seu exercício são determinados pelo caráter do governante político.
   d) O regime político não pode, segundo Duverger, ser pensado como instrumento de organização, distribuição e exercício do poder, numa relação ampla entre governantes e governados.
   e) Todas as alternativas anteriores são corretas.

2. Acerca da teoria do direito em Hans Kelsen, assinale V (verdadeiro) ou F (falso) nas assertivas a seguir:
   ( ) A teoria pura do direito compreende o direito e sua dimensão metafísica.
   ( ) A teoria pura do direito pode configurar o positivismo jurídico.
   ( ) Hans Kelsen busca o distanciamento da especulação filosófica, especialmente da interpretação metafísica do direito.
   ( ) Hans Kelsen, um neokantiano, busca solidez teórica na razão pura de Kant, mais precisamente no *a priori*. Desse modo, refuta a experiência para compreender, segundo o filósofo prussiano, a teoria pura do direito.
   ( ) A discussão da teoria pura do direito é, no pensamento de Kelsen, uma tentativa de não só construir uma alternativa para responder cientificamente ao direito em si, como conjunto de normas jurídicas, mas também de ofertar um estudo rigoroso e sistemático, do ponto de vista filosófico, do direito como uma ciência em si mesma

   Agora, assinale a alternativa que apresenta a sequência correta de preenchimento dos parênteses, de cima para baixo:
   a) F, F, V, V, V.
   b) V, F, F, V, F.
   c) V, V, F, V, F.
   d) F, F, F, V, V.
   e) F, V, V, V, V.

3. Com base nas proposições a seguir, relacionadas à teoria do direito puro de Hans Kelsen, assinale a alternativa correta:
   I) O direito corresponde a um conjunto de normas jurídicas que regulamenta as ações humanas – o direito no sentido positivo.

II) O direito positivo distingue-se do direito natural: o primeiro é um conjunto de normas jurídicas deduzidas com base na natureza, não necessariamente construídas por atos humanos.

III) O conhecimento do direito não deve se restringir aos fatos e a suas leis, mas se estender à relação entre direito e sociedade.

A respeito dessas sentenças, é correto afirmar que
a) I é falsa.
b) II é falsa.
c) III é verdadeira.
d) I e II são verdadeiras.
e) todas são verdadeiras..

4. Sobre a polarização política na sociedade atual brasileira e sobre a política e os desafios brasileiros, marque a alternativa correta:
a) Não há polarização política no Brasil, pois o sistema político brasileiro é pluripartidário.
b) Não é correto qualificar os partidos em esquerda e direita na política brasileira, uma vez todos os partidos disputam o poder no cenário brasileiro, especialmente o PSDB, originário de grupos ligados ao comunismo.
c) Na sociedade brasileira atual, a polarização política consiste na disputa entre dois grandes partidos políticos do país: PT e PMDB.
d) Na sociedade brasileira atual, a polarização política consiste na disputa entre dois grandes partidos políticos do país – PSDB e PMDB.
e) Nenhuma das alternativas anteriores está correta.

5. "Verbalmente, quase todos estão de acordo, pois tanto o vulgo como os homens de cultura superior dizem ser esse fim da felicidade e identificam o bem viver e o bem agir como o ser feliz" (Aristóteles, 1973, p. 251).

Levando em consideração esse excerto de Aristóteles, assinale V (verdadeiro) ou F (falso) nas assertivas a seguir:

( ) A palavra *política*, no sentido aristotélico, pressupõe o objetivo precípuo da felicidade.

( ) A política deve assegurar, para todos os indivíduos, o bem-viver e o bem-agir como resultados últimos de suas existências.

( ) Segundo Aristóteles, não é da política o papel de propiciar a felicidade para todos os indivíduos.

( ) Aristóteles define *felicidade* como o meio para a realização da vida pública.

( ) A felicidade é o fim último da vida pública, ou seja, o resultado da ação política.

Agora, assinale a alternativa que apresenta a sequência correta de preenchimento dos parênteses, de cima para baixo:
a) V, V, F, F, V.
b) V, F, F, V, F.
c) F, V, F, V, V.
d) V, F, F, V, V.
e) F, V, F, V, F.

Atividades de aprendizagem

Questões para reflexão

1. Distingua, de acordo com a filosofia do direito, jusnaturalismo de juspositivismo.

2. Diferencie, segundo Max Horkheimer, a teoria crítica da teoria tradicional.

Atividade aplicada: prática

1. Faça uma visita à Câmara de Vereadores de sua cidade e pesquise os partidos políticos de cada vereador. Na sequência, verifique se algum deles é cristão. Em caso positivo, procure saber como esse grupo se posiciona sobre as relações homoafetivas.

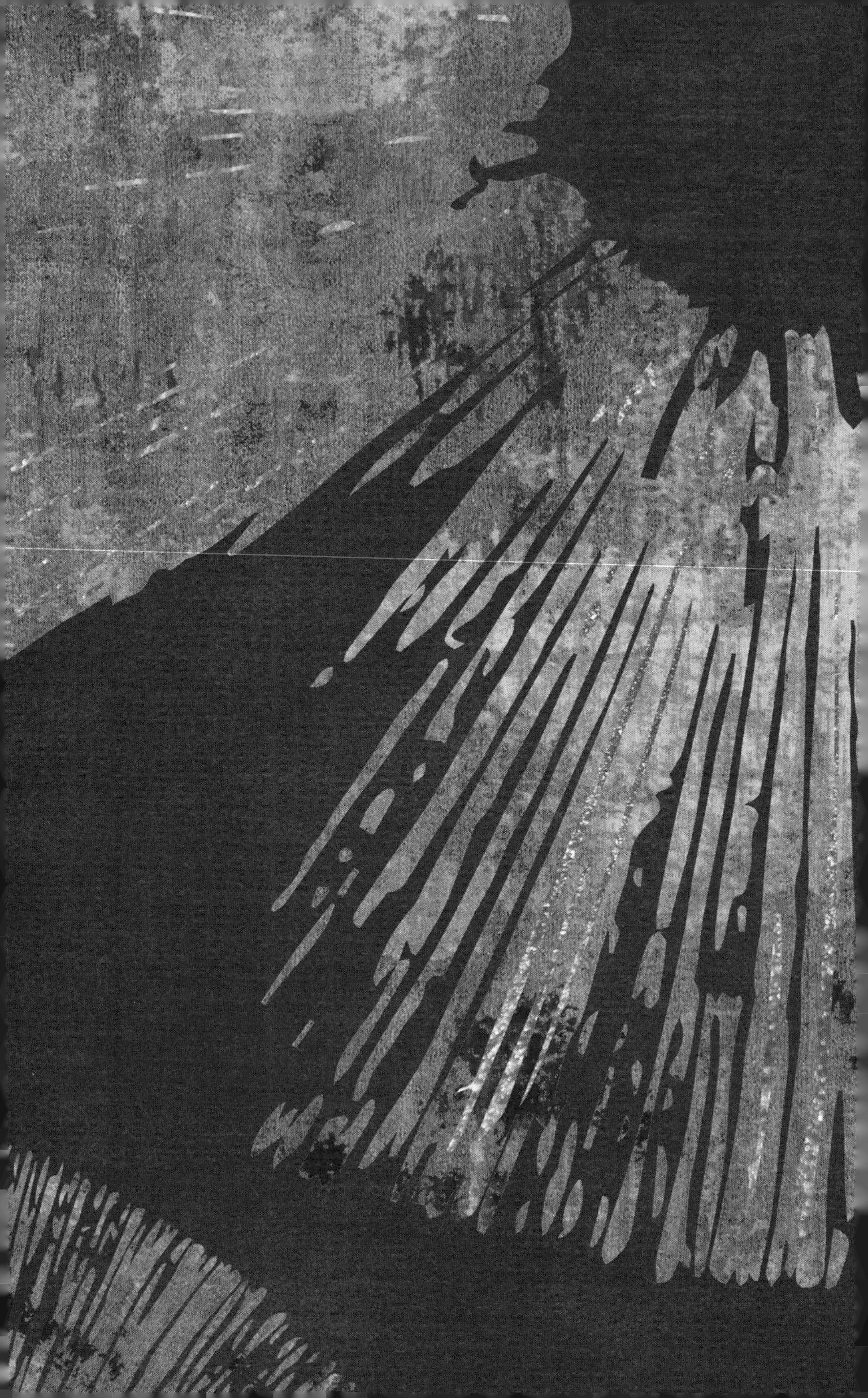

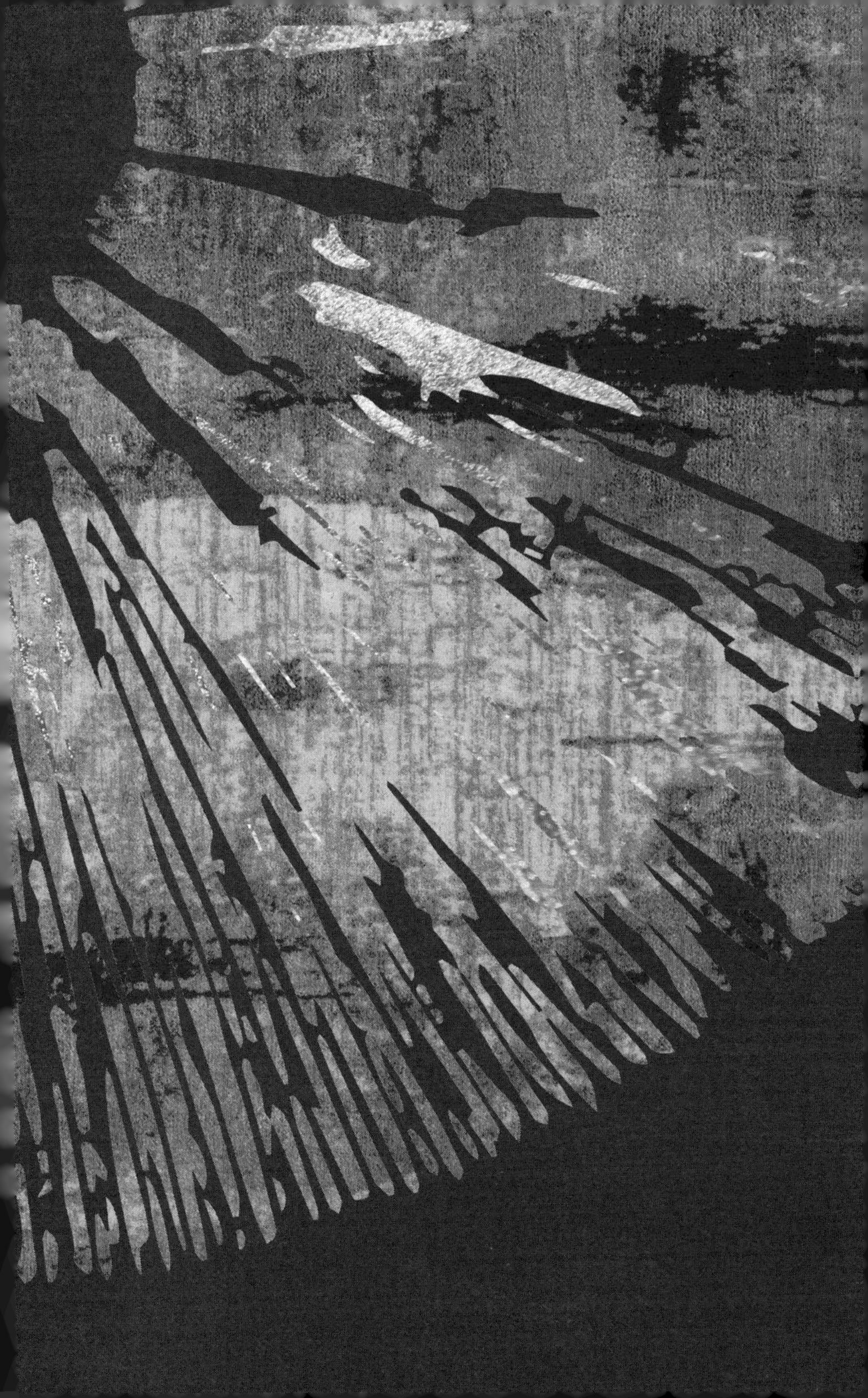

6
Filosofia e política

Neste capítulo, abordaremos questões do universo da política tomando como referência o pensamento de Ortega y Gasset. Para tanto, estabeleceremos relações entre o autor citado e outros que de certa maneira o influenciaram e que em alguma medida também foram influenciados por ele nos campos da filosofia e da política. Por isso, propomos aqui uma construção de conceitos, bem como a articulação teórica entre autores e temáticas para a formalização de uma compreensão da filosofia política.

6.1
Aproximações e distanciamentos políticos na construção tipológica de homem com base em Ortega y Gasset

José Ortega y Gasset nasceu em 1883, em Madrid, Espanha, e morreu na mesma cidade em 1955. Desenvolveu sua formação intelectual no país natal, bem como na Alemanha e na França. Entre os alemães, recebeu uma forte influência do neokantismo e dialogou profundamente com pensadores da mesma linha. De modo muito específico, recebeu do seu mestre, Hermann Cohen, a visão profunda e significativa da filosofia kantiana. Julían Marías (2004, p. 497), filósofo, historiador e discípulo de Ortega y Gasset, afirma que "a primeira formação de Ortega foi neokantiana; seus anos em Marburgo deram-lhe um conhecimento minucioso de Kant, uma disciplina intelectual rigorosa, a visão interna de uma última forma de 'escolasticismo' e uma imersão na atitude idealista".

De acordo com Marías (2004), esse vínculo com os neokantianos possibilitou a Ortega y Gasset mergulhar no debate a respeito do realismo e do idealismo, querela recorrente nas academias europeias. Contudo, mesmo dialogando fortemente com seu mestre, o filósofo espanhol desenvolveu uma linha de pensamento específica na medida em que se desvencilhou de realismo e idealismo e potencializou a discussão filosófica da época formulando o conceito de **razão vital**. Ainda segundo Marías (2004, p. 497): "muito rapidamente, contudo, como se pode ver em seus primeiros escritos, reagiu de maneira pessoal; pouco tempo depois, Ortega chegava a posições próprias, determinadas, como veremos, pela superação de todo subjetivismo e idealismo".

Do ponto de vista filosófico, essa reflexão é bastante significativa para a compreensão do expediente teórico de Ortega y Gasset, uma vez que a razão vital é a tônica da superação do embate acadêmico supramencionado. A despeito disso, o imprescindível para nossa abordagem é o desdobramento desse expediente sociofilosófico para a educação política. Sob essa perspectiva, é fato que a divisão da sociedade em duas categorias, esboçada por Ortega y Gasset, advém da reflexão e do aprofundamento do texto kantiano denominado *Aufklärung* (termo que, em português, significa "esclarecimento"), produção traduzida para o português como *Resposta à pergunta: O que é esclarecimento?* (Kant, 2005).

6.2
Aproximações filosóficas

Para a compreensão da filosofia política de Ortega y Gasset, faz-se necessário considerar alguns filósofos dos quais o pensador madrileno recebeu influência e que, de certa maneira, contribuíram para que ele pudesse sistematizar sua teoria político-filosófica. Nesse sentido, apresentaremos alguns pensadores da área que, direta ou indiretamente, inspiraram o postulado orteguiano ou, ainda, se aproximam do pensamento de Ortega y Gasset no que toca à questão do campo de saber aqui explorado.

6.2.1 Immanuel Kant

Immanuel Kant (1724-1804), filósofo e matemático alemão, dedicou-se à conciliação do clássico debate entre racionalismo e empirismo. Autor de diversas obras, Kant é um dos expoentes do Iluminismo alemão. A contribuição desse pensador para a filosofia foi sem dúvida alguma extraordinária, tendo em vista que ela perpassa desde o idealismo transcendental até a filosofia da moral. Não cabe aqui discorrermos sobre o sistema de pensamento kantiano; por isso, ateremos nossa atenção à influência desse autor na filosofia política orteguiana. Apresentaremos, então, o texto *Resposta à pergunta: O que é esclarecimento?*, no qual Ortega y Gasset fundamenta sua teoria da razão vital.

No referido escrito, Kant distingue a sociedade em duas categorias: a menoridade e a maioridade. A primeira é comparada ao sujeito que não dispõe de razão e de maturidade para fazer seu próprio caminho e, por conseguinte, precisa de um responsável por ele, isto é, um tutor. A segunda é análoga ao sujeito racional e emancipado, capaz de conduzir sua própria trajetória. Essa divisão, esclarece o citado autor, não é de natureza, mas de cultura e esclarecimento. Nas palavras de Kant (2005, p. 61-62, grifo do original):

> esclarecimento (*Aufklärung*) é a saída do homem da sua menoridade de que ele próprio é culpado. A menoridade é a incapacidade de fazer uso de seu entendimento sem a direção de outro indivíduo. **O homem é o próprio culpado** dessa menoridade se a causa dela não se encontra na falta de entendimento, mas na falta de decisão e coragem de servir-se de si mesmo sem a direção de outrem. *Sapere aude!* Tem a coragem de fazer uso de teu **próprio** entendimento! Tal é o lema do esclarecimento (*Aufklärung*).

De acordo com o pensador alemão, a razão, propiciada pela educação, pode emancipar o sujeito, ou seja, tirá-lo da condição de menoridade e torná-lo maior, isto é, transformá-lo em um sujeito autônomo, livre e responsável por seu destino e o da humanidade. Para o autor, a condição de menoridade é cômoda, pois não exige sacrifício, aventura ou desprendimento; pelo contrário, trata-se de uma vida fácil, vulgar.

Segundo Kant (2005), não é de natureza a condição de menoridade ou maioridade; por isso, é do próprio sujeito a responsabilidade para *Sapere aude*[1], ou seja, por ter a coragem de fazer uso do próprio entendimento, ato resultante de uma racionalização, isto é, de um esforço

---

1 "Tenha coragem de fazer uso do seu próprio entendimento".

racional para compreender o mundo como ele é e superá-lo com o uso da própria racionalidade. Contudo, existe um intermediário nesse processo, a figura do tutor, isto é, alguém que se responsabiliza pelo menor, assume essa tutela e não permite a emancipação dessa menoridade. Segundo Kant (2005), esse intermediário é um problema, pois não permite a emancipação do sujeito, ainda que o auxilie, ou seja, este último não faz uso de seu próprio entendimento.

Dessa breve explanação já se depreende que os caminhos teóricos de Kant e Ortega y Gasset se aproximam. Os conceitos de menoridade e massas se imbricam, assim como os de maioridade e minoria. Para tanto, o pensador enxerga nas massas uma espécie de menoridade kantiana, isto é, que não dispõe de singularidade, racionalidade e, ainda menos, vontade e coragem para agir racionalmente, uma vez que, segundo: "o homem-massa atual é, de fato, um primitivo que entrou pelos bastidores no velho cenário da civilização" (Ortega y Gasset, 1987, p. 115). Entretanto, diferentemente de Kant, o filósofo espanhol observa que a massa, distinta da menoridade, é violenta, não aceita tutoria e age de acordo com seus apetites.

Analogamente, a massa é a menoridade kantiana. Na sociedade contemporânea, essa coletividade continuou desprezando a razão; no entanto, mesmo não dispondo de racionalidade, avançou aos espaços públicos, impondo a eles um ritmo vertiginoso e lançando-os à barbárie. Essa massa atua por si mesma, é senhora de si e não aceita tutorias; em outros termos, as massas tornaram-se, segundo o filósofo espanhol, indóceis.

Essa compreensão tipologizada de homem aproxima Kant e Ortega y Gasset. Contudo, o autor madrileno não dispõe do mesmo entusiasmo kantiano, pois acredita que o homem-massa, animal de rebanho, é a forma decadente que opera os destinos da sociedade contemporânea. O filósofo alemão acredita que, entre menoridade e maioridade, mediadas pelo tutor, é possível a existência da razão como elemento de emancipação, autonomia e clareza. Por isso, adverte que a sociedade vive os primeiros passos desse esclarecimento, dessa racionalidade; em outras palavras, cedo ou tarde, o esclarecimento tomará corpo e fará da sociedade moderna um ambiente de homens esclarecidos.

Para Ortega y Gasset (1987), a razão, tomada em sentido instrumental, não emancipa o homem. Afinal, somente uma combinação entre vida e razão, isto é, o raciovitalismo[2], possibilitaria a emancipação do homem para retirá-lo da condição de massa e torná-lo homem-especial. O raciovitalismo pode ser pensado, no entendimento orteguiano, na vida como aventura, singularidade; e a razão, como escolha, discernimento e auxílio para que o homem viva autenticamente. Essa razão vital é o elemento de uma nova filosofia política, capaz de superar, conforme dito por Marías (2004), a dicotomia entre realismo e idealismo. Por essa perspectiva, mesmo partindo de um expediente kantiano, o filósofo espanhol potencializa a vida como razão, instrumento para o drama da vida – vida como realidade radical.

---

2   A vida como razão última. *Viver* significa desafiar os problemas cotidianos e construir possibilidades de melhoramento da vida humana. Não se trata de um receituário para viver bem, mas de uma compreensão dinâmica em que a vida é a representação do trágico e do cômico, ou seja, a vida é um drama, e viver é correr riscos a cada instante. A esse respeito, Carvalho (2002, p. 50-51) adverte: "Três são as formas pelas quais se manifestam o vitalismo no universo filosófico: subordinando a teoria do conhecimento a leis que regem o mundo orgânico, como ocorre no empirismo crítico de Richard Avenarius (1843-1896); diminuindo o papel da razão na interpretação da realidade em favor de uma intuição fundamental, conforme proclamou Henri Bérgson (1859-1941); e situando a vida no centro da investigação. Apenas nesse terceiro sentido, pode-se dizer que a metafísica orteguiana possuiu uma dimensão vitalista". Entretanto, para Ortega y Gasset (1987), o vitalismo é expressão última da vida como razão fundamental para o desenvolvimento da pessoa.

Tal diferenciação, com relação ao pensamento kantiano, exige da razão um projeto vital. O homem é um ser condicionado à liberdade e, por meio de suas escolhas, assume resultados e consequências. Diante disso, a razão como fundamento de um projeto vital é a definição da vida como um ato biográfico, ou seja, segundo Marías (2004, p. 509):

> como a vida não está feita, mas tem de ser feita, o homem tem de determinar previamente o que vai ser. A vida – diz Ortega – é faina poética, porque o homem tem de inventar o que vai ser. Eu sou um programa vital, um projeto ou esquema que pretendo realizar e que tive de imaginar em vista das circunstâncias.

Há, pois, nessa passagem, uma convergência com o filósofo Kant: nessa dimensão da vida como construção, o homem faz a si mesmo na vida, construindo-se com base nas possibilidades e nas próprias escolhas. Esse projeto vital é de natureza moral, ou seja, uma lida cotidiana na acepção de fazer do mundo um lugar melhor; contudo, esse lugar começa com o homem – homem no mundo – construindo e reconstruindo prévia e posteriormente o que deseja mediante o que pode ser. Esse ato de construção é a vida biográfica que precede a vida biológica. E vida biográfica é vida que se faz vivendo, sofrendo, aprendendo e reaprendendo.

6.2.2 Nietzsche: o filósofo legislador

Outro autor que marcou a trajetória intelectual de Ortega y Gasset foi certamente Friedrich Nietzsche (1844-1900); pensador alemão, um dos filósofos mais lidos na sociedade contemporânea, propôs uma forma específica de produzir conhecimento, fundamentando-se em um tom crítico[3]. O próprio Nietzsche (2007) qualificava-se como uma "dinamite",

---

3   Cinismo, nesse contexto, não pode ser tomado em sentido pejorativo, mas como uma forma específica de criticar os homens e a sociedade de um modo geral.

ou, numa leitura mais acadêmica, o **transvalorador dos valores**. Mais que isso, ele se intitulava um filósofo póstumo, isto é, pensador nascido em um tempo errado. Na obra *O anticristo*, o pensador alemão afirma que somente os homens do futuro poderiam compreendê-lo, tendo em vista que ele escrevia para tais indivíduos, uma vez que, no tempo dele, poucas eram as pessoas que o entendiam. Nosso objetivo aqui não é adentrar nos pormenores da filosofia nietzschiana, mas fazer considerações de pontos correlatos aos escritos orteguianos e que tiveram influência na produção desse autor.

Nietzsche, assim como Kant, é construtor de uma tipologia de homem, definindo duas categorias: o homem de moral nobre e o de moral de rebanho. Essa reflexão foi de suma relevância para que Ortega y Gasset sistematizasse sua teoria político-filosófica. De acordo com Nietzsche (2009), em *Genealogia da moral*, a sociedade moderna, espaço do ressentimento, viveu seu maior dilema, isto é, a inversão dos valores morais: "mas por que persistirem em falar de ideais mais nobres? Vamos ater-nos aos fatos: o povo é quem venceu – ou 'os escravos', 'a plebe', 'o rebanho'" (Nietzsche, 2009, p. 39). Dito de outro modo, o homem de moral de rebanho vive na sociedade contemporânea, na qual não existem ideais de grandeza e nobreza, mas somente a plebe, o rebanho. Essa afirmação é basilar para que Ortega y Gasset chame de *massa* o tipo de homem que vive nesse ambiente.

Para Nietzsche (2009), uma nova configuração de moral adveio com o cristianismo, que suplantou a verdadeira conceituação de moral oriunda da Grécia Antiga. Na *Genealogia da moral*, em seu primeiro capítulo, intitulado "Primeira dissertação", o autor delineia a relação entre o que chama de "bom e mau" e "bom e ruim". Toda essa parte do texto é destinada à referida relação, que o autor considera fulcral. A relação entre bom e mau é, no sentido nietzschiano, entre o forte e o fraco e, por isso, o bom não é configurado pela ação externa, mas, antes de tudo, pela interna; isto é, nas palavras de Nietzsche (2009, p. 19): "o juízo 'bom' não provém daqueles aos quais se fez o 'bem'! Foram os 'bons' mesmos, isto é, os nobres, poderosos, superiores em posição e pensamento, que sentiram e estabeleceram a si e a seus atos como bons".

Decorre que o homem de moral nobre, o bom, não o é simplesmente em razão de suas ações, externas e úteis; pelo contrário, é bom na acepção aristocrática espiritual, nobre e superior; o homem singular, que não depende do olhar alheio, da pressão externa, é aquele que se sente senhor e se obriga a viver sua própria singularidade.

A assertiva nietzschiana acena contra os "vencedores" da sociedade moderna ou, ainda, a cultura ocidental cristã que promulgou a moral de escravo, moral de rebanho e de ressentimento. No entanto, quem são, segundo o filósofo alemão, os vencedores da sociedade moderna? Nietzsche (2009, p. 46) responde da seguinte maneira: "o verme 'homem' ocupa o centro do palco e nele se multiplica; que o 'homem domesticado' medíocre irremediável, já aprendeu a se considerar como o objetivo e o cume, como o sentido da história, como o 'homem superior'".

Para Ortega y Gasset (1987), esse verme forjado na perspectiva nietzschiana corresponde ao **homem-massa**, que, entre outros problemas, inviabiliza os ideais de nobreza e grandeza da cultura contemporânea em razão de sua vulgaridade. O homem-massa, semelhante ao homem de moral de escravo, considera-se especial, superior e senhor da vida pública.

Assim, fortemente influenciado por Nietzsche, o filósofo espanhol assegura que não há limite para o triunfo desse novo homem; pelo contrário: "o mundo que rodeia o homem novo desde o seu nascimento não faz com que ele se limite em nenhum sentido, não lhe apresenta nenhum veto nem contenção, mas, ao contrário, fustiga seus apetites, que em princípio, podem crescer indefinidamente" (Ortega y Gasset, 1987, p. 88).

A *Genealogia da moral*, estudo destinado à compreensão desse fenômeno denominado *inversão da moral*, sobretudo no que corresponde à noção de "bom", de forte, é apontado no pensamento orteguiano na medida em que um tipo de homem foi capaz de não só suplantar a ordem de uma aristocracia espiritual, mas, para além disso, impor um novo modelo de moral, decadente e inclusiva, para a sociedade como um todo. Assim, seja para Nietzsche, seja para Ortega y Gasset, a sociedade é resultado desse novo fenômeno, que é a decadência da cultura, da moral e dos nobres valores.

Dessa maneira, para os filósofos Nietzsche e Ortega y Gasset, mesmo que, no passado ou no presente, a sociedade seja uma sociedade de massa, faz-se necessário que uma nova "aristocracia" se forme e restabeleça os verdadeiros valores da moral. Por essa razão, pergunta-se Nietzsche (2005, p. 90, grifo do original): "onde apontaremos nós as nossas esperanças? – Para **novos filósofos**, não há escolha; para espíritos fortes e originais o bastante para estimular valorações opostas". Os novos filósofos, também denominados *filósofos legisladores*, são, numa perspectiva nietzschiana, os responsáveis pelo asseguramento de uma nova sociedade, que seja capaz de reconhecer o "bom", o "forte" e o "aristocrata", mediante as pulsações internas dos ideais de nobreza, e não simplesmente pelas ações consideradas úteis. Notoriamente, a noção de política com ênfase no aspecto da filosofia é, nas sociedades moderna e contemporânea, atravessada pela conceituação tipológica de homem.

Ratificamos que a tipologia filosófica trabalhada nos textos orteguianos é instrumento de provocação e denúncia política. O filósofo espanhol promove essa instigação para criticar a sociedade de seu tempo e apresentar de maneira categórica o fenômeno que é, segundo ele, visual, ou seja, não precisa de esforço intelectual para que se reconheça. Assim, os tipos de homem são esboçados na medida em que o autor aponta para o esvaziamento da política em decorrência da irresponsabilidade que a caracteriza, da falta de competência e trato com o espaço público e, acima de tudo, do barateamento conceitual do que é denominado *participação*. À vista desse cenário, a tipologia de homem é um artefato filosófico e conceitual de provocação política e reflexão filosófica.

A visão provocativa da denúncia referenciada é o elemento para a teorização de uma nova política, destinada a apontar o problema que é a **rebelião das massas**. É claro que as visões filosóficas kantiana e nietzschiana povoavam o intelecto de Ortega y Gasset, tendo em vista que ele dedicou um bom número de páginas para Kant e, no decorrer de todo o texto, fez uso de excertos nietzschianos, citando-os em boa parte do seu expediente sociofilosófico.

Entretanto, para o próprio Ortega y Gasset (1987), a questão é muito maior do que apresentar uma tipologia de homem; é preciso, segundo o pensador madrileno, uma proposição de caráter moral e político. Todavia, há uma conjectura kantiana e uma nietzschiana. Em Kant existe a condição de saída da menoridade para a maioridade; em Nietzsche (2005, § 25, p. 33), consta a noção de filósofos legisladores: "após o fim da crença de que um deus dirige os destinos do mundo [...] os próprios homens devem estabelecer para si objetivos ecumênicos que abranjam a terra inteira".

A questão para Ortega y Gasset concentra-se na aproximação da discussão do cotidiano. Basta relembrarmos que o pensador fazia de seu expediente filosófico textos de jornais e revistas. A proposição apresenta-se em razão dessa aproximação, da localização da tipologia homem não simplesmente como um aporte teórico, mas também como uma crítica mordaz contra instituições acadêmicas, políticas e sociais, assim como contra boa parte de intelectuais[4] de seu tempo. Pergunta Ortega y Gasset (1987, p. 142):

> quem exerce o poder social hoje? Quem impõe a estrutura de seu espírito na época? Sem dúvida, a burguesia. Quem, dentro dessa burguesia, é considerado o grupo superior, a aristocracia do presente? Sem dúvida, o técnico: engenheiro, médico, economista, professor etc. etc. [sic] Quem, dentro do grupo técnico, representa-o com maior relevância e pureza? Sem dúvida, o homem de ciência. [...] Pois bem: acontece que o homem de ciência atual é o protótipo do homem massa.

A discussão orteguiana trata de sua realidade circunstancial com ardor filosófico, isto é, faz da filosofia o instrumento político para denunciar o fenômeno das massas e provocar uma reação no povo espanhol no que concerne à ação política. O caminho encontrado por esse autor é justamente a conceituação de um tipo genérico de homem que inviabiliza o crescimento de uma Espanha atrasada[5]. Esse recurso metodológico de política, isto é, a inovação conceitual dos tipos de homem, paralelo à denúncia desse fenômeno denominado *massa*, faz de Ortega y Gasset um autor de destaque no cenário espanhol e, consequentemente, na Europa.

---

4   A discussão orteguiana é marcada pela leitura nietzschiana, não há como negar esse fato. Quando Ortega y Gasset chama de *homem-massa* o homem de ciência, o técnico e o burguês, ele faz o mesmo que Nietzsche (1992, p. 105): "Insisto em que finalmente se deixe de confundir como filósofos os trabalhadores filosóficos e, sobretudo, os homens de ciência – em que precisamente aqui se dê 'a cada um o seu', e não demasiado a uns e muito pouco a outros". Para o pensador alemão, o filósofo legislador é o criador de valores, e não o produtor de verdades – atribuição homem de ciência.

5   *Atrasada* no que se refere a políticas para a reorganização do espaço espanhol. A Espanha era comparada pelo autor aos demais países da Europa, ficando sempre aquém destes, razão por que a adjetiva "atrasada".

Para o pensador espanhol, os filósofos anteriores agiram corretamente quando apontaram e denunciaram esse tipo genérico de homem ou, ainda, quando perceberam a inviabilidade da grandeza humana com a presença ostensiva desse tipo gregário de ser humano no comando da sociedade. Entretanto, para o filósofo, é necessário não só o reconhecimento e a localização desse homem na sociedade, mas, antes de tudo, a sua conversão, isto é, o melhoramento das instituições e o fortalecimento de uma nova moral para que o indivíduo deixe de ser massa, pois a condição de massa é uma violação da vida singular, das relações sociais fortalecidas e de um destino político grandioso (Ortega y Gasset, 1987).

Por essa razão, mesmo partindo de um expediente filosófico já formulado no que toca à tipologia de homem, Ortega y Gasset (1987, p. 52) acrescenta um elemento conceitual na ordem social e política: "aí está, colossal, instalada em nosso tempo como um gigante, signo cósmico de interrogação, que tem sempre uma forma equívoca que lembra, de fato, uma guilhotina ou uma forca, mas também um possível arco triunfal".

Dessa assertiva, conclui-se que o fenômeno da massa é positivo quando compreende a possibilidade de mudança, bem aproveitando a forma como as massas agigantam-se e tomam os lugares preferenciais de um grupo específico. Essa ascensão social e política é um fenômeno positivo, ainda que tenha uma repercussão negativa. Para Ortega y Gasset (1987), a massa teve a coragem que faltava à minoria: ela simplesmente avançou, sem saber para quê, e tomou os lugares preferenciais da sociedade. Já as minorias não souberam ou não quiseram fazer o mesmo; ao contrário, não criaram estratégias de crescimento, reduziram-se e foram suplantadas por um grupo, a massa, sem qualquer condição de mando. A consequência negativa da ressurgência das massas diz respeito às ações desse grupo no espaço público. Conforme o madrileno, ao avançarem sem planejar suas ações, foram agindo sem compromisso, sem responsabilidade; por isso, sua ação na sociedade contemporânea representa o império decadente dos novos valores morais. Destarte, o que difere a filosofia política de Ortega y Gasset da de seus antecessores é justamente a dinâmica exercida em torno da criação e do uso de conceitos, na qual é preciso compreender, primeiro, o uso que faz de determinados conceitos (Ortega y Gasset, 1987).

6.2.3 Hannah Arendt: uma leitura política do fenômeno massa

A alemã Hannah Arendt (1906-1975) foi filósofa e autora de vários livros, entre os quais se destacam *As origens do totalitarismo* e *Entre o passado e futuro*. A pensadora é reconhecida tanto pelo diálogo com o pensamento de Aristóteles e Kant quanto pela interlocução com seu mestre Martin Heidegger (1889-1976). Essa é uma autora que transita pelas áreas da filosofia, da sociologia e da política.

Não faremos neste ponto do texto uma análise profunda dos textos arendtianos, mas, com abordagem semelhante às dedicadas a Kant e Nietzsche, buscaremos uma incursão parcial para delimitar a semelhança e a influência de Ortega y Gasset na conceituação do fenômeno de massa no arcabouço arendtiano.

Em *As origens do totalitarismo*, no capítulo intitulado "Uma sociedade sem classes", a autora denuncia a organização burocrática das massas como instrumento de aniquilação dos indivíduos. Essa estruturação é, segundo Arendt (2004), uma pulsação externa que advém de lideranças totalitárias, independentemente de terem origem em partidos de esquerda ou de direita. Por isso, adverte a filósofa (Arendt, 2004, p. 356): "seria um erro ainda mais grave esquecer, em face dessa impertinência, que os regimes totalitários, enquanto no poder, e os líderes totalitários, enquanto vivos, sempre 'comandam e baseiam-se no apoio das massas'". Em outros termos, as massas são legitimadoras da barbárie.

Obviamente, há uma diferenciação, do ponto de vista do conceito, entre Ortega y Gasset e Hannah Arendt, pois, no sentido orteguiano, a massa tem delimitação qualitativa, ao passo que, no sentido arendtiano, é a representação do quantitativo – conceito marxista. Entretanto, no que se refere à ação da massa, ambos os autores pensam da mesma maneira: para eles, as massas operam em forma de rebelião, sendo inconsequentes e sem responsabilidade para com a esfera pública. Para Arendt (2004, p. 361):

> o termo massa só se aplica quando lidamos com pessoas que, simplesmente devido ao seu número ou à sua indiferença, ou a uma mistura de ambos, não se pode integrar numa organização baseada no interesse comum, seja partido político, organização profissional ou sindicato de trabalhadores. Potencialmente as massas existem em qualquer país e constituem a maioria das pessoas neutras e politicamente indiferentes, que nunca se filiam a um partido e raramente exercem o poder de voto.

Para a autora alemã, os movimentos totalitários, bem como os governos dessa categoria, encontram nas massas um forte aliado para o desenvolvimento de sua política de destruição da esfera pública. Sendo assim, a massa pode se configurar como neutra, indiferente aos problemas sociais e políticos desse âmbito. Tal neutralidade é a recusa da liberdade no sentido de agir conscientemente e de forma singular. Por isso, conforme Arendt (2004, p. 358): "os movimentos totalitários objetivam e conseguem organizar as massas – e não as classes". Esse entendimento pressupõe o esvaziamento da singularidade dos indivíduos. À vista disso, os totalitários operam diretamente com as massas, e não com as classes – por *classe*, nesse contexto, entende-se uma organização que dispõe de elementos ideológicos e que se difere das massas em razão dessa disposição ideológica.

A noção de massa, em Arendt (2004), ultrapassa a tipologia de homem; não há essa preocupação no tratamento de um homem específico no interior dessa coletividade. Ademais, a autora caracteriza o fenômeno *massa* como o instrumento de legitimação da barbárie por parte dos totalitários. Assim, de acordo com Arendt (2004, p. 361): "em sua ascensão, tanto o movimento nazista da Alemanha quanto os movimentos comunistas da Europa depois de 1930 recrutaram os seus membros dentre essa massa de pessoas aparentemente indiferentes".

A indiferença, a falta de singularidade e a apatia para com a ética fizeram das massas fileiras para a sustentação de ações totalitárias. Essa inquietação advém, além de sua contestação ao regime totalitário, das reflexões político-filosóficas consideravelmente imbricadas com as reflexões orteguianas. Por essa razão, o conceito de massa é fundamental para compreendermos e articularmos, na sociedade contemporânea, reflexões sobre de uma educação capaz de emancipar o sujeito no sentido político, isto é, torná-lo sujeito de singularidade, responsabilidade e compromisso para com o espaço público.

6.3
Ortega y Gasset: configurações e conceitos na filosofia política

Na obra *Meditações de Quixote* (1967), publicada originalmente em 1914, Ortega y Gasset faz referência à simultaneidade entre homem e circunstância, ou seja, a condição de homem encontra-se imbricada à realidade do indivíduo. No entanto, o autor adverte que não é a circunstância que determina o caráter do homem; pelo contrário, a configuração de um homem salutar é oriunda da reflexão e ação perante a circunstância. Em outras palavras, na ontologia orteguiana (1967, p. 130): "eu sou eu e minha circunstância".

Margarida Amoedo (2002, p. 225), estudiosa portuguesa do pensamento de Ortega y Gasset, declara: "praticamente todos os autores que estudam o pensador espanhol concedem, de uma ou de outra maneira, ao tema da circunstância um lugar de relevo que se deve a uma razão ainda mais profunda do que em muitos deles se explicita". Segundo a autora, é muito comum que leitores não especializados apartem a conceituação de circunstância da perspectiva filosófica; contudo, ela defende que essa temática é imprescindível para que os estudiosos compreendam, no contexto filosófico, boa parte da teorização política de Ortega y Gasset, ou seja, a conceituação de circunstância está imbricada à concepção de política, especialmente no que diz respeito à tipologia de homem.

É certo que a noção de circunstância é problemática e deixa margem para diversas interpretações. Assim, eis uma assertiva de Ortega y Gasset (1987, p. 93): "em princípio somos aquilo que nosso mundo nos convida a ser, e as partes fundamentais de nossa alma são imprimidas nela de acordo com o perfil de seu contorno, como se fosse um molde. Naturalmente: viver não é mais do que lidar com o mundo".

Essa passagem abre espaço para diversas interpretações; primeiramente, para uma espécie de destino, sendo o homem condicionado pelo mundo, sem dele poder se desprender. Dessa maneira, numa leitura rápida, Ortega y Gasset pode ser descrito como um autor fatalista; em outras palavras, defensor de uma ordem que se reproduz de forma espontânea e que se determina de fora para dentro. Por essa razão, apresentamos a seguinte asseveração orteguiana: "somos aquilo que o nosso mundo nos convida a ser" (Ortega y Gasset, 1987, p. 93). Sendo assim, é preciso levar em consideração a defesa de Amoedo (2002) de que o conceito de circunstância tem um lugar de relevo na filosofia orteguiana.

Retomando a afirmação de Ortega y Gasset no intento de aplicar uma leitura mais precisa e abastecida com o espírito do existencialismo filosófico, podemos encontrar outras conclusões ante à já mencionada frase do pensador madrileno "Viver não é mais do que lidar com o mundo" (Ortega y Gasset, 1987, p. 93). Esse é o mundo circunstancial que compreende desde a existência singular até o seu entorno, que engloba as possibilidades e as perspectivas disponíveis para essa existência singular na qual cada sujeito se encontra.

Assim, lidar com o mundo é uma tarefa pessoal e dramática. Para Ortega y Gasset (2002, p. 34), a vida é esse drama humano: "Adão no paraíso é a vida simples e pura, é o débil suporte do problema infinito da vida". Não é razoável, então, atribuir os conceitos de fatalismo e destino ao pensamento orteguiano, pois essa é uma questão filosófica e, por isso, exige do leitor uma compreensão dinâmica e acurada dos conceitos que se relacionam entre si na formulação de um expediente sociofilosófico, ou seja, na formulação de um novo existencialismo.

Consoante à discussão, Adão, que representa cada homem em sua singularidade, vive com o mundo, o seu mundo. Por conseguinte, o indivíduo precisa lidar com isso, fazer escolhas e seguir a brevidade da vida no sentido de acolher os resultados de suas decisões. Numa perspectiva orteguiana, esse Adão é o novo homem existencialista, o ser no mundo com um mundo pessoal, intransferível, e a função dessa existência é viver nesse mundo, lidar com ele – uma espécie de relação cotidiana entre existência e circunstância. Para Ortega y Gasset (1987, p. 78, grifo do original), pioneiro de um novo existencialismo circunstancial, "viver é sentir-se **fatalmente** forçado a exercer a liberdade, a decidir o que vamos ser neste mundo. Não há um momento de descanso para nossa atividade de decisão. Inclusive quando, desesperados, nos abandonamos à sorte, decidimos não decidir".

No existencialismo circunstancial de Ortega y Gasset, o homem é um sujeito de ação, de decisão, responsável direto por sua condição existencial. Entretanto, a circunstância, lugar de possibilidades e perspectivas, pressiona o indivíduo cotidianamente a fazer dessa existência uma biografia; em outras palavras, homem e circunstância vivem e se desenvolvem simultaneamente. Por isso, a condição de ser homem é atrelada diretamente à condição circunstancial. Dessa maneira, mesmo havendo a liberdade do ser existente, o homem limita-se às perspectivas e possibilidades de seu entorno. Nesse sentido, o filósofo assegura: "a rigor, a rebelião do arcanjo lúcifer não teria sido menos grave se em vez de procurar ser Deus – o que não era seu destino – tivesse procurado ser o mais insignificante dos anjos, que tampouco era" (Ortega y Gasset, 1987, p. 150).

Nesse excerto, a palavra *destino*[6] assume sentido de "vocação", isto é, escolha mediante possibilidades e perspectivas. Nesse contexto, o homem é um ser nobre, um novo Adão, mas que, diante da circunstância, escolhe ou não essa dimensão de nobreza, pois é de sua natureza a liberdade, ou seja, o direito de fazer escolhas e tomar decisões. Entretanto, segundo Ortega y Gasset (1987, p. 150): "Lúcifer não conhecia as suas possibilidades e perspectivas, pois aventurou-se em algo que fugia de seu entorno, de sua condição real e existente. Ele, o anjo de luz, arriscou-se numa luta inglória e por isso fracassou". Disso podemos depreender que, no pensamento orteguiano, compete ao homem conhecer sua circunstância, reconhecer sua vocação e vivê-la radicalmente, ou seja, arriscar-se no

---

6 A palavra *destino* é bastante recorrente no texto orteguiano e usada no sentido de que existem condições nas quais a natureza humana encontra-se condenada, ou seja, ninguém muda a família, o país em que nasceu, pois esse é o seu destino, ou seja, sua condição definida como destino. O termo também é usado como "vocação", isto é, o que se deseja, o que se busca e o que se define como aquilo que deve ser. Por isso, essa palavra é tomada aqui em sentido filosófico.

que existe como possibilidade e perspectiva para realizar-se como ser existencial.

Nesse sentido, para Ortega y Gasset, essa relação entre existência e o entorno passa a vigorar como noção de perspectiva política, isto é, do eu que é independente da realidade, mas que não vive sem uma relação direta com a circunstância-mundo. Nessa dinâmica, o conceito de circunstância é pensado e comparado com habitação, isto é, morada, realidade em que se encontra o sujeito. Por consequência, a circunstância não é o sujeito em si, mas algo fora dele, ligado a ele, que pode, a depender das escolhas, determinar ou ser determinada. Nas palavras de Ortega y Gasset (1987, p. 77):

> a vida, que é antes de tudo o que podemos ser, vida possível, também é, por esse mesmo fato, decidir entre as possibilidades o que de fato vamos ser. Circunstância e decisão são dois elementos essenciais de que se compõe a vida. A circunstância – as possibilidades – é o que nos é dado e imposto em nossa vida.

Portanto, o projeto iniciado na obra *Meditações de Quixote* articula o homem a seu entorno, isto é, sua circunstância. Essa relação se traduz em salvamento da realidade social e política, mais especificamente da situação educacional em que se encontrava a Espanha de sua época. Entretanto, a discussão política do filósofo não se esgota nessa obra, ganhando novos contornos em obras seguintes, como *Espanha invertebrada* e *A rebelião das massas*.

Na primeira, Ortega y Gasset (1959) desenvolveu a discussão que começou em *Meditações de Quixote*: a conceituação de *minorias* e de *massas*. De maneira muito singular, na segunda parte dessa obra, intitulada "A ausência dos melhores", o filósofo iniciou uma reflexão acerca do problema *rebelião das massas*, que, em 1936, tornou-se livro. Nesse contexto, Ortega y Gasset (1959, p. 88) assegura que "hoje não há homem na Espanha". Essa foi uma crítica ao modelo de homem que se formava nas escolas espanholas e para o qual, conforme o autor, faltava ideal de nobreza[7], grandeza e entusiasmo. De acordo com o pensador madrileno, o que existe é um nivelamento dos indivíduos; isso significa que todos ou quase todos são formados pelo sentimento da *massa*, isto é, do esvaziamento da singularidade, da irresponsabilidade e da falta de compromisso para com os destinos de uma Espanha grande e nobre. Daí nasceu a metáfora "invertebraram a Espanha".

Assim, o autor expõe que a Espanha vive sua invertebração, ou seja, o império brutal das massas determina os destinos do povo espanhol. Para Ortega y Gasset (1959, p. 95), "uma nação é uma massa humana organizada, estruturada por uma minoria de indivíduos seletos". No entanto, esse país, ainda segundo o autor, destoa desse ideal e vive sob o domínio das massas, ou melhor, esses grupos assumiram os destinos do país e imprimiram o ritmo civilizacional.

Essa realidade em que se encontrava Ortega y Gasset fez dele um pensador de sua circunstância, isto é, a situação espanhola se fez como problema filosófico e político para esse autor. Por essa razão, sua produção teórica foi destinada à compreensão e transformação dessa realidade circunstancial.

---

[7] Há uma forte dose da filosofia nietzschiana na utilização desse termo, não só no que diz respeito à noção de nobreza, mas também no sentido da perspectiva. O perspectivismo é o modo como o homem singular vê e faz o mundo, isto é, não se trata de uma observação do mundo, mas de uma construção de mundo. *Nobreza*, nesse viés, representa exigência e obrigação, pois ser nobre não significa apenas ter direitos e privilégios. Para corroborar com essa concepção, Ortega y Gasset (1987, p. 97) cita Goethe, afirmando que "viver à vontade é de plebeu: o nobre aspira à ordem e à lei". O nobre deve viver esforçando-se cotidianamente para transformar as circunstâncias e, como privilégio, não deve esperar riquezas, favores, mas conquistas cotidianas (Almeida, 2009, p. 73).

A produção intelectual de Ortega y Gasset se encontrava, durante sua vida de professor e militante político, em jornais, revistas e conferências, publicações direcionadas para um público espanhol. O filósofo atinava constantemente para o fato de que o problema dorsal da Espanha era muito mais do que um problema de política: "quando o que está mal em um país é a política, pode-se dizer que nada se encontra muito mal. Este mal é ligeiro e transitório, posso garantir que o corpo social se regulará a si mesmo um dia ou outro" (Ortega y Gasset, 1959, p. 96).

A provocação era sempre no sentido de inquietar o homem, o Adão despossuído de seu drama humano, isto é, da vida como razão última. Sabemos que a realidade política era, no tempo do madrileno, um grande problema[8], mas essa foi uma questão secundária para o filósofo, pois a raiz dessa realidade política encontrava-se na massa, legitimadora dessa problematicidade, e num governo tipicamente de massa. Dessa maneira, segundo Ortega y Gasset (1959, p. 96): "assim, quando em uma nação a massa se nega a ser massa, isto é, a seguir a minoria diretora, a nação se desfaz, a sociedade se desmembra, e sobrévem o caos social, a invertebração histórica".

Essa reflexão é certamente pavorosa e, para alguns leitores, conservadora, uma vez que as massas devem assumir, segundo Ortega y Gasset (1959), a sua condição de massa e seguir uma minoria diretora. Para o referido autor, a invertebração é especificamente o deslocamento das massas no cenário público. Assim, elas não deixaram de ser massas, mas avançaram na acepção de comandar e operar os destinos da Espanha, quando, em concordância com seu papel, esperava-se que seguissem a minoria diretora – no entanto, não aceitaram sua função e avançaram em direção ao papel das minorias, para comandar a sociedade. O resultado

---

8 *Problema* no sentido de corrupção, desorganização, desarticulação política e conservadorismo.

disso, para o filósofo espanhol (1959), foi a invertebração política, ou seja, a sociedade se desfez com a barbárie do cotidiano, a vulgaridade política e o desmantelamento das instituições públicas, tendo em vista que as massas se deslocaram da atribuição que exerciam.

Não é sem razão que Ortega y Gasset recebeu críticas por sua teorização política. No que tange às conceituações de *minorias* e *massas*, o universo acadêmico é quase sempre evocado pelo expediente marxista, e Ortega y Gasset articula uma discussão de obediência das massas para com as minorias e denuncia a atitude de rebeldia dessas coletividades e de não aceitação de sua condição. Por isso, como explicamos anteriormente, o filósofo espanhol foi considerado elitista e conservador.

Certamente, essa afirmação de Ortega y Gasset – de que as massas devem se submeter ao comando das minorias e, quando isso não acontece, inicia-se uma invertebração histórica – é provocativa. Convém assinalarmos que, para o pensador espanhol, o problema de seu país ultrapassava a política na medida em que a noção de política é secundária, isto é, é fruto de um modelo de homem que se tornou peça capital da engrenagem da vida humana: o homem-massa.

No passado, para Ortega y Gasset, o homem-massa respeitava os limites da vida, subordinando-se às instâncias superiores. Agora, na sociedade contemporânea, rebelou-se: "viver é não ter limites algum, portanto, é abandonar-se tranquilamente a si mesmo. Praticamente nada é impossível, nada é perigoso e, em princípio, ninguém é superior a ninguém" (Ortega y Gasset, 1987, p. 94).

Nesse raciocínio, o homem-massa, de posse de um nivelamento filosófico, igualou-se aos homens de moral nobre, tornou-se senhor de si mesmo e, como se não bastasse, dos destinos da sociedade. Assim, a vida tornou-se vulgar, tendo em vista que perdeu a magnitude do mistério, do drama, da aventura, da singularidade e da nobreza.

Essa é a condição vulgar de vida que executa o homem-massa, porque a sociedade contemporânea, por meio de suas possibilidades circunstanciais, oferece plena liberdade para a nova modalidade de vida que opera esse indivíduo. Ortega y Gasset (1987, p. 14) aponta a presença do homem-massa na sociedade contemporânea da seguinte maneira:

> um homem feito de pressa, montado simplesmente sobre poucas e pobres abstrações e que, por isso, é idêntico de um extremo ao outro da Europa. A ele se deve o triste aspecto de asfixiante monotonia que a vida vai tomando em todo o continente. Esse homem-massa é o homem previamente esvaziado de sua própria história, sem entranhas de passado e, por isso mesmo, dócil a todas as disciplinas chamadas irracionais.

Esse homem, que corresponde não só ao homem da multidão, mas também ao burguês, ao técnico, ao especialista e a tantos outros que não compreendem a dimensão dramática da vida, é o responsável direto pela decadência da civilização contemporânea. Isso porque, conforme Ortega y Gasset (1987, p. 91): "nas agitações provocadas pela escassez as massas populares costumam procurar pão, e o meio que empregam costuma ser o destruir as padarias". A metáfora orteguiana ajuda a compreender o que o homem-massa representa para a sociedade contemporânea. A falta de criticidade, de organização política e, principalmente, a ausência de comprometimento com a realidade depõem contra essa espécie de homem, configurando-o como *homem-massa*; em outras palavras, ser despossuído de singularidade e de competência[9] para com os problemas do cotidiano.

No reverso da discussão tipológica, encontra-se o homem-especial. Ortega y Gasset (1987, p. 45) o define assim:

> quando se fala de minorias especiais, a habitual má-fé costuma distorcer o sentido dessa expressão, fingindo ignorar que o homem-especial não é o petulante, que se julga superior aos outros, mas o que exige mais de si mesmo que a maioria, ainda que não consiga atingir essas exigências superiores.

No entendimento orteguiano, a minoria, ou, ainda, o homem-especial, é aquele que compreende a vida como drama, isto é, esforça-se como um novo Adão, homem novo que se aventura na vida, mas com responsabilidade, sacrifício e dedicação aos ideais de grandeza, nobreza e cultura[10]. Por certo, o conceito orteguiano relacionado a esse indivíduo, semelhante a muitos outros conceitos desse autor, recebe críticas de um público não especializado e, por essa razão, a ideia de homem-especial é tomada, quase sempre, no sentido marxista. Dito de outra maneira, é muito comum a leitores que não conhecem a fundo o encadeamento dos textos orteguianos fazer relações entre o homem-especial de Ortega y Gasset e o conceito marxista de burguês; isso porque os conceitos de

---

9 Numa nota de rodapé em *A rebelião das massas*, o filósofo espanhol Ortega y Gasset (1987, p. 95) escreve: "é intelectualmente massa aquele que, diante de qualquer problema, contenta-se em pensar no que já tem pacificamente em sua cabeça. É egrégio o que, ao contrário, desconsidera o que se encontra em sua mente sem esforço prévio, e só aceita como digno dele o que ainda está acima dele e exige uma nova caminhada para alcançá-lo". Essa discussão já foi efetivada em momentos anteriores e serve para reafirmar que *massa* não pode ser reduzida à ideia de povo ou multidão.

10 Grandeza, nobreza e cultura são elementos conceituais que requerem, da filosofia, contribuições no sentido de ultrapassar o que esses termos designam em seu uso cotidiano, pois são elementos ligados ao espírito ou ao caráter.

homem-especial, nobreza e minoria seleta são remetidos por leitores desavisados, em algum momento, a uma literatura concebida por Marx; todavia, conforme já declaramos, não se trata disso e nem de longe é possível estabelecer qualquer relação nesse viés.

O homem-especial é, indubitavelmente, um nobre no sentido orteguiano. E *nobre* não implica a questão hereditária; ao contrário, nobre é o sujeito que exige de si, que se esforça cotidianamente para ser diferente e especial. Assim sendo, adverte Ortega y Gasset (1987, p. 96):

> é irritante a degeneração sofrida por uma palavra tão inspiradora como "nobreza", no vocabulário usual. Porque o fato de significar para muitos "nobreza de sangue", hereditária, a transforma em algo parecido com os direitos comuns, em qualidade estática e passiva, que se recebe e transmite como uma coisa inerte. Mas o sentido próprio, *etymo* do vocábulo "nobreza", é essencialmente dinâmico. Nobre significa o "conhecido", entenda-se o conhecido por todo mundo, o famoso, que se fez conhecer por sobressair da massa anônima. [...] Nobre, portanto, equivale a corajoso ou excelente.

O expediente conceitual orteguiano é provocativo e suscita aprofundamento no sentido de estabelecer relações entre si, isto é, de compreender os conceitos em uma literatura específica, bem como de um estilo bastante próprio de teorização. Por essa razão, o homem-especial, dito *nobre*, deve ser o conhecido e o extraordinário no que diz respeito a sua condição singular de aventurar-se na vida, na excelência das ações e, acima de tudo, em sua capacidade de interferir nas circunstâncias de maneira positiva, ou seja, transformando-as em benefício do que é admirável.

Assim, o nobre, no entendimento orteguiano, não pode ser pensado exclusivamente pelas condições econômicas, sociais e políticas; pode incluir todos esses aspectos, mas deve ir além disso. Segundo o autor: "o nobre originário se obriga a si mesmo, e o nobre hereditário é obrigado pela herança" (Ortega y Gasset, 1987, p. 96). Portanto, o homem-especial não corresponde ao burguês, ainda que o burguês ou o proletário possam e devam ser esse tipo específico de homem; afinal, é dito pelo filósofo espanhol que especial é o homem que obriga a si mesmo. Essa obrigação é, no sentido filosófico, a vocação de nobreza da qual todos os homens dispõem, mas que nem todos assumem como parte circunstancial de suas vidas.

Para desmistificar qualquer tentativa de elitismo no pensamento orteguiano, com relação ao conceito de nobreza, Ortega y Gasset (1987, p. 96) alerta: "os chineses, mais lógicos, invertem a ordem da transmissão, e não é o pai quem enobrece o filho, mas é o filho que, ao conseguir a nobreza, a transmite para seus antepassados, fazendo sobressair sua estirpe humilde através de seu esforço". Não resta dúvida de que a discussão do pensador madrileno ultrapassa, do ponto de vista conceitual, o elitismo de uma classe que defende a hereditariedade com relação à nobreza. Por conseguinte, qualquer tentativa de aproximar esse tipo específico de homem, o homem-especial, ao homem burguês, no sentido marxista, é equivocada.

No capítulo "Vida nobre e vida vulgar, ou esforço e inércia", da obra *A rebelião das massas*, Ortega y Gasset (1987, p. 95) relaciona vida nobre ao esforço, ao sacrifício e à vitalidade para com a circunstância:

> já o homem-especial ou excelente está constituído por uma íntima necessidade de apelar por si mesmo para uma norma além dele, superior a ele, a cujo serviço se coloca espontaneamente. […]. Ao contrário do que se costuma pensar, é a criatura de seleção, e não a massa, que vive em servidão essencial. Sua vida não tem sabor se não está a serviço de algo transcendente. Por isso não vê a necessidade de servir como opressão. Quando esta, por acaso, lhe falta, sente-se inquieto e inventa novas normas mais difíceis, mais exigentes, que o oprimam. Isso é a vida como disciplina – a vida nobre.

A circunstância, realidade em que cada sujeito se encontra, pressiona e apresenta-se como sacrifício para todos os indivíduos. Entretanto, somente o homem-especial sente-se inteiramente forçado a interferir nela e modificá-la na acepção de sua vocação. Concatenado à discussão, esse homem não é outra coisa senão uma existência condicionada para a grandeza de uma vida nobre – vida no sentido amplo, isto é, vida social, política e pública. Essa ação singular não é e não pode ser tomada como opressão, mas sim como ação, serviço e disciplina para com os ideais de sua existência circunstancial.

Certamente, a preocupação de Ortega y Gasset é muito maior em conceituar e definir nos jornais, nas revistas e nas conferências a tipologia de homem-massa e, por essa razão, quando aparece a tipologia de homem-especial, é sempre numa tentativa de contraponto, ou seja, de apresentar o reverso desse **homem genérico**. A intenção orteguiana é fazer denúncias desse fenômeno denominado *massa*, ou melhor, *a rebelião das massas*.

O problema da sociedade contemporânea é, para Ortega y Gasset (1987), além da rebelião das massas, a falta desse homem-especial no centro da vida pública suscitada no sexto capítulo da obra *Espanha invertebrada*. É certo que a provocação é, no texto específico, relacionada à realidade da Espanha, mas isso, segundo o autor, é culpa das **instituições** que não conseguem garantir uma formação para a existência do homem-especial (Ortega y Gasset, 1959).

Pois bem, em outros textos orteguianos, encontramos a provocação estendida a outras realidades da Europa. Na obra *A rebelião das massas*, Ortega y Gasset (1987) deixa claro que a massa, no passado, existia, mas era reduzida, sabia de seu papel e não participava da vida pública.

Na sociedade contemporânea, a massa[11] avançou e cresceu de forma vertiginosa. A minoria seleta, no passado, já conduzia os destinos da civilização e orquestrava as mudanças necessárias para uma vida nobre. No entanto, na sociedade contemporânea, a minoria desapareceu, não assumindo sua condição especial, restando para a sociedade contemporânea a rebelião das massas aos lugares específicos de uma minoria seleta. Assinalamos que, nessa esteira, diferentemente das massas, a minoria não avançou, ou seja, mesmo sendo qualificada, não cresceu o suficiente para reclamar seu lugar de origem, o comando da sociedade. Já as massas, mesmo em sua condição própria, avançaram e tomaram um lugar que não lhes pertencia. Assegura Ortega y Gasset (1987, p. 43): "de repente a multidão tornou-se visível, instalou-se nos lugares preferenciais da sociedade. Antes, se existia, passava despercebida, ocupava o fundo do cenário social; agora antecipou-se às baterias, tornou-se o personagem principal. Já não há protagonistas: só há coro".

Nesse contexto, as minorias são, em alguma medida, responsáveis, pois não se fizeram representar ou, de maneira pessimista, deixaram de existir, restando para a sociedade presente as massas. Em outras palavras, as minorias deixaram que as massas ocupassem seu lugar de mando, pois ela, a minoria qualificada, deixou passar despercebido o fenômeno das massas, assegura Ortega y Gasset (1987).

---

11 Há uma citação no Capítulo VIII de *A rebelião das massas* (Ortega y Gasset, 1987) que reflete o avanço das massas: "não é que o homem-massa seja idiota. Ao contrário, o atual é mais rápido, tem mais capacidade intelectiva que o de qualquer outra época" (Ortega y Gasset, 1987, p. 103). Assim, entendemos que, na sociedade contemporânea, houve um avanço, mas que, de acordo com o autor, ele não teve utilidade; apenas o fato serve como condição de relação entre as minorias e as massas, isto é, aponta esse avanço do lado das massas e um retrocesso das minorias.

6.4.1 Política e filosofia, olhares para além das tipologias de homem

Relatamos brevemente que, na modernidade, em especial com o Iluminismo, a racionalidade não só explicaria o mundo – ela desencantaria seus mitos e mistérios. Kant proclamava o esclarecimento como caminho, ou melhor, a razão como fundamento de um novo tempo. Não à toa Adorno e Horkheimer, na obra *Dialética do esclarecimento*, propõem um largo debate sobre o pensamento kantiano, enfatizando a racionalidade instrumental: "completamente iluminada, a terra resplandece sob o signo do infortúnio triunfal" (Adorno; Horkheimer, 1996, p. 16). A razão esclarecedora, na modernidade, desmistificou o mundo, mas também promoveu uma barbárie generalizada. Esse é o diagnóstico dos autores da obra citada, a concepção positiva de razão em Kant e seus desdobramentos instrumentais à luz do capitalismo moderno.

Para Thomson (2010), Adorno e Horkheimer fazem críticas incisivas contra o programa kantiano de Iluminismo em razão da instrumentalidade. Nesse contexto, a racionalidade, que deveria ser emancipatória, torna-se escravizadora, já que, desencantando o mundo, assume o papel daquele que legitima verdades e domina a realidade. Nas palavras de Lacoste (1992, p. 142), "A Teoria Crítica de Adorno e Horkheimer, principalmente em *A dialética da razão*, empenhava-se em analisar da maneira mais lúcida possível todos os mecanismos de alienação e de dominação da sociedade ocidental, em particular os mecanismos psicológicos e culturais".

A severidade da crítica de Adorno e Horkheimer (1996) recoloca o problema que assola a sociedade contemporânea – com a racionalidade instrumental adveio a barbárie[12]. Essa foi a tônica do momento histórico em que se encontrava a Escola de Frankfurt, ou seja, colocar o Instituto de Pesquisa Social a serviço da compreensão histórica e crítica da realidade política alemã e, consequentemente, da Europa. Para Barbara Freitag (1990, p. 10),

> com o termo "Escola de Frankfurt" procura-se designar a institucionalização dos trabalhos de um grupo de intelectuais marxistas, não ortodoxos, que na década dos anos 20 permaneceram à margem de um marxismo-leninismo "clássico", seja em sua versão teórico-ideológica, seja em sua linha militante e partidária.

É nesse ambiente de releitura marxista, com vestígios da filosofia nietzschiana, da psicanálise de Freud e de crítica à racionalidade instrumental que se posicionam pensadores de diversos matizes, com intuito de ajuizar uma alternância política à luz de uma teoria crítica. Nesse conjunto, encontram-se Walter Benjamin, Herbert Marcuse, Erich Fromm, Max Horkheimer e Jürgen Habermas, todos empenhados na constituição desse movimento, a Escola de Frankfurt.

Não se pretende adentrar na discussão sobre esse movimento filosófico e explicar suas origens e intencionalidades, mas expor o pensamento de Habermas, que é herdeiro dos pensadores da primeira geração,

---

12 Na pintura de Paul Klee chamada *Angelus novus*, está representado um anjo que parece querer afastar-se de algo que encara fixamente. Seus olhos estão escancarados, sua boca, dilatada, suas asas, abertas. O anjo da história tem esse aspecto. Seu rosto está dirigido para o passado, no qual há uma cadeia de acontecimentos. Ele vê uma catástrofe única, que acumula incansavelmente ruína sobre ruína e as dispersa a nossos pés. Ele gostaria de deter-se para acordar os mortos e juntar os fragmentos. Mas uma tempestade sopra do paraíso e prende-se em suas asas com tanta força que ele não pode mais fechá-las. Essa tempestade o impele irresistivelmente para o futuro, ao qual ele vira as costas, enquanto o amontoado de ruínas cresce até o céu. Essa tempestade é o que Benjamin (2005) chama de *progresso*, a figura que corresponde à dialética entre o progresso e a barbárie.

Adorno e Horkheimer. A intenção é, no que atina à política, tratar dos conceitos habermasianos e de sua importância no debate atual sobre filosofia política.

Já explicamos que a teoria crítica é uma espécie de apropriação do marxismo, com base em uma leitura crítica e, por vezes, próxima dos ideários utópicos de *emancipação*. Todavia, Habermas, expoente da segunda geração da Escola de Frankfurt, busca certo distanciamento do marxismo, mormente no escrito *Para reconstrução do materialismo histórico*. Na verdade, não se trata de um distanciamento somente, mas, antes, de um debate com o marxismo e, consequentemente, com os autores da teoria crítica; noutros termos, o autor pretende construir uma **teoria da evolução social**.

Habermas não se pretende um questionador da teoria crítica, mas da gênese teórica dos autores da primeira geração, especialmente com relação ao pensamento marxista. O debate se dá no sentido de reconstrução do materialismo histórico, isto é, da constituição de elementos destinados à reflexão de uma teoria crítica e social, já que, no entendimento do autor, o marxismo, em termos revolucionários, tornou-se obsoleto.

Não se pode, em poucas palavras, afirmar que Habermas é um crítico do pensamento marxista. É preciso ponderar e fazer um percurso histórico para diagnosticar a relação entre o pensamento habermasiano e o de Marx, sobretudo como um filósofo crítico, já que o estudioso analisou com muita amplitude o expediente marxista. Em linhas gerais, inquestionavelmente, Marx é um autor importante na formação teórica de Habermas, que o considera um autor formidável, mas que precisa de adequações, especialmente na análise do tempo presente. Não é nosso objetivo fazer um estudo exaustivo da relação ou mesmo de crítica entre Habermas e Marx; nosso interesse, por ora, é constituir um caminho para apresentar brevemente aspectos da teoria social de Habermas.

6.4.2 Teoria do agir comunicativo

A teoria do agir comunicativo (TAC), no sentido amplo do termo, é a constituição de um caminho trilhado por um Habermas já consolidado como crítico do marxismo, um pensador com uma grande produção intelectual e um legítimo herdeiro da teoria crítica. A TAC aguça a tensão com o conceito marxiano de trabalho, burilado desde suas primeiras obras de análises críticas de política.

É sabido que a Escola de Frankfurt, Instituto de Pesquisa Social, direcionou seus estudos para a filosofia, a ciência social e as artes e dialogou com grandes autores e pensadores. Max Weber, autor proeminente do pensamento sociológico alemão, influenciou, de algum modo, com sua teoria da ação social, o TAC de Habermas. Desde já temos de esclarecer que são teorias distintas, mas que se correlacionam. Contudo, temos de registrar, Habermas identifica na teoria do agir racional de Weber uma inconsistência teórica. A proposta habermasiana é, com base na interlocução com o pensamento weberiano, desenvolver uma teoria da racionalidade que articule o **mundo da vida** com o **sistema** e repare a inconsistência teórica que ele detecta. Nas palavras de Habermas (1980, p. 320-321),

> Para dar uma nova formulação teórica àquilo que Max Weber chamou de "racionalização", gostaria de não me ater ao ponto de partida subjetivo que Parsons compartilha com Weber, e de propor um outro quadro categorial. Partirei da distinção entre trabalho e interação. Entendo por "trabalho", ou agir racional com respeito a fins, seja o agir instrumental, seja a escolha racional, seja a combinação dos dois.

Para tanto, na ampliação desse pensamento crítico, Habermas vale-se de outros autores das ciências sociais, como Émile Durkheim e George Herbert Mead para a formulação de sua TAC.

A teoria social compreende, no expediente habermasiano, uma construção lógica de conceitos para uma análise crítica da sociedade. Nesse conjunto, é possível destacar o conceito de sistema e mundo da vida, isto é, o agir instrumental e o agir comunicativo; o primeiro é o Estado e seu aparato, o segundo, o conjunto de valores individuais e coletivos. O mundo da vida está atrelado ao conceito de **ação comunicativa**. De acordo com Uribe Rivera (1995, p. 59), "O mundo da vida é o horizonte da ação comunicativa (fornece a esta evidências e certezas culturais de fundo) e a ação comunicativa reordena criticamente os elementos do mundo da vida, contribuindo para sua reprodução ou atualização".

O mundo da vida é justamente onde acontece a busca de consensos, isto é, a ação comunicativa. A busca de consensos, na teoria de Habermas, é fruto da ação comunicativa, isto é, o agir dialógico que favorece, ou suscita, o consenso. Nessa relação entre o mundo da vida e a ação comunicativa, a linguagem é o instrumento mediador, como acordo normativo. Assim, no mundo da vida, os atores fazem uso da linguagem para coordenar suas ações, suas metas. A teoria propõe, então, uma compreensão de racionalidade crítica e comunicativa. Conforme declara Longhi (2005, p. 27) ao tratar do pensamento habermasiano, "a linguagem, como horizonte pré-estruturante, possibilita as experiências, as ações e a obtenção do consenso".

Grosso modo, com base na linguagem, os indivíduos interagem com capacidade para agir racionalmente. Assim, no sentido filosófico, surge como alternativa política a **democracia deliberativa**; nesta, organizados, os agentes procuram o consenso valendo-se de uma racionalidade comunicativa. De acordo com Habermas (2006, p. 19), "Esse processo democrático estabelece um nexo interno entre considerações pragmáticas, compromissos, discursos de autoentendimento e discursos de justiça, fundamentando a suposição de que é possível chegar a resultados racionais e equitativos".

É dessa compreensão que, segundo Habermas, a democracia ultrapassará os limites do voto, ganhando participação mais efetiva no jogo democrático procedimental. Logo, a democracia deliberativa, a partir dos limites das democracias liberal e republicana, por meio do jogo de linguagem, pode efetuar uma outra compreensão de sociedade.

> **Concepção liberal do processo democrático**
>
> "Imagina-se o Estado como aparato da administração pública, e a sociedade como sistema de circulação de pessoas em particular e do trabalho social dessas pessoas, estruturada segundo leis de mercado".
>
> HABERMAS, J. *Direito e democracia*: entre facticidade e validade. Rio de Janeiro: Tempo Brasileiro, 2003. p. 270. v. II.
>
> **Concepção republicana do processo democrático**
>
> "Os integrantes de comunidades solidárias se conscientizem de sua interdependência mútua e, como cidadãos, deem forma e prosseguimento às relações preexistentes de reconhecimento mútuo, transformando-as de forma voluntária e consciente em uma associação de jurisconsortes livres e iguais".
>
> HABERMAS, J. *Tecnologia e ciência como "ideologia"*. Lisboa: Edições 70, 2009. p. 270.

Nessa esteira, para Habermas, a questão central é o **consenso**, elemento que se assegura por meio da linguagem que cria comunhão entre os indivíduos. Por isso, no que corresponde à democracia deliberativa, os indivíduos são livres e eticamente responsáveis para construir, por meio do discurso, um espaço democrático, plural e livre, num amplo processo mediado pelo princípio da racionalidade. Portanto, o autor persegue o caminho da **emancipação**: seja o indivíduo, seja o grupo social experimenta uma inclinação para a maioridade; por isso, ancorada na ética discursiva, a política será racionalmente orientada para o consenso, o bem público.

Chantal Mouffe (2015), cientista política alinhada com o pensamento marxista, estabelece um debate consideravelmente crítico às teorias modernas da democracia, especialmente com o pensamento de Habermas e sua teoria do agir comunicativo. Segundo a pensadora, a ideia de conflito, nas democracias modernas, foi mitigada em razão do consenso político.

No primeiro capítulo de *Sobre o político*, intitulado "A política e o político", à luz do pensamento heideggeriano, Mouffe (2015) distingue o nível ôntico do ontológico para tratar das redes que se conectam com o mundo da política e ultrapassam o caráter da racionalidade, virtude pela qual a vida política não se pauta, haja vista suas imbricações com a paixão, o afeto etc.

O dilema, de acordo com Mouffe (2015), ao observar a teoria habermasiana, encontra-se na teoria do consenso racional, isto é, na racionalidade que mingua o conflito de ideias, impossibilita a pluralidade e esvazia a esfera pública, uma vez que retira da cena política a possibilidade da circulação de ideologias distintas e da confecção plural de grupos políticos. Isso porque, no entendimento da autora, na sociedade contemporânea, os indivíduos não pensam na política no jogo adversarial, como resultado das disputas, mas sim numa correlação entre amigos e inimigos. Certamente, a autora concorda com Carl Schmitt: a política é sim uma correlação entre amigo/inimigo. Contudo, em seu entendimento, os resultados podem ser diferentes, pensados à luz do agonismo. Em linhas gerais, fica bastante claro no livro *Sobre o político* que o político é o antagonismo, ao passo que a política é o agonismo.

Síntese

Neste capítulo, apresentamos os pensamentos de Ortega y Gasset como base para a promoção de leituras de outros autores, como Immanuel Kant, Friedrich Nietzsche e Hannah Arendt.

Sob as lentes da filosofia e da política, expusemos diferentes conceitos tipológicos de homem, pois, segundo Ortega y Gasset, essa é uma adequada maneira de compreender a política, isto é, por meio da concepção filosófica de homem, homem-massa e homem-especial. No decorrer do capítulo, demonstramos que outros autores compartilham, no âmbito teórico da política, dessa caricaturização tipológica.

Em seguida, descrevemos brevemente o pensamento da Escola de Frankfurt e a recolocação da teoria crítica por meio de ponderações do filósofo Jürgen Habermas. Nesse contexto, demos ênfase à democracia deliberativa e a sua importância para sociedade moderna. Ao fim, apresentamos uma crítica ao pensamento habermasiano elaborada pela pensadora política Chantal Mouffe.

Atividades de autoavaliação

1. Sobre o pensamento de Ortega y Gasset, assinale a alternativa correta. Para tanto, considere, do ponto de vista filosófico, os conceitos de massa e de minoria.
   a) Massa é a multidão proletária.
   b) O homem-massa figura-se exclusivamente como o trabalhador.
   c) O homem-especial corresponde à categoria do burguês.
   d) Massa não é uma classe social, mas uma categoria de homens.
   e) Nenhuma das alternativas anteriores está correta.

2. Com base na discussão conceitual de menoridade e maioridade, articulada por Kant, marque V (verdadeiro) ou F (falso) nas assertivas a seguir.

( ) Menoridade é uma condição política de natureza.

( ) Maioridade é uma condição política de natureza.

( ) Menoridade é uma condição racional de agir livremente e de maneira emancipadatória.

( ) Maioridade é uma condição racional de agir livremente e de maneira emancipatória.

( ) Maioridade é condição do indivíduo de agir livre e racionalmente

Agora, assinale a alternativa que apresenta a sequência correta de preenchimento dos parênteses, de cima para baixo:

a) F, F, V, V, V.
b) V, V, F, F, V.
c) F, V, F, V, F.
d) V, F, F, F, F.
e) F, F, F, F, V.

3. Sobre o esclarecimento kantiano, é correto afirmar:

a) Os homens são condicionados ao estado de natureza, que carece de tutoria.

b) A emancipação é uma condição que depende da natureza humana.

c) Os homens são livres e racionais, mas impossibilitados de se emancipar racionalmente.

d) A emancipação depende do sujeito; não há, de acordo com sua natureza humana, qualquer impedimento para a realização do ato emancipatório.

e) Todas as alternativas estão corretas.

4. Assinale a alterativa correta:
   a) Habermas foi membro da Escola de Frankfurt em sua primeira geração.
   b) Adorno e Horkheimer, autores de *Dialética do esclarecimento*, defendem uma ética que, no concernente à modernidade, precisa adaptar-se à razão instrumental.
   c) Chantal Mouffe, pensadora política, defende a teoria habermasiana de democracia deliberativa e procedimental.
   d) A teoria habermasiana de democracia, entre outras características, tem fortes vínculos com a filosofia da linguagem.
   e) Todas as afirmativas são falsas.

5. "De repente a multidão tornou-se visível, instalou-se nos lugares preferenciais da sociedade. Antes, se existia, passava despercebida, ocupava o fundo do cenário social; agora antecipou-se às baterias, tornou-se o personagem principal. Já não há protagonistas: só há coro" (Ortega y Gasset, 1987, p. 43).

   Na obra *A rebelião das massas*, o autor espanhol José Ortega y Gasset denuncia, o fenômeno *massa*, que, segundo ele, assola a sociedade contemporânea. Com base no excerto, assinale a alternativa correta:
   a) O fenômeno *massa* corresponde ao conjunto de trabalhadores que, na teoria marxista, recebe o nome de *proletariado*.
   b) Massa é o conjunto de indivíduos que não pensam por si só, não se angustiam com os problemas circunstanciais e, por isso, independem da classe social em que se encontram.
   c) Massa equivale à *classe social* despossuída de capital econômico.

d) *Massa* é sinônimo de "movimento social", que se articula por meio de lideranças sociais e políticas na sociedade contemporânea.

e) Nenhuma das alternativas anteriores está correta.

Atividades de aprendizagem

Questões para reflexão

1. Defina, de acordo com Ortega y Gasset, *homem-massa* e *homem-especial*.

2. Faça uma pesquisa sobre o pensamento habermasiano e conceitue *agir comunicativo*.

Atividade aplicada: prática

1. Assista ao filme *A onda* (2008), dirigido por Dennis Gansel, e produza um texto sobre o pensamento de massa. Estabeleça uma relação entre o comportamento desse grupos dessa natureza apresentado no filme e a concepção de massa defendida por Ortega y Gasset.

    A ONDA. Direção: Dennis Gansel. Alemanha: Constantin Film, 2008. 107 min.

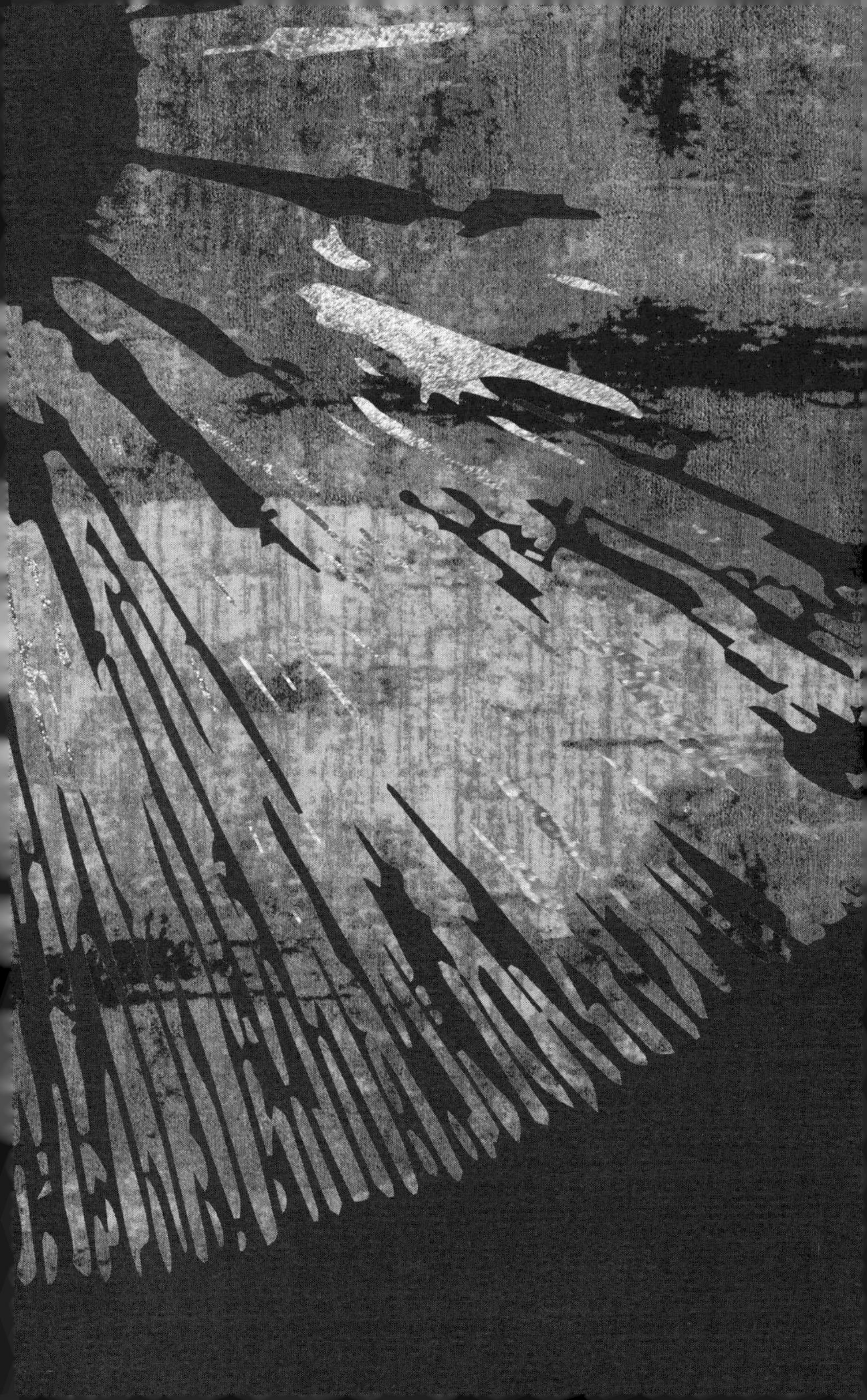

considerações finais

A finalização de um trabalho, independentemente do nível de dificuldade, é sempre perpassada pelo sentimento de angústia que, para além de um conceito filosófico, problematiza ao pesquisador, aqui na condição de autor, saber se a elucidação da proposta ensejada foi efetivada. Por isso, é uma etapa que ultrapassa considerações, conclusões e arremates, pois se configura como uma ampla reflexão a respeito de toda a caminhada, bem como a compreensão angustiante de que falta a última palavra. Esse é um sentimento bastante complexo, porque há alegria ao findar a proposta de trabalho, chegar aonde se esperava chegar. Mas essa falsa ideia de fechamento é a primeira impressão que faz nascer o sentimento de alegria. E por que estamos dizendo aqui que o texto não se encerra? Justamente porque, com base no debate que travamos, outras leituras surgirão e, delas, novas perspectivas.

Todavia, não podemos negligenciar o trabalho em razão desses sentimentos, especialmente o da angústia. Isso porque, tratando-se das ciências humanas, a pesquisa é sempre sediada por problemas humanos, isto é, a ciência faz-se no cotidiano, tecendo as realidades de que o homem não pode fugir ou os quais não pode negar. Aqui recordamos as palavras de Max Weber (1968, p. 27): "Senhoras e senhores! Só aquele que se coloca pura e simplesmente ao serviço de sua causa possui, no mundo da ciência, personalidade". Essa é a realidade de todo e qualquer trabalho, uma empreitada singular científica, política e poética na resolução de um problema incomodativo: compreender a filosofia política. Mais uma vez recorremos aos dizeres de Weber (1968, p. 52): "esse trabalho será simples e fácil, se cada qual encontrar e obedecer ao demônio que tece as teias de sua vida".

Todos são portadores desse demônio weberiano. Uns são submetidos, de forma viva e alucinante, à pressão demoníaca weberiana e, por isso, fazem mais do que um bom trabalho – produzem uma grande caminhada; o sujeito possuidor dessa força estará sempre a serviço de sua causa, isto é, atormentado pelo problema científico que advém de seu demônio pessoal. Assim, o demônio pessoal, apresentado por Weber, pode conduzir seus passos nessa caminhada de amigo do saber.

Desse modo, com a certeza sobre esse sentimento de angústia, sobretudo em razão de não haver contemplado a discussão política da filosofia em sua totalidade, deixamos para você, leitor(a), a tarefa laboriosa de completar essa atividade, isto é, adentrar nos temas e debates que nesta obra não foi possível fazer. Certamente, houve um esforço desmedido para que você, neste breviário, fizesse incursões em textos de filósofos, bem como se dedicasse a singulares interpretações nas áreas da filosofia e da política. Pensando em sua formação como filósofo, estabelecemos relações entre o pensamento político e a educação à luz de uma interpretação filosófica. Nesse sentido, foram aproximados os autores Ortega y Gasset e Theodor Adorno para conceituar, mediante uma análise comparativa, o que se denomina *emancipação política* no expediente filosófico desses dois autores.

Assim, deixamos para você a conclusão deste trabalho, ou seja, fazemos o convite de se dedicar à leitura de textos que aqui não foram apresentados e que, com base nos textos aqui trabalhados, promover debates e novos entendimentos.

Agora, estando iniciado(a) na filosofia política – caminhada que não se encerra, pelo contrário, deve mesmo abrir novas questões e provocar outros problemas –, desejamos que você siga em sua formação, pois, ela é, no entendimento aristotélico, o caminho que conduz à felicidade.

referências

ADORNO, T. W.; HORKHEIMER, M. **Dialética do esclarecimento**. Tradução de Guido Antonio de Almeida. 4. ed. Rio de Janeiro: J. Zahar, 1996.

AGOSTINHO, Santo. **A cidade de Deus**. 7. ed. São Paulo: Vozes, 2010.

AGOSTINHO, Santo. **As confissões**. 3. ed. São Paulo: Nova Cultural, 1999. (Coleção Os Pensadores).

ALMEIDA, A. C. S. **Conceitos políticos em Ortega y Gasset**. 108 f. Dissertação (Mestrado em Ciências Sociais) – Pontifícia Universidade Católica de São Paulo, São Paulo, 2009.

AMOEDO, M. I. A. **José Ortega y Gasset**: a aventura filosófica da educação. Lisboa: Imprensa Nacional – Casa da Moeda, 2002.

ANDRADE, M. de. **O turista aprendiz**. Brasília, DF: Iphan, 2015. Disponível em: <http://portal.iphan.gov.br/uploads/publicacao/O_turista_aprendiz.pdf>. Acesso em: 26 jun. 2023.

ARAÚJO, R. B. **Guerra e paz**: Casa-grande & Senzala e a obra de Gilberto Freyre nos anos 30. Rio de Janeiro: Editora 34, 1994.

ARENDT, H. **As origens do totalitarismo**: antissemitismo, imperialismo, totalitarismo. Tradução de Roberto Raposo. 5. ed. São Paulo: Cia das Letras, 2004.

ARENDT, H. **Entre o passado e o futuro**. 6. ed. São Paulo: Perspectiva, 2009.

ARISTÓTELES. **A política**. Tradução de Roberto Leal Ferreira. São Paulo: M. Fontes, 2002.

ARISTÓTELES. **Ética a Nicômaco**. Tradução de Leonel Vallandro e Gerd Bornheim. São Paulo: Abril Cultural, 1973. (Coleção Os Pensadores).

ARISTÓTELES. **Metafísica**. São Paulo: Nova Cultural, 1978. (Coleção Os Pensadores).

BARRETO, T. **Obras completas**. Organização de Luiz Antonio Barreto. Sergipe: Diário Oficial, 2013.

BENJAMIN, W. Teses sobre o conceito de história. In: LÖWY, M. **Walter Benjamin**: aviso de incêndio – uma leitura das teses "sobre o conceito de história". São Paulo: Boitempo, 2005. p. 10-14.

BÍBLIA. Português. **Bíblia de Jerusalém**. São Paulo: Paulus, 2013.

BOBBIO, N. **A teoria das formas de governo**. 10. ed. Tradução de Sérgio Bath. Brasília: Ed. da UnB, 2000.

BOBBIO, N. **Direita e esquerda**: razões e significados de uma distinção política. São Paulo: Ed. da Unesp, 1994.

BOBBIO, N. **Estado, governo e sociedade**: para uma teoria geral da política. Tradução de Marco Aurélio Nogueira. São Paulo: Paz e Terra, 2012.

BOBBIO, N. **O filósofo e a política**. Rio de Janeiro: Contraponto, 2007.

BOBBIO, N. **O futuro da democracia**: uma defesa das regras do jogo. 3. ed. Tradução de Marco Aurélio Nogueira. São Paulo: Paz e Terra, 2001.

BOBBIO, N.; MATTEUCCI, N.; PASQUINO, G. **Dicionário de política**. 12. ed. Brasília: Ed. da UnB, 2004.

BODÉÜS, R. **Aristóteles**: a justiça e a cidade. São Paulo: Loyola, 2007.

BONAVIDES, P. **Ciência política**. 6. ed. Rio de Janeiro: Forense, 1986.

BRASIL. Constituição (1988). **Diário Oficial da União**, Brasília, DF, 5 out. 1988. Disponível em: <http://www.planalto.gov.br/ccivil_03/Constituicao/Constituicao.htm>. Acesso em: 9 mar. 2023.

BRASIL. Lei n. 10.639, de 9 de janeiro de 2003. **Diário Oficial da União**, Poder Legislativo, Brasília, DF, 10 jan. 2003. Disponível em: <https://www.planalto.gov.br/ccivil_03/Leis/2003/L10.639.htm>. Acesso em: 20 jun. 2023.

BRASIL. Lei n. 11.645, de 10 de março de 2008. **Diário Oficial da União**, Poder Legislativo, Brasília, DF, 11 mar. 2008. Disponível em: < https://www.planalto.gov.br/ccivil_03/_ato2007-2010/2008/lei/l11645.htm>. Acesso em: 20 jun. 2023.

CARVALHO, J. M. de. **Introdução à filosofia da razão vital de Ortega y Gasset**. Londrina: Cefil, 2002.

CAVALHEIRI, A. **O pensamento político de Tomás de Aquino no De Regno**. 119 f. Dissertação (Mestrado em Filosofia) – Programa de Pós-graduação em Filosofia, Pontifícia Universidade Católica do Rio Grande do Sul, Porto Alegre, 2006. Disponível em: <https://tede2.pucrs.br/tede2/bitstream/tede/2773/1/344888.pdf>. Acesso em: 26 jun. 2023.

CHACON, V. **A formação das ciências sociais no Brasil**: da Escola do Recife ao Código Civil. São Paulo: Ed. da Unesp, 2008.

CHÂTELET, F. **História das ideias políticas**. 4. ed. Rio de Janeiro: J. Zahar, 2000.

COMTE-SPONVILLE, A. **Pequeno tratado das grandes virtudes**. São Paulo: Positivo, 2009.

CRESPO, R. A. Gilberto Freyre e suas relações com o universo hispânico. In: KOSMINSKY, E. V.; LÉPINE, C.; PEIXOTO, F. A. **Gilberto Freyre em quatro tempos**. São Paulo: Edusc, 2003.

DIÓGENES LAÉRCIO. **Vidas e doutrinas dos filósofos ilustres**. Tradução de Mário da Gama Kury. Brasília: Ed. da UnB, 2006.

DUARTE, R. **Teoria crítica da indústria cultural**. Belo Horizonte: Ed. da UFMG, 2003.

DURKHEIM, E. **A divisão do trabalho social**. 2. ed. São Paulo: M. Fontes, 2004.

DUVERGER, M. **Regimes políticos**. São Paulo: Difusão Europeia do Livro, 1962.

FASSÒ, G. Jusnaturalismo. In: BOBBIO, N.; MATTEUCCI, N.; PASQUINO, G. (Org). **Dicionário de política**. Tradução de Carmen C. Varriale; Gaetano Mônaco; João Ferreira; Luís G. P. Cacais e Renzo Dini. 5. ed. Brasília, DF: Ed. da UnB, 2004.

FAUSTO, B. História do Brasil. São Paulo: Edusp, 2019.

FEUERBACH, L. A essência do cristianismo. Petrópolis: Vozes, 2007.

FREDERICO, C. O jovem Marx: 1843-1844 – as origens da ontologia do ser social. 2. ed. São Paulo: Expressão Popular, 2009.

FREITAG, B. A teoria crítica: ontem e hoje. 5. ed. São Paulo: Brasiliense, 1990.

FREYRE, G. Casa-Grande & Senzala. São Paulo: Global, 2015.

FREYRE, G. Casa-Grande & Senzala. São Paulo: Global, 2003.

FREYRE, G. Como e por que sou e não sou sociólogo. Brasília: Universidade de Brasília, 1968.

FREYRE, G. Integração portuguesa nos trópicos. In: FREYRE, G. Uma política transnacional de cultura para o Brasil de hoje. Belo Horizonte: Faculdade de Direito da Universidade de Minas Gerais/Edições Revista Brasileira de Estudos Políticos, 1960. p. 50-117.

FREYRE, G. Sociologia. Rio de Janeiro: Livraria José Olympio, 1967.

FREYRE, G. Tempo de aprendiz. São Paulo: Global, 2016.

GARCIA, A. L. M. Gilberto Freyre encontra Nietzsche: diálogo crítico e relevância histórica. Estudos Nietzsche, Espírito Santo, v. 7, n. 2, p. 8-28, jul./dez. 2016. Disponível em: <https://periodicos.ufes.br/estudosnietzsche/article/view/15486/11482>. Acesso em: 26 jun. 2023.

GILSON, E. A filosofia na Idade Média. 2. ed. São Paulo: M. Fontes, 2007. (Coleção Pandeia).

GRAMSCI, A. Cadernos do cárcere. Rio de Janeiro: Civilização Brasileira, 2000. v. 3.

GUTHRIE, W. K. C. Os sofistas. São Paulo: Paulus, 1995.

HABERMAS, J. **Direito e democracia**: entre facticidade e validade. Tradução de Flávio Beno Siebeneichler. Rio de Janeiro: Tempo Brasileiro, 2006. v. 2.

HABERMAS, J. A crise de legitimação no capitalismo tardio. **Revista Tempo Brasileiro**, Rio de Janeiro, 1980.

HEGEL, G. W. F. **Lecciones sobre la filosofía de la historia universal**. Madrid: Alianza Editorial, 1982.

HOBBES, T. **Leviatã**. Tradução de João Paulo Monteiro e Maria Beatriz Nizza da Silva. São Paulo: Nova Cultural, 1973. (Coleção Os Pensadores).

HORKHEIMER, M. Teoria tradicional e teoria crítica. Tradução de Edgar Afonso Malagodi e Ronaldo Pereira Cunha. In: HORKHEIMER, M. **Pensadores**. São Paulo: Abril Cultural, 1975. p. 117-154.

HUISMAN, D. **Dicionário de obras filosóficas**. São Paulo: M. Fontes, 2000.

JAEGER, W. W. **Paideia**: a formação do homem grego. Tradução de Artur M. Parreira. 4. ed. São Paulo: M. Fontes, 2001.

KANT, I. **Lógica**. Rio de Janeiro: Tempo Brasileiro, 1992.

KANT, I. Resposta à pergunta: que é esclarecimento? In: KANT, I. **Textos seletos**. Petrópolis: Vozes, 1985 . p. 100-116.

KELSEN, H. **Teoria geral do direito e do Estado**. 3. ed. Tradução de Luís Carlos Borges. São Paulo: M. Fontes, 1998.

LACOSTE, J. **A Filosofia no século XX**. Tradução de Marina Appenzeller. Campinas: Papirus, 1992.

LALANDE, A. **Vocabulário técnico e crítico da filosofia**. São Paulo: M. Fontes, 1999.

LARRETA, E. R.; GIUCCI, G. Casa-grande & Senzala: os materiais da imaginação histórica. In. FREYRE, G. **Casa-grande & senzala**. Barcelona: Conaculta y Fondo de Cultura Económica do México, 2002. p. 45-80.

LARRETA, E. R.; GIUCCI, G. **Gilberto Freyre**: uma biografia cultural. Rio de Janeiro: Civilização Brasileira, 2007.

LAUDINO, A.; NOGUERA, R. Ensino de filosofia, história e culturas afro-brasileiras, africana e indígena, na sala de aula. In: MONTEIRO, R. B. (Org.). **Práticas pedagógicas para o ensino de história e cultura afro-brasileira, africana e indígena no ensino médio: sociologia, história, filosofia, geografia**. Rio de Janeiro: Seropédica; UFRRJ/Evangraf, 2013. p. 77-89.

LÊNIN, V. I. **Estado e revolução**. Tradução de Aristides Lobo. São Paulo: Centauro, 2007.

LONGHI, A. J. **A ação educativa na perspectiva da teoria do agir comunicativo de Jürgen Habermas**: uma abordagem reflexiva. Tese (Doutorado em Educação) – Faculdade de Educação; Universidade Estadual de Campinas, Campinas: 2005. Disponível em: <http://repositorio.unicamp.br/Acervo/Detalhe/346507>. Acesso em: 26 jun. 2023.

LÖWY, M. **Ideologias e ciências sociais**: elementos para uma análise marxista. São Paulo: Cortez, 2002.

LUCE, J. V. **Curso de filosofia grega**: do século VI a.C. ao séc. III d.C. Rio de Janeiro: J. Zahar, 1994.

LUTERO, M. **Sobre a autoridade secular**. São Paulo: M. Fontes, 1995.

MAQUIAVEL, N. **Comentários sobre a primeira década de Tito Lívio**: "discorsi". Tradução de Sergio Bath. 4. ed. rev. Brasília: Ed. da UnB, 2000.

MAQUIAVEL, N. **O príncipe**. São Paulo: Nova Cultural, 1978. (Coleção Os Pensadores).

MARÍAS, J. **História da filosofia**. São Paulo: M. Fontes, 2004.

MARX, K. **Crítica da filosofia do direito de Hegel**. Tradução de Rubens Enderle e Leonardo de Deus. 2. ed. rev. São Paulo: Boitempo, 2010.

MARX, K. **O 18 de brumário de Luís Bonaparte**. São Paulo: Boitempo, 2011.

MARX, K. **O capital**: crítica da economia política. São Paulo: Civilização Brasileira, 2001.

MARX, K. **Para a crítica da economia política (prefácio)**. São Paulo: Abril Cultural, 1982. p. 24.

MARX, K. **Teses contra Feuerbach**. São Paulo: Abril Cultural, 1973.

MARX, K.; ENGELS, F. **A ideologia alemã**. Tradução de Luciano Cavini Martorano, Nélio Schneider e Rubens Enderle. São Paulo: Boitempo, 2007.

MARX, K.; ENGELS, F. **Manifesto comunista**. São Paulo: Boitempo, 2011.

MORESCHINI, C.; NORELLI, E. **História da literatura cristã antiga grega e latina I de Paulo à Era Constantiniana**. São Paulo: Loyola, 2014.

MOURA, C. **Sociologia do negro brasileiro**. São Paulo: Ática, 1988.

MOUFFE, C. **Sobre o político**. Tradução de Fernando Santos. São Paulo: M. Fontes, 2015.

NIETZSCHE, F. **A filosofia na época trágica dos gregos**. Tradução de Antônio Carlos Braga. São Paulo: Escala, 2008.

NIETZSCHE, F. "A grande política" – fragmentos. In: Clássicos de filosofia: fragmento póstumo de 15 de fevereiro de 1887. In: CADERNOS de tradução, n. 3. IFCH; Unicamp, 2005.

NIETZSCHE, F. **Além do bem e do mal**: prelúdio a uma filosofia do futuro. Tradução de Paulo César de Souza. 2. ed. São Paulo: Companhia das Letras, 1992.

NIETZSCHE, F. **Genealogia da moral**. São Paulo: Escala, 2009.

NIETZSCHE, F. **O anticristo/Ditirambos de Dionísio**. Tradução de Paulo César de Souza. São Paulo: Companhia das Letras, 2007.

NOBRE, M. **A teoria crítica**. Rio de Janeiro: Zahar, 2004.

NOGUERA, R. Denegrindo a educação: um ensaio filosófico para uma pedagogia da pluriversalidade. **Revista Sul-Americana de Filosofia e Educação**, n. 18, p. 62-73, maio/out. 2012. Disponível em: <https://periodicos.unb.br/index.php/resafe/article/view/4523/4124>. Acesso em: 20 jun. 2023.

ORTEGA Y GASSET, J. **Adão no paraíso e outros ensaios de estética**. São Paulo: Cortez, 2002.

ORTEGA Y GASSET, J. **A rebelião das massas**. São Paulo: M. Fontes, 1987.

ORTEGA Y GASSET, J. **España invertebrada**. Madrid: Revista de Occidente en Alianza Editorial, 1959.

ORTEGA Y GASSET, J. **Meditações de Quixote**. São Paulo: Livro Íbero-Americano Ltda., 1967.

PAIM, A. **A escola do Recife**. 3. ed. Londrina: Ed. da UEL, 1997. (Estudos complementares às ideias filosóficas no Brasil). v. 5.

PALLARES-BURKE, M. L. G. **Repensando os trópicos**. São Paulo: Ed. da Unesp, 2009.

PALLARES-BURKE, M. L. G. **Gilberto Freyre**: um vitoriano dos trópicos. São Paulo: Unesp, 2005.

PARETO, V. As elites e o uso da força na sociedade. In: SOUZA, A. de (Org.). **Sociologia política**. Rio de Janeiro: J. Zahar, 1960.

PLATÃO. A república. São Paulo: Nova Cultural, 1999a. (Coleção Os Pensadores).

PLATÃO. As leis. São Paulo: Edições Profissionais Ltda., 1999b.

PLATÃO. Mênon. São Paulo: Nova Cultural, 1978. (Coleção os Pensadores).

PLATÃO. Platão: diálogos I. São Paulo: Edipro, 2007.

PRADO, P. Retrato do Brasil: ensaio sobre a tristeza brasileira. São Paulo: Companhia das Letras, 2012.

RAMOSE, M. Sobre a legitimidade e o estudo da filosofia africana. Ensaios filosóficos, v. 4, p. 6-24, out. 2011. Disponível em: <https://www.ensaiosfilosoficos.com.br/Artigos/Artigo4/RAMOSE_MB.pdf>. Acesso em: 19 jun. 2023.

REALE, G.; ANTISERI, D. História da filosofia. São Paulo: Paulus, 1990a. v. 1.

REALE, G.; ANTISERI, D. História da filosofia. São Paulo: Paulus, 1990b. v. 2.

REIS, J. C. As identidades do Brasil: de Varnhagen a FHC. Rio de Janeiro: FGV, 2014.

RIBEIRO, R. J. Ao leitor sem medo: Hobbes escrevendo contra seu tempo. 2. ed. São Paulo: Ed. da UFMG, 1999.

ROMA, C. Organizaciones de partido en Brasil: el PT e y el PSDB bajo perspectiva comparada. América Latina Hoy, v. 44, p. 153-184, 2006.

ROMERO, S. A filosofia no Brasil. Rio de Janeiro: J. Olympio, 1969.

ROUSSEAU, J. J. Discurso sobre a origem e os fundamentos da desigualdade entre os homens. Tradução de Lourdes Santos Machado. 2. ed. São Paulo: Nova Cultural, 1978a. (Coleção Os Pensadores).

ROUSSEAU, J. J. **O contrato social**. Tradução de Lourdes Santos Machado. São Paulo: Nova Cultural, 1978b. (Coleção Os Pensadores).

SADEK, M. T. Nicolau Maquiavel: o cidadão sem fortuna, o intelectualde *virtú*. In: WEFFORT, F. C. (Org.). **Os clássicos da política**. São Paulo: Ática, 2006. v. 1. p. 11-50.

SÁNCHEZ VÁZQUEZ, A. **Filosofia da práxis**. 2. ed. São Paulo: Expressão Popular, 2011.

SCHWARCZ, L. **O espetáculo das raças**: cientistas, instituições e questão racial no Brasil – 1870-1930. São Paulo: Companhia das Letras, 1993.

SKINNER, Q. **As fundações do pensamento político moderno**. Tradução de Renato Janine Ribeiro e Laura Teixeira Motta. São Paulo: Companhia das Letras, 1996.

SÓFOCLES. **Trilogia tebana**: Édipo Rei, Édipo em Colono, Antígona – Tragédia grega. 13. ed. Rio de Janeiro: J. Zahar, 2008.

THOMSON, A. **Compreender Adorno**. Petrópolis: Vozes, 2010.

TOMÁS DE AQUINO, Santo. **Escritos políticos de Santo Tomás de Aquino**. Tradução de Francisco Benjamin de Souza Neto. Petrópolis: Vozes, 1995.

TOMÁS DE AQUINO, Santo. **La monarquía**. Tradução de L. Robles y A. Checa. Madrid: Tecnos, 1989.

URIBE RIVIERA, F. J. Teoria social em Habermas: evolução social, sociedade e poder. In: **Agir comunicativo e planejamento social**: uma crítica ao enfoque estratégico. Rio de Janeiro: Fiocruz, 1995.

WEBER, M. **Ciência e política**: duas vocações. Tradução de Leônidas Hegenberg e Octany Silveira da Mota. São Paulo: Cultrix, 1968.

WEBER, Max. **Economia e sociedade:** fundamentos da sociologia compreensiva. Tradução de Regis Barbosa e Karen Elsabe Barbosa. Brasília: Ed. da UnB, 2012.

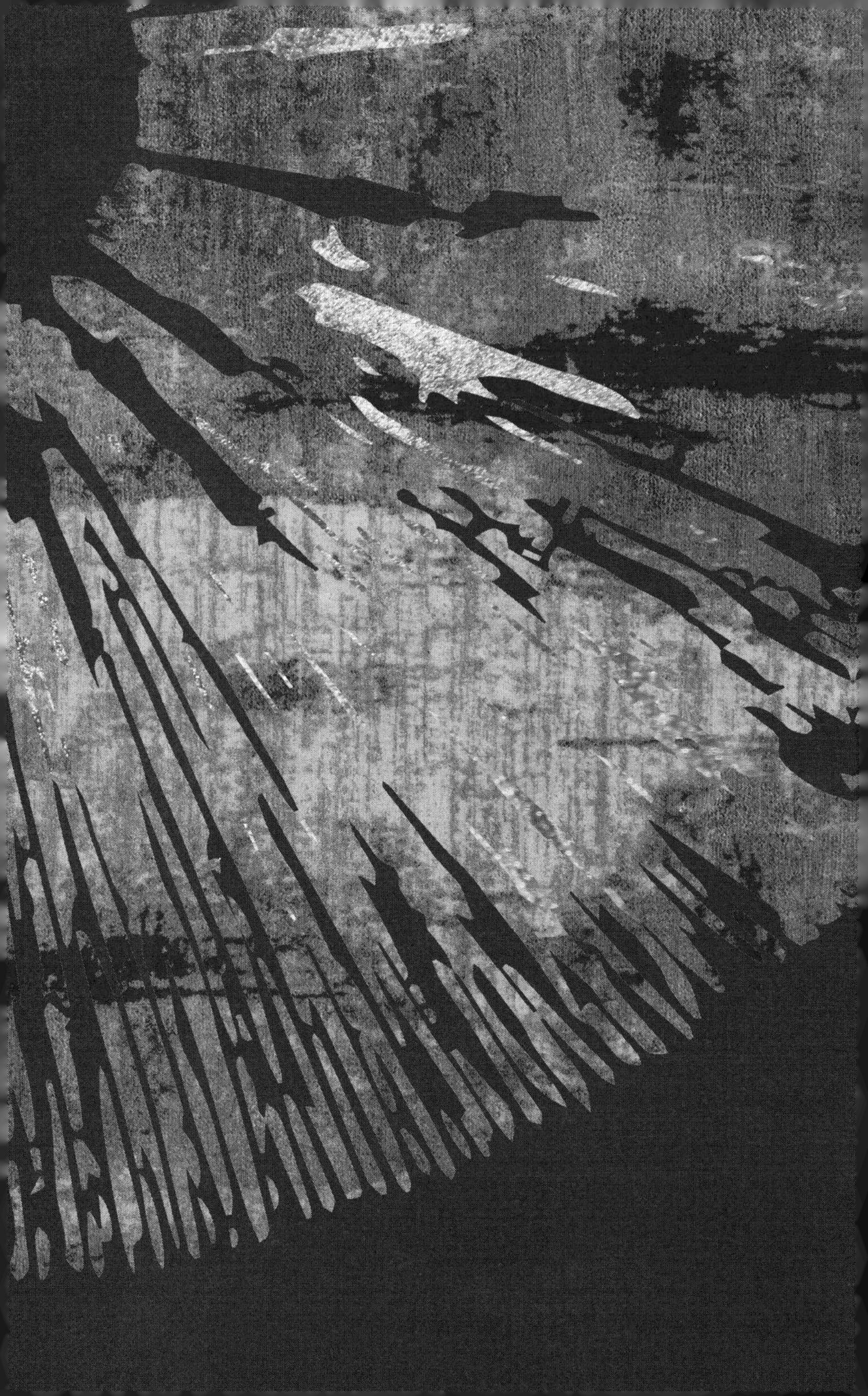

bibliografia comentada

ADORNO, T. W. **Educação e emancipação**. 6. ed. São Paulo: Paz e Terra, 2011.
Conjunto de conferências, esse livro faz um recorte da educação e trata, sob uma perspectiva filosófica, da educação como elemento de emancipação. Um texto significativo para se compreender o discurso adorniano com relação ao que o autor denomina *emancipação política*.

ADORNO, T. W.; HORKHEIMER, M. **Dialética do esclarecimento.** Tradução de Guido Antonio de Almeida. 4. ed. Rio de Janeiro: J. Zahar, 1996.

A discussão que se apresenta nessa obra é emblemática. Ainda que não se trate de uma discussão fácil, é capital para a compreensão da crítica que os autores fazem ao pensamento kantiano, sobretudo à razão instrumental. Um livro importantíssimo para a compreensão da dialética marxista.

AGOSTINHO. **A cidade de Deus.** 7. ed. São Paulo: Vozes, 2010.

Das obras de Agostinho, essa é uma das menos conhecidas. No entanto, o livro é um tratado de política. Dirigido a cristãos e não cristãos, é uma resposta política aos ataques contra Deus. Essa obra é dividida em duas partes: a primeira trata da cidade de Deus, e a segunda, da cidade dos homens. É um livro profundo e de grandes inquietações. Embora não tenha a mesma carga emocional, do ponto de vista da leitura, que tem a obra *As confissões*, não se trata de um texto menos importante.

AGOSTINHO. **As confissões.** 3. ed. São Paulo: Nova Cultural, 1999. (Coleção Os Pensadores).

Essa é a obra mais conhecida de Agostinho e consiste em um material rico e, para além disso, altamente cativante, pois trata da vida de um filósofo que narra sua autobiografia e, de maneira emocionante, conversa com Deus. Ademais, o livro aborda problemas filosóficos fundamentais, como o tempo, o mal e a criação do mundo. Não se trata de um livro de teologia – engana-se quem pensa dessa maneira. Esse livro consiste em um tratado de filosofia.

ALMEIDA, A. C. S. **Conceitos políticos em Ortega y Gasset.** 108 f. Dissertação (Mestrado em Ciências Sociais) – Pontifícia Universidade Católica de São Paulo – PUC-SP, 2009.

Nessa dissertação de mestrado, o autor faz um diagnóstico do pensamento orteguiano e estabelece a relação desse autor com os pensadores da teoria das elites para, num momento posterior, investigar se Ortega y Gasset pode ser classificado como um autor elitista.

ALMEIDA, A. C. S. Reflexões sociológicas: rascunhos de leitura. In: ALMEIDA; A. C. S.; SAMON, N.; SCHNORR, G. M. (Org.). Filosofia e escola: vivências, desafios e possibilidades. São Paulo: LiberArs, 2014. p. 45-63.

Essa obra é uma coletânea de artigos a respeito de práticas pedagógicas. O artigo indicado foi construído sobre um recorte do pensamento sociológico da política e esboça fragmentos de filosofia nos autores reconhecidos como pais do pensamento sociológico.

AMOEDO, M. I. A. José Ortega y Gasset: a aventura filosófica da educação. Lisboa: Imprensa Nacional – Casa da Moeda, 2002.

Esse texto é parte da tese de doutoramento da professora Margarida Amoedo, na qual a autora faz um diagnóstico do pensamento Ortega y Gasset e apresenta o que há de político e pedagógico no itinerário filosófico do pensador espanhol.

ARENDT, H. As origens do totalitarismo: antissemitismo, imperialismo, totalitarismo. Tradução de Roberto Raposo. 5. ed. São Paulo: Cia das Letras, 2004.

Esse é um texto clássico, denso, que contém uma ampla reflexão sobre os movimentos totalitários e propõe uma discussão sobre o fenômeno contemporâneo denominado *massa*. Outro ponto capital dessa obra é a apresentação da barbárie como resultado da política de massa.

ARENDT, H. Entre o passado e o futuro. 6. ed. São Paulo: Perspectiva, 2009.

A discussão empreendida nessa obra tem caráter educacional, em uma abordagem política e filosófica, pois a autora analisa conceitos e realiza um diagnóstico de dado contexto histórico, mas com vistas à perspectiva filosófica.

ARISTÓTELES. A política. Tradução de Roberto Leal Ferreira. São Paulo: M. Fontes, 2002.

Nessa obra, Aristóteles faz uma análise política da cidade e estabelece critica a degeneração das formas de governo, defendendo a constituição de um novo modelo de política, condição da natureza do homem, uma vez que, em suas palavras, "o homem é um animal político". Trata-se de um texto clássico no universo da política.

ARISTÓTELES. Ética a Nicômaco. Tradução de Leonel Vallandro e Gerd Bornheim. São Paulo: Abril Cultural, 1973. (Coleção Os Pensadores).

Este é um clássico e é uma fonte inesgotável para a compreensão do que se denomina *ética*. Todas as pessoas, independentemente da formação, deveriam fazer a leitura desse texto, pois não se trata de um manual, mas sim de um aconselhamento filosófico.

ARISTÓTELES. Metafísica. São Paulo: Nova Cultural, 1978. (Coleção Os Pensadores).

Essa é uma obra importante para se compreender como Aristóteles classifica as formas de conhecimento e o que, segundo o filósofo, é *ser absoluto*.

ARON, R. As etapas do pensamento sociológico. 5. ed. Tradução de Sérgio Bath. São Paulo: M. Fontes, 1998.

Esse é, sem sombra de dúvida, um tratado de sociologia. Quem deseja fazer uma discussão sobre a política com base em autores como Marx, Durkheim e Weber tem de fazer a leitura desse texto, que, com rigor científico, apresenta metodologicamente o que é capital para a ciência social: a compreensão da realidade com base em um expediente teórico.

BENJAMIN, W. Teses sobre o conceito de história. In: LÖWY, M. **Walter Benjamin**: aviso de incêndio – uma leitura das teses "sobre o conceito de história". São Paulo: Boitempo, 2005. p. 10-14.

Esse texto é fundamental para a compreensão do pensamento político de Walter Benjamin. Expõe uma espécie de filosofia da história, mas com uma dimensão sensível, poética e metafórica da barbárie política. É um texto breve, mas de grandes proporções políticas e filosóficas.

BERGER, P.; BERGER, B. Socialização: como ser um membro da sociedade. In: FORACCI, M. M.; MARTINS, J. de S. (Org.). **Sociologia e sociedade**: leituras de introdução à sociologia. São Paulo; Rio de Janeiro: LTC, 1977. p. 200-214.

Esse texto é basilar para discussões sobre o fenômeno da socialização e para a reflexão a respeito da ação política dos indivíduos que são, entre outras características, produto da escola. Esse texto denso tem grande riqueza teórica. Para quem deseja compreender a política com base em uma realidade material, a educação, esse é um bom material.

BOBBIO, N. **A teoria das formas de governo**. Tradução de Sérgio Bath. 10. ed. Brasília, DF: Ed. da UnB, 2000.

Nesse escrito, Bobbio faz uma análise política e filosófica das formas de governo, estabelece um percurso histórico e apresenta, nos diversos períodos da história, os mais destacados pensadores e suas formas de pensar os regimes políticos. É um livro essencial para se compreender a filosofia política a partir dessa temática, a saber, formas de governo e regimes políticos.

BOBBIO, N. **Direita e esquerda**: razões e significados de uma distinção política. São Paulo: Ed. da Unesp, 1995.

Esse é um livro emblemático, pois contém um diagnóstico dos conceitos de direita e esquerda antes da queda do Muro de Berlim. O autor explana sobre esses conceitos e os analisa antes e depois da fatídica queda. Nesse sentido, defende a impossibilidade de se pensar o que seria a direita e a esquerda, mas não deixa de se posicionar nesse debate ideológico. Esse é um livro de suma importância para o debate que circunscreve as ideologias partidárias na sociedade contemporânea.

BOBBIO, N. Estado, governo e sociedade: para uma teoria geral da política. Tradução de Marco Aurélio Nogueira. 18. reimp. São Paulo: Paz e Terra, 2012.

O autor define os conceitos de Estado, governo e sociedade. A discussão se presta à compreensão da ideia de Estado com base no que se denomina *continuidade* ou *descontinuidade do Estado*. Ao longo do escrito, o autor questiona se o Estado nasceu com os gregos antigos ou se estes somente lançaram as bases para se constituir, na Idade Moderna, o Estado. O pensador faz considerações, sobretudo na sociedade moderna, sobre a compreensão de governo e de sociedade no sentido filosófico.

BOBBIO, N. O filósofo e a política: ontologia. Rio de Janeiro: Contraponto, 2007.

Bobbio faz uma ontologia sobre o pensamento político. Ele distingue filosofia política de ciência política. Ele problematiza a lição dos clássicos e, entre outras discussões, explicita os elos entre filosofia e ética. Esse texto emblemático, profundo e de grandes proporções teóricas é indispensável para a compreensão da filosofia política.

BOBBIO, N. O futuro da democracia: uma defesa das regras do jogo. Tradução de Marco Aurélio Nogueira. 3. ed. São Paulo: Paz e Terra, 2001.

Nesse trabalho, o autor apresenta criticamente o conceito de democracia e empreende uma análise conceitual, com base em certo rol de pensadores, sobre o que é democracia, construindo uma espécie de genealogia do conceito. O estudioso suscita novas compreensões epistemológicas. Essa obra é essencial para a compreensão do que se denomina *democracia* e de sua função, principalmente nas sociedades moderna e contemporânea.

BOBBIO, N.; MATTEUCCI, N.; PASQUINO, G. **Dicionário de política**. 12. ed. São Paulo: Ed. da UnB, 2004.

Do ponto de vista político, esse é um dicionário completo. Para além da definição conceitual, os autores fazem comentários, estabelecem relações com outros conceitos próximos e contextualizam os conceitos em um tempo histórico. É uma ferramenta de estudo de grande valia para o aluno de filosofia política.

BODÉÜS, R. **Aristóteles**: a justiça e a cidade. São Paulo: Loyola, 2007.

Trata-se de uma abordagem minuciosa da obra de Aristóteles quanto ao pensamento político. Nesse trabalho, o autor faz uma análise histórica e remonta a filosofia política do Estagirita. No que respeita ao intento de compreender o pensamento aristotélico, especialmente do ponto de vista da política, essa obra é um clássico, pois foi construída com uma metodologia bastante didática.

BONAVIDES, P. **Ciência política**. 6. ed. Rio de Janeiro: Forense, 1986.

Nesse texto de ciência política, o autor estabelece uma ampla discussão com a ciência jurídica, articulando esses dois campos do saber. Não se trata especificamente de um texto de filosofia política, mas auxilia na compreensão do pensamento político, especialmente com relação a conceitos da filosofia, os quais têm abrangência na ciência política.

CARVALHO, J. M. de. **Introdução à filosofia da razão vital de Ortega y Gasset**. Londrina: Cefil, 2002.

Para compreender de modo mais acurado o pensamento raciovitalista do pensador Ortega y Gasset, é altamente recomendável a leitura desse texto de José Maurício de Carvalho. O autor escreve de forma simples e atina para o que é capital para a sutileza orteguiana, isto é, a forma de lidar com os conceitos filosóficos.

CHÂTELET, F. **História das ideias políticas**. 4. ed. Rio de Janeiro: J. Zahar, 2000.

Nesse apanhado da história das ideias políticas, o autor define períodos históricos e reposiciona temáticas concernentes ao debate político. Esse escrito é importante para a compreensão, sobretudo, da história da ciência política.

COMTE-SPONVILLE, A. **Pequeno tratado das grandes virtudes**. São Paulo: Positivo, 2009.

A despeito do título, essa obra é um grande tratado sobre a virtude. O autor não só define esse conceito, mas também o classifica em um contexto filosófico e político. Ele inscreve questões que renovam o debate acerca da virtude e estabelece uma compreensão sistematizada de política com base no que o autor denomina *virtude*.

DIÓGENES LAÉRCIO. **Vidas e doutrinas dos filósofos ilustres**. Tradução de Mário da Gama Kury. Brasília: Ed. da UnB, 2006.

Essa obra é incontornável em qualquer curso de Filosofia, sobretudo, a Antiga. O texto é uma referência para os historiadores modernos e contemporâneos por propor uma compreensão da história antiga da filosofia. O autor usa uma linguagem simples e apresenta questões capitais dos antigos filósofos, com destaque para Platão e Aristóteles.

DURKHEIM, E. **A divisão do trabalho social**. 2. ed. São Paulo: M. Fontes, 2004.

Essa obra é fundamental para a compreensão da divisão social do trabalho na sociedade contemporânea, pois, de acordo com autor, existem as solidariedades, que são a mecânica e a orgânica, definidas na sociedade capitalista.

DURKHEIM, E. **As regras do método sociológico**. São Paulo: Abril Cultural, 1978.

Esse texto é uma vereda para a compreensão da teoria sociológica de Durkheim, pois o autor descreve o objeto da sociologia, bem como caracteriza o que o define: o fato social.

DURKHEIM, E. **Educação e sociologia**. Rio de Janeiro: Vozes, 2011. (Coleção Textos Fundantes de Educação).

Esse escrito é considerado por muitos conservador e reacionário. Nele, o autor expõe o que denomina *autoridade moral*. No entanto, ele comprova teoricamente suas teses sobre a função da educação à luz dessa autoridade moral, ou, ainda, sobre o papel do Estado no asseguramento dessa educação e, consequentemente, da sobrevivência da sociedade.

DURKHEIM, E. **Lições de sociologia**. São Paulo: M. Fontes, 2002.

Essa obra consiste em um conjunto de lições de sociologia que esclarece o método e a proposta de seu autor no que atina à produção do conhecimento com base na sociologia. Essa é uma leitura capital para a compreensão do que Durkheim determina como *sociologia*.

DUVERGER, M. **Regimes políticos**. São Paulo: Difusão Europeia do Livro, 1962.

Esse texto clássico consiste em uma análise histórica e conceitual do regime político. Nele, o autor apresenta diversos regimes já implementados no passado ou ainda vigentes na sociedade contemporânea. O material inicia-se com uma leitura geral e, na sequência, para uma interpretação específica do que se denomina *regime político*. É uma fonte recomendada para se compreender o regime político na perspectiva da teoria política.

FERRATER, M. J. **Ortega y Gasset**: etapas de una filosofía. Barcelona: Editorial Seix Barral, 1958.

Ferrater faz parte da chamada *geração posterior* à de Ortega y Gasset, por quem foi profundamente influenciado. O texto indicado consiste em uma leitura simples, mas rica em detalhes da vida e obra do pensador espanhol.

FEUERBACH, L. **A essência do cristianismo**. São Paulo: Vozes, 2007.

Essa obra, ponto capital da esquerda hegeliana, foi a que mais influenciou o pensamento de Marx, pois, com base na crítica ao cristianismo, o filósofo alemão pôde sistematizar sua crítica ao Estado hegeliano. Trata-se de um texto profundo, inquietante e poético.

FREDERICO, C. **O jovem Marx**: 1843-1844 – as origens da ontologia do ser social. 2. ed. São Paulo: Expressão Popular, 2009.

Estudiosos definem o texto como uma revisão dos textos de um jovem Marx militante. Contudo, a discussão supera esse foco, pois compreende um caminho metodológico de compreensão do início da juventude de Marx – um militante da esquerda hegeliana e, na sequência, um expoente desse movimento que ganha espaço como autor independente. Esse é um livro importante para a compreensão desse momento histórico do filósofo alemão.

FREITAG, B. **A teoria crítica**: ontem e hoje. 5. ed. São Paulo: Brasiliense, 1990.

Para os que desejam ampliar o conhecimento e debater, de maneira aprofundada, a teoria crítica, a leitura desse texto é imprescindível. Afinal, ele consiste em um registro histórico e metodológico da escola de Frankfurt e detalha o pensamento dos mais proeminentes pensadores desse movimento.

GILSON, E. **A filosofia na Idade Média**. 2. ed. São Paulo: M. Fontes, 2007. (Coleção Pandeia).

Eis aí uma leitura obrigatória para quem deseja conhecer o pensamento religioso e seu desdobramento no expediente filosófico. Nesse trabalho, o autor destaca o período medieval e fala das correntes desenvolvidas nesse momento histórico.

GRAMSCI, A. **Cadernos do cárcere**. Rio de Janeiro: Civilização Brasileira, 2000. v. 3.

Essa coleção é imprescindível para a formação de todo e qualquer cientista social. Nesse volume, o enfoque é a política moderna com base em uma releitura da obra de Maquiavel. Essa leitura permite acessar o pensamento político de Gramsci, além de conhecer algumas análises que empreendeu.

GUTHRIE, W. K. C. **Os sofistas**. São Paulo: Paulus, 1995.

Esse texto inovador apresenta uma abordagem diferente sobre os sofistas. O autor resgata esse grupo e classifica suas gerações, isto é, não considera indistintamente seus integrantes, como normalmente é feito pelos historiadores. Ademais, ele enfatiza a importância desses pensadores para a democratização do saber.

HOBBES, T. **Leviatã**. Tradução de João Paulo Monteiro e Maria Beatriz Nizza da Silva. São Paulo: Nova Cultural, 1973. (Coleção Os Pensadores).

Trata-se de um livro importante para a compreensão do pensamento de Thomas Hobbes. Em sua primeira parte, a obra apresenta a teoria do conhecimento delineada pelo autor e, em seguida, sua teoria política. O texto é de fácil compreensão e bastante elucidativo para o entendimento do que se denomina *contratualismo*. Sem dúvida, é um livro provocativo.

HUISMAN, D. **Dicionário de obras filosóficas**. São Paulo: M. Fontes, 2000.

Esse é um bom dicionário para a compreensão de obras filosóficas. O autor apresenta inicialmente uma discussão de conceitos e, na sequência, faz análises resumidas de obras filosóficas e políticas. Essa obra de consulta pode contribuir para a compreensão filosófica dos autores trabalhados neste livro.

JAEGER, W. W. **Paideia**: a formação do homem grego. Tradução de Artur M. Parreira. 4. ed. São Paulo: M. Fontes, 2001.

Trata-se de um livro profundo e de grandes proporções político-pedagógicas, fácil de se compreender e de suma importância para o entendimento do ideal pedagógico do espaço grego antigo.

LALANDE, A. **Vocabulário técnico e crítico da filosofia.** São Paulo: M. Fontes, 1999.

Nesse dicionário denso, o autor se dedica à discussão de conceitos com profundidade e considerável sistematização. Esse material favorece a compreensão do vocabulário crítico concernente à filosofia. Decerto que ele não suprime os demais dicionários, mas auxilia no aprofundamento da compreensão, mesmo porque o texto não se reduz ao caráter de dicionário, oferecendo também um vocabulário técnico e crítico da filosofia.

LÊNIN, V. I. **O Estado e a revolução.** Tradução de Aristides Lobo. São Paulo: Centauro, 2007.

Esse escrito enfoca a concepção de Estado à luz do marxismo, mais precisamente no pensamento de Marx e Engels. Nesse trabalho, o autor especifica como esses pensadores trataram do conceito e como se delineia o Estado nesse expediente marxiano.

LUCE, J. V. **Curso de filosofia grega:** do século VI a.C. ao séc. III d.C. Rio de Janeiro: J. Z. Editores, 1994.

Esse pequeno livro abarca grandes inquietações. O autor faz um recorte na história da filosofia antiga e apresenta características específicas dos autores desse período.

LUTERO, M. **Sobre a autoridade secular.** São Paulo: M. Fontes, 1995.

Essa é uma obra pequena, mas de grande magnitude no cenário político. Lutero desenvolve nesse escrito questões tratadas na obra *O príncipe*, de Maquiavel, mas que não são reconhecidas na obra do religioso alemão, pois a leitura desse autor é tomada quase sempre com base em uma compreensão teológica, e não política.

MAQUIAVEL, N. **Comentários sobre a primeira década de Tito Lívio:** "discorsi". Tradução de Sergio Bath. 4. ed. rev. Brasília: Ed. da UnB, 2000.

Certamente esse texto não é tão conhecido como *O príncipe*, mas é um livro que, de forma profunda, apresenta a teoria política de

Maquiavel, sendo, porém, essencial para se compreender o pensamento desse filósofo.

MAQUIAVEL, N. O príncipe. São Paulo: Nova Cultural, 1978. (Coleção Os Pensadores).

Um texto clássico. Um livro vivo. A compreensão da política moderna é destacada nessa obra polêmica, mas de fundamental importância para a formação política de qualquer sujeito, ainda que costumeiramente seja caracterizado como um manual destinado ao principado da época de seu autor.

MARÍAS, J. História da filosofia. São Paulo: M. Fontes, 2004.

Essa obra de história da filosofia é bastante rica e, de forma didática, apresenta os períodos históricos e seus respectivos pensadores. O autor consegue apontar o que há de singular em cada período histórico, bem como nos autores da filosofia. É um livro bastante útil para o estudante de filosofia.

MARX, K. O capital: crítica da economia política – livro 1. Rio de Janeiro: Civilização Brasileira, 2001. v. 1.

Essa é uma obra de extrema relevância para a compreensão da economia política. O autor faz um diagnóstico aprofundado do que é *mercadoria*, ressaltando que esse objeto é o motor do capitalismo moderno. Um livro indispensável no que se refere à noção de mercadoria, bem como de capitalismo e de seus desdobramentos na sociedade moderna.

MARX, K. O 18 de brumário de Luís Bonaparte. São Paulo: Boitempo, 2011.

Nesse texto escrito em 1851-1852, Marx faz uma análise do golpe de Estado que Luís Bonaparte desferiu na França em 1851. O filósofo alemão discute conceitualmente o que é Estado e trabalha, de forma aprofundada, com o conceito de ditadura do proletariado, um conceito que tem sido objeto de intensas polêmicas.

MARX, K. **Crítica da filosofia do direito de Hegel**. Tradução de Rubens Enderle e Leonardo de Deus. 2. ed. rev. São Paulo: Boitempo, 2010.

Trata-se de um livro surpreendente, no qual o autor trava debate com Hegel e expõe, segundo Marx, a fragilidade dos conceitos cunhados por esse pensador. Para os especialistas, essa obra é um divisor de águas, isto é, a passagem do jovem para o velho Marx. Essa é uma discussão que não foi adotada neste material; aqui nos concentramos na discussão do filósofo e do político Marx. A despeito disso, esse é um dos textos que faz do filósofo um pensador político.

MARX, K. **Teses contra Feuerbach**. Tradução de José Carlos Bruni. São Paulo: Abril Cultural, 1973.

Nesse texto breve, Marx se contrapõe à esquerda hegeliana e, sobretudo, a Feuerbach e seu romantismo naturalista. Por vezes, essa obra é reduzida à 11ª tese, contra a filosofia, mas deve ser pensada contra a filosofia dos hegelianos, especialmente de esquerda.

MARX, K.; ENGELS, F. **A ideologia alemã**. Tradução de Luciano Cavini Martorano, Nélio Schneider e Rubens Enderle. São Paulo: Boitempo, 2007.

Esse livro demarca a ruptura com a esquerda hegeliana. Os autores fazem duras críticas aos integrantes desse movimento esquerdista e, apresentam as fragilidades teóricas no sentido de compreender a realidade material e seu movimento histórico. Trata-se de um texto exaustivo e bastante singular, principalmente no que diz respeito à construção imaginária de realidades que não são verdadeiras, ideologias advindas de um segmento filosófico que compreendia a realidade parcialmente, pois, segundo os estudiosos, a discussão desse movimento esquerdista era pautada na ideia, e não na materialidade, a realidade em si mesma.

MARX, K.; ENGELS, F. **Manifesto comunista.** São Paulo: Boitempo, 2011.

Eis um livro vivo, isto é, que tem estilo próprio e reflete o caráter de um tempo. Foi construído sobre o método dialético, ou seja, apresenta uma tese, sua negação e, posteriormente, uma síntese. Essa obra é de grande profundidade no que se refere à utopia do movimento comunista, bem como na descrição da burguesia. Esse texto é incontornável, pois reflete o sentimento de um tempo histórico (1847), quando se acreditava que a Europa estava às vésperas de uma revolução.

NIETZSCHE, F. "A grande política" – fragmentos. In: Clássicos de filosofia: fragmento póstumo de 15 de fevereiro de 1887. In: CADERNOS de tradução n. 3. IFCH; Unicamp, 2005.

Esse texto é rico na análise da política em Nietzsche, pois apresenta aforismos da área que são, entre muitas posssibilidades, críticas às formas de poder estabelecidas na Idade Moderna. Esse é um bom material para se compreender aquilo que se denomina *filósofo legislador*.

NIETZSCHE, F. **Além do bem e do mal**: prelúdio a uma filosofia do futuro. 2. ed. Tradução de Paulo César de Souza. São Paulo: Cia. das Letras, 1992.

Essa obra sintetiza criticamente o pensamento de Nietzsche. Trata-se de um texto provocativo, emblemático e sinuoso. Os que desejam conhecer o pensamento nietzschiano devem fazer essa leitura.

NIETZSCHE, F. **Genealogia da moral.** São Paulo: Escala, 2009.

Esse é o texto basilar para se compreender a genealogia da moral, isto é, a formação conceitual de moral. Trata-se de um texto crítico e de grande abrangência. Talvez pouco compreendido, mas capital para a compreensão da tipologia de homem em Nietzsche.

NIETZSCHE, F. In: **Os pré-socráticos**. São Paulo: Nova Cultural, 1973 (Coleção Os Pensadores).

Um texto simples, mas que, no contexto da discussão do período pré-socrático, apresenta fragmentos de textos de outros filósofos, argumentando sobre esse momento histórico e debatendo com ele. Essa obra não é reveladora do pensamento de Nietzsche, mas vale como referência para entender as impressões do filósofo a respeito do movimento que, segundo ele, é o mais importante da filosofia.

ORTEGA Y GASSET, J. **Adão no paraíso e outros ensaios de estética**. São Paulo: Cortez, 2002.

Uma obra de estética que flerta com os conceitos de política. Texto de fácil leitura e bastante simples, mas que antecipa reflexões importantes na área, as quais seriam retomadas em *A desumanização da arte*.

ORTEGA Y GASSET, J. **A rebelião das massas**. São Paulo: M. Fontes, 1987.

Essa obra é, sem dúvida, a mais conhecida do autor espanhol. Um material rico e de grande impacto. O livro começou a ser escrito em forma de artigo, avolumando-se tempos depois. Por essa razão, existem muitos equívocos de leitura, mas se trata de um tratado de filosofia.

ORTEGA Y GASSET, J. **España invertebrada**. Madrid: Revista de Occidente en Alianza Editorial, 1959.

Nesse texto, Ortega y Gasset dá inicio a sua concepção tipológica de homem, ou seja, retoma discussões de *Meditações de Quixote* e formaliza os conceitos de massa e minoria. Tais conceitos são tratados de forma mais aprofundada em *A rebelião das massas*.

ORTEGA Y GASSET, J. **La pedagogía social como programa político**: discursos políticos. Madrid: Alianza Editorial, 1990.

Esse é um texto curto, mas bastante provocativo e de inquietações políticas cincunscritas ao cenário educacional. Aqui reside uma compreensão sólida de educação e de sua função de formação para a mudança política na sociedade contemporânea. Não se trata, é claro, de um tratado de pedagogia, mas de uma discussão política de educação no cenário público.

PARETO, V. As elites e o uso da força na sociedade. In: SOUZA, A. de (Org.). **Sociologia política**. Rio de Janeiro: J. Zahar, 1960.

Esse escrito é bastante interessante para adentrar a teoria das elites. O organizador faz uma seleção de textos de autores que compõem a denominada *teoria da sociedade de massa*, mais precisamente a teoria das elites.

PLATÃO. **A república**. São Paulo: Nova Cultural, 1999a. (Coleção Os Pensadores).

Nesse escrito, Platão descreve como deve ser uma república e, para isso, trata de temas como justiça, educação, segurança e outros que concernem à vida em sociedade.

PLATÃO. **As leis**. São Paulo: Edições Profissionais Ltda., 1999b.

Quem conhece os diálogos platônicos sabe que esse é o maior deles. Em alguns momentos, parece confuso, pois não foi revisado e observado pelo autor, mas isso não desmerece a obra. Não obstante, trata-se de um texto de grandes proporções para a compreensão da política no pensamento platônico. É uma leitura obrigatória a quem pretende compreender a filosofia política de Platão.

PLATÃO. **Mênon**. São Paulo: Nova Cultural, 1978. (Coleção Os Pensadores).

Trata-se de um diálogo em que Sócrates apresenta sua teoria da maiêutica, por meio da qual faz um experimento e demonstra, em conversa com um escravo, que o conhecimento é inato. Além disso, o personagem de Platão comprova que, por meio desse método, a maiêutica possibilita retirar da alma do homem o conhecimento. Sócrates não só apresenta sua abordagem, mas a comprova com o exemplo do escravizado. Trata-se de um diálogo de fácil leitura e importância grandiosa para compreender a teoria platônica.

PLATÃO. **Platão:** diálogos I. São Paulo: Edipro, 2007.

Esse livro contém um diálogo emblemático, pois apresenta o debate entre duas escolas: socrática e sofista. *Emblemático* porque, por meio dele, tem-se uma visão da filosofia de Protágoras, que Platão condena pela postura ante a pedagogia sofista, mas que, nesse diálogo, garante uma compreensão quase imparcial com relação ao debate entre ele mesmo, Protágoras e Sócrates.

REALE, G.; ANTISERI, D. **História da filosofia.** São Paulo: Paulus, 1990a. v. 1 e 2.

Essa obra é volumosa e muito utilizada para grandes consultas nos cursos de Filosofia. Trata-se de um texto claro, de fácil leitura, mas bastante específico. No entanto, essas características não retiram da obra a profundidade da compreensão da filosofia. O livro, em três volumes, faz um levantamento histórico de toda a filosofia ocidental e apresenta os relevos da história da filosofia.

RIBEIRO, R. J. **Ao leitor sem medo:** Hobbes escrevendo contra seu tempo. 2. ed. São Paulo: Ed. da UFMG, 1999.

Essa é uma obra importantíssima para a compreensão do pensamento de Hobbes. O autor apresenta a estrutura do pensamento do filósofo e acrescenta pontos capitais para o entendimento do texto hobbesiano. Além disso, adota um recorte histórico e destaca a importância dos fatos históricos na produção do conhecimento do pensador inglês. Trata-se de um texto clássico e indispensável para se compreender o pensamento do filósofo.

ROUSSEAU, J. J. **Discurso sobre a origem e os fundamentos da desigualdade entre os homens.** 2. ed. Tradução de Lourdes Santos Machado. São Paulo: Nova Cultural, 1978. (Coleção Os Pensadores).

Rousseau apresenta, de forma categórica, o Estado de natureza e coloca, como pano de fundo, o surgimento da maldade. É justamente nessa obra que se desenha a discussão fundamentada sobre natureza, e a explicação de como houve a fratura entre homem e ambiente.

ROUSSEAU, J. J. **O contrato social.** Tradução de Lourdes Santos Machado. São Paulo: Nova Cultural, 1978.

Rousseau retoma conceitos que foram trabalhados no livro *Discurso sobre a origem da desigualdade entre os homens* e formaliza a discussão sobre o contrato social. É um livro importante para a definição do pensamento político de Rousseau.

SÁNCHEZ VÁZQUEZ, A. **Filosofia da práxis.** 2. ed. São Paulo: Expressão Popular, 2011.

Essa obra é imprescindível para quem deseja compreender o conceito de práxis e como ele foi construído. Vázquez compõe uma espécie de genealogia e trabalha com base em determinados autores que discutiram e contribuíram para o desdobramento dessa ideia. Pode ser considerado um texto militante, pois esboça o caráter prático do conceito e reivindica essa relação entre teoria e prática por meio dos mais variados autores.

SKINNER, Q. **As fundações do pensamento político moderno.** Tradução de Renato Janine Ribeiro e Laura Teixeira Motta. São Paulo: Cia. das Letras, 1996.

Esse é um texto rico e que contribui para a compreensão do pensamento político moderno. O autor constrói um panorama histórico e, nele, apresenta os principais autores do pensamento político, explicitando a contribuição de cada pensador na formulação da teoria política moderna. Para tanto, Skinner faz um percurso minucioso e detalhista do que se denomina *política*, sobretudo nesse espaço moderno.

SÓFOCLES. **Trilogia tebana:** Édipo Rei, Édipo em Colono, Antígona – tragédia grega. 13. ed. Rio de Janeiro: J. Zahar, 2008.

Esse é um livro que reúne peças do teatro grego antigo. É uma obra que ultrapassa os limites de seu tempo, pois tem sido uma referência para estudos de filosofia, psicologia, literatura e antropologia. Um texto de fácil leitura e de vigor. A figura de Édipo é, na história da humanidade, uma espécie de símbolo para se pensar diversos temas em diferentes campos do saber.

TOMÁS DE AQUINO. **Escritos políticos.** São Paulo: Vozes, 1997.

Esse material favorece a compreensão do pensamento político de Tomás de Aquino, no qual o autor discute conceitos de leis de natureza e retoma conceitos aristotélicos.

TOMÁS DE AQUINO. **La monarquía.** Tradução de L. Robles e A. Checa. Madrid: Tecnos, 1989.

A discussão nesse texto é, sem dúvida, capital para entender as formas de governo, bem como a influência direta do pensador Aristóteles na formação dos regimes políticos. Com base no conceito de monarquia, Tomás de Aquino explica, em sua perspectiva, a relação entre Deus, governante do mundo, e o rei, governante terreno.

VERNANT, J. P. **Mito e pensamento entre os gregos.** 2. ed. Rio de Janeiro: Paz e Terra, 1990.

Esse texto é de suma importância para a compreensão dos mitos no cenário grego antigo. Trata-se de um livro que, sem sombra de dúvida, é referência no estudo dos mitos. Quem deseja se aprofundar na compreensão desse campo de estudo deve fazer essa leitura, pois é uma fonte imprescindível para compreender seus elementos no contexto grego antigo.

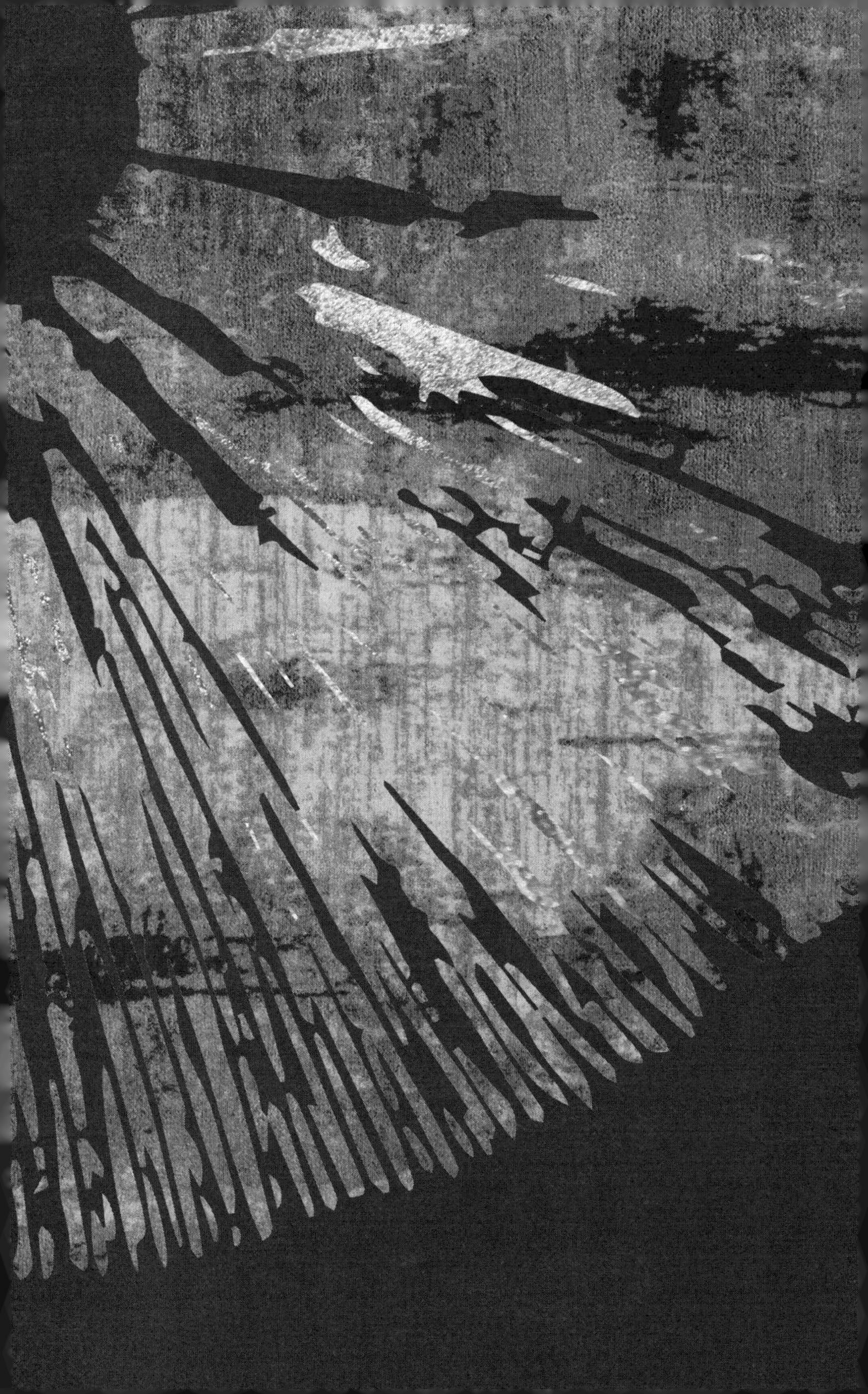

respostas

CAPÍTULO 1

Atividades de autoavaliação

1. b
2. d
3. b
4. b
5. c

Atividades de aprendizagem

Questões para reflexão

1. Segundo Protágoras, a virtude pode ser ensinada. É preciso um bom educador, ou seja, alguém que tenha compreensão da educação, para, com base em um modelo pedagógico, despertar aquilo que já existe nos indivíduos.
2. *A república* trata do primeiro Estado, da cidade idealizada que tem como legislador o filósofo-rei. Já *As leis* trata do segundo Estado, isto é, uma cidade que é próxima da realidade e que tem a legislação como condutora dos homens. Platão faz, na primeira obra, a apresentação do filósofo-rei, e, na segunda, da constituição.
3. A felicidade, para Aristóteles abrange três esferas: a primeira, a suprema, é o conhecimento; a segunda, referente aos bens do corpo, é a saúde; a terceira, relativa aos bens externos, é representada pela riqueza e pelo poder. Mesmo existindo três maneiras, o filósofo deixa claro que a melhor das felicidades é o conhecimento.
4. Pessoal.

Atividade aplicada: prática

1. Observe que, quase sempre, na adaptação de uma obra para o cinema ou para o teatro, existem distanciamentos e distorções do conteúdo da obra original. Nessa atividade, a preocupação é determinar se o filme é fiel com o texto de origem, bem como fazer ligações entre a produção e o texto platônico. Nesse sentido, repare que a película resgata partes importantes da obra e mantém, de certa maneira, fidelidade ao texto platônico.
2. Pessoal.

CAPÍTULO 2

Atividades de autoavaliação

1. b
2. e
3. a
4. e
5. c

Atividades de aprendizagem

Questões para reflexão

1. Há pontos específicos de cada autor. Desenvolva, sobretudo, o que Agostinho denomina *amores* como constructos das cidades. Além disso, elabore pontos que tratem da lei natural e do governo misto no pensamento de Tomás de Aquino.
2. Homem-lobo: sujeito que é livre, ou seja, que não faz a vontade de Deus e que deve estar submetido à vontade de um soberano, a espada secular. Homem-ovelha: cristão, sujeito que faz a vontade de Deus e se submete ao mundo espiritual, ou seja, teme a Deus e segue os princípios da moralidade pública.
3. Pessoal.

Atividade aplicada: prática

1. A proposta é a produção de um texto. Para tanto, deve-se avaliar se o filme faz uma leitura política e se trabalha com conceitos próprios do autor, em especial na obra *Sobre a autoridade secular*.
2. Pessoal.

CAPÍTULO 3

Atividades de autoavaliação

1. e
2. d
3. b
4. d
5. b

Atividades de aprendizagem

Questões para reflexão

1. Maquiavel parte de uma concepção clássica de virtude que advém de Hesíodo, na qual a questão capital é a luta que se empreende, independentemente da aproximação com os deuses ou com os heróis, com a vida, a circunstância e as paixões. É daí que Maquiavel retira o conceito de virtude – boa luta, força, determinação. Não se trata de força bruta, mas de conhecimento e aplicação da força quando necessário, ou seja

   > Necessitando, portanto, um príncipe saber usar bem o animal, desse deve tomar como modelos a raposa e o leão, porque o leão não sabe se defender das armadilhas e a raposa não tem defesa contra os lobos. É preciso, portanto, ser raposa para conhecer as armadilhas e leão para aterrorizar os lobos. Aqueles que usam apenas os modos do leão, nada entendem dessa arte. (Maquiavel, 1978, p. 108)

   A força deve ser pensada no sentido de sua sábia utilização; do contrário, de nada adianta. Será, em algum momento, como o leão: forte e sem astúcia. Com o uso adequado da virtude, alcança-se a fortuna. Assim como para os gregos antigos, a fortuna, como deusa, precisa ser conquistada, e só os homens de força, coragem e astúcia conseguem seduzi-la.

2. O contrato hobbesiano é fechado, isto é, uma vez formalizado, não há como mudá-lo. As pessoas devem estar sujeitas ao contrato. É necessária a existência de um governo absoluto que faça o contrato acontecer. Já o contrato rousseauniano é democrático e, por isso, as pessoas podem, sempre que ele não funcionar adequadamente, modificá-lo. Por essa razão, esse contrato é dinâmico e é chamado de *contrato social*.
3. Pessoal.

Atividade aplicada: prática

1. Nessa atividade, é importante destacar a formação do Estado moderno apresentado no filme. Posteriormente, é preciso buscar uma relação com os conteúdos que Maquiavel apresenta em *O príncipe*. Deve-se apontar o caráter universalista do Estado e sua separação da vida religiosa e privada.

CAPÍTULO 4

Atividades de autoavaliação

1. a
2. b
3. c
4. d
5. b

Atividades de aprendizagem

Questões para reflexão

1. É bastante comum realizar a fratura entre o jovem Marx (filósofo) e o velho Marx (político). Entretanto, nesta obra não assumimos essa fratura, uma vez que se pode falar do Marx filósofo, membro da esquerda hegeliana, até 1844, e do Marx político, ou seja, pensador

que rompe com a esquerda hegeliana e constrói um pensamento independente e autônomo, a partir do referido ano.

2. Com base em Bobbio (1994), *esquerda* é a denominação ideológica do grupo político que se configurava, antes da queda do Muro de Berlim, como alternativa para a construção de um socialismo científico. Posteriormente à queda do muro, configurou-se como uma alternativa política que polariza com a direita, grupo político, no sentido de construir uma alternativa de permanência no poder. Entretanto, segundo esse autor, existe certa dificuldade de se garantir a conceituação que existia no passado, isto é, a queda do muro, mas que tem discurso assegurado em relação à defesa da igualdade e faz uma opção mais diretiva pelos mais pobres. A relação existente é de polarização, ou seja, de disputa na arena política para a permanência no poder.

Atividade aplicada: prática

1. Atente para a compreensão conceitual de ditadura do proletariado e, na sequência, pesquise como se define, segundo os anarquistas, a revolução sem o estágio intermediário denominado *ditadura do proletariado*.

CAPÍTULO 5

Atividades de autoavaliação

1. c
2. e
3. d
4. e
5. a

Atividades de aprendizagem

Questões para reflexão

1. O jusnaturalismo consiste no entendimento de que o direito corresponde a um conjunto de normas que antecede ao Estado, configurando-se como um sistema lógico e ético com poderes superiores direcionados à orientação da vida humana.

   Já o juspositivismo tem como premissa o entendimento de que o direito válido é somente o direito posto, aquele que é orquestrado humanamente. Por exemplo, na doutrina de Kelsen, que se caracteriza como um positivismo jurídico, o conhecimento do direito deve se restringir aos fatos, ou seja, a discussão dessa área fica reduzida ao conjunto de normas jurídicas, bem como tem seu funcionamento hierarquizado por uma matriz, ou constituição.

2. Teoria crítica: leitura atualizada dos textos marxianos. Mais precisamente, uma compreensão dialética da realidade, cuja função é a transformação da sociedade. Por isso, a teoria crítica, proposta por Max Horkheimer, é uma teoria da práxis, que tem como objetivo revolucionar as estruturas da sociedade industrial.

   Teoria tradicional: uma referência à teoria cartesiana. Não significa que essa teoria é equivocada. Horkheimer reconhece o valor teórico do cartesianismo, mas, segundo o pensador, este não compreende a realidade em sua totalidade, mas sim de forma parcial. Ainda de acordo com esse autor, a teoria tradicional não consegue pensar o problema político de seu tempo; por isso, faz-se necessária uma teoria crítica da sociedade.

Atividade aplicada: prática

1. Uma pesquisa dessa natureza pode levá-lo a conhecer um campo de pesquisa. Ainda, é possível, por meio de diálogo, compreender sua percepção a respeito do Legislativo de sua cidade, especialmente com relação aos temas classificados como melindrosos.

CAPÍTULO 6

Atividades de autoavaliação

1. d
2. e
3. d
4. d
5. b

Atividade de aprendizagem

Questões para reflexão

1. Homem-massa: sujeito que não pensa por si só, não se angustia, vive como todo mundo. Sujeito que é, segundo Ortega y Gasset, genérico e despossuído de singularidade, mas esse indivíduo não pode ser configurado como o proletário. Homem-especial: homem que se esforça e vive sua singularidade. Segundo Ortega y Gasset (1987), esse homem não pode ser considerado o homem burguês, definido pelo pensamento marxista, mas sim como o sujeito que compreende sua singularidade e vive, de forma autêntica, a sua dimensão existencial dedicada a um projeto de vida – vida como razão última.
2. Pessoal.

Atividade aplicada: prática

1. Pessoal.

sobre o autor

Antônio Charles Santiago Almeida é professor de Filosofia e de Sociologia na Universidade Estadual do Paraná (Unespar), *campus* de União da Vitória. É graduado em Filosofia pela Universidade Estadual de Santa Cruz (Uesc), graduado em Ciências Sociais pela Universidade do Contestado (UnC), mestre em Ciências Sociais pela Pontifícia Universidade Católica de São Paulo (PUC-SP), doutor em Educação e pós-doutor em Sociologia pela Universidade Federal do Paraná (UFPR), e doutorando em Filosofia pela mesma instituição.

Impressão:
Julho/2023